海东青蚨

高丽铸币

崔劲波 李廷青 著

商务印书馆
The Commercial Press
创于1897

图书在版编目（CIP）数据

海东青蚨：高丽铸币 / 崔劲波，李廷青著. — 北京：商务印书馆，2021
ISBN 978-7-100-18187-7

Ⅰ.①海… Ⅱ.①崔… ②李… Ⅲ.①货币史－高丽（918－1392） Ⅳ.①F823.129

中国版本图书馆CIP数据核字（2020）第040519号

权利保留，侵权必究。

海东青蚨：高丽铸币

崔劲波　李廷青　著

商　务　印　书　馆　出　版
（北京王府井大街36号　邮政编码 100710）
商　务　印　书　馆　发　行
北京兰星球彩色印刷有限公司印刷
ISBN 978-7-100-18187-7

2021年10月第1版	开本 889×1194　1/16
2021年10月第1次印刷	印张 14　1/2

定价：280.00元

《海东青蚨：高丽铸币》编委会

主　　编　崔劲波
副 主 编　李廷青
编　　委　金万寿　曲　明　白永刚　潘　迪　徐清泉　赵　程　王静美
　　　　　　于宝华　马忠友　赵德龙　袁　林　宋　捷　吉田昭二
　　　　　　梁　媛　刘广柱
拓片制作　崔劲波　梁　媛　潘　迪　吉田昭二　宋　捷

本书特别感谢　戴志强　　王永生　　吉田昭二　　赵哲夫　　佟　昱　　刘飞燕
　　　　　　　　中村仁美　　中村遥　　姜力华　　　田俊岭　　张　帅　　熊　彦
　　　　　　　　张郁森　　　高　健　　王　彤　　　赵丹梅　　于丽娟

序一

李镇汉
（韩国历史研究会会长、韩国高丽大学教授）

朝鲜半岛的土地并不肥沃，气候就农业环境而言亦不算十分适宜。由于土地产量不高，人口并没有实现大幅增加，城市化与商业化进程也相对缓慢。在这样的社会经济条件下，尽管古代朝鲜半岛在同中国的贸易中获得诸如明刀等货币，使臣直接前往中国时亦能看到货币使用的场景，但是在朝鲜半岛，米和布作为交换手段还是持续了相当长的一段时间。直到高丽成宗十五年（996年），才发行了名为"乾元重宝"的铁质铸币，之后还有"东国通宝"、"三韩通宝"、"海东通宝"等铜质铸币，从这一点而言，朝鲜半岛的货币史始于高丽时代。尽管由于商业经济还不够发达，这些铸币并未能广泛、长久流通，但是其开创之功还是值得我们重视的。

高丽铸币的相关研究成果尽管前已有之，但至今仍未有对此进行全面系统研究的著述问世。因此，李廷青与人合著的这本《海东青蚨：高丽铸币》意义非凡，加之其不是在朝鲜半岛，而是在中国率先出版，更是令人十分惊喜。史料的匮乏是高丽时代历史研究一道永恒的难题，与铸币直接相关者更是不过寥寥数条。但是李廷青同学还是尽了最大的努力，探赜索隐、探幽发微，力求穷尽各种相关史料，为深入的研究奠定了基础。本书从多个角度对高丽时代的货币流通进行了系统的阐述，既充分吸收借鉴前人成果，又注重学术创新，在前贤所做工作的基础上有所开拓。尤其是结合铸币实物的具体情况，并将高丽铸币置于东方货币文化的脉络中考察，解决了一些因史料的匮乏而无法解答的问题。遗憾的是，由于一些原因，本次出版未能将关于高丽铸币文化的内容收录其中，期待这部分也能早日发表。

我作为高丽史研究者，看到李廷青同学从硕士研究生阶段开始就能对高丽时代的货币史抱以热情并最终著书成册，令人欣慰。我深信，李廷青同学定会继续精进学业，日后成为一名优秀学者。最后，衷心祝贺本书的出版，并期待它以及后续的内容能在学术史上留下浓墨重彩的一笔。

2018 年 9 月 1 日于高丽大学

序二

王永生

（中国钱币博物馆信息部主任，中国钱币学会副秘书长，著名钱币学家）

中国古代对周边国家及地区的货币开展研究早有传统。司马迁在《史记·大宛列传》中就记录了张骞出使西域时，安息国的货币是"以银为钱，钱如其王面，王死辄更钱，效王面焉"。自《史记》以后，二十四史中的《西域传》或《东夷传》，以及一些出使或巡游外国的游记中，几乎都有对周边国家及地区货币使用情况的记载。只是到了清末，因为国力的衰落以及西方殖民者的入侵，国人自顾不暇，才开始自我封闭起来，对外国所使用的货币自然也就生疏而不了解了，这种情况一直延续到改革开放之后才有所改变。

当今随着全球经济一体化的日益深入，中国正以不可阻挡之势快速融入国际社会。在这个过程中，世界需要了解中国，中国则更需要了解世界，而要了解世界自然应该先从近邻开始。货币不仅是交换的媒介，更是历史的见证和文化的载体，记录了众多的文化信息，因此成为了解一个国家的历史及文化的重要视角。于是，一批敏锐的钱币学家就开始了对周边国家货币的研究。崔劲波先生就是其中比较杰出的一位，他与人合作完成的《海东青蚨：高丽铸币》是一本专门研究朝鲜半岛古代钱币的专著。

我和劲波既是因为朝鲜钱币相识，更是因为这本书而相熟。2013年8月，劲波他们一批收藏研究朝鲜钱币的青年组织的"朝鲜古钱研究会"在劲波的家乡丹东召开研讨会，我应邀参加了这次会议。其间劲波告诉我，他在整理朝鲜钱币资料，正在编写一部反映高丽王朝钱币的书，并给我看了部分书稿。我很为社会上这一批有志于研究朝鲜钱币青年的自发行动和精神所感动，于是鼓励他申报中国钱币学会的课题项目。几经周折，最后请辽宁钱币学会背书，课题终于立项。后来我从中国钱币学会秘书处轮岗去了中国钱币博物馆研究信息部，没有再过问课题的事。

上周劲波给我打电话，说他的书稿已经写完，将由商务印书馆出版，想请我写个序。我虽然不太愿意为别人写序，但是，劲波的约请我还是答应了。这一方面是因为我知道，他在编写这本书的过程中，付出了很多艰辛的劳动，如果不是出于对高丽钱币的喜爱，是很难坚持下来的。如今他的书就要出版了，我要借此向他表示衷心的祝贺！另一方面，是因为我始终重视对周边国家及地区货币的研究，也想借此机会谈点看法。

我们知道，金属货币时代，任何一枚钱币都有可能伴随商贸而跨越国界，流向世界各地。从这个角度讲，货币不仅是交换的手段，也是文化传播的媒介。源远流长的中国古代货币，曾经对周边的国家及地区产生了重要的影响。这种影响在保存下来的周边国家的货币上面都有直观、形象的反映。

历史上中国文化所涵盖的范围，实际上并不限于中国境内，还包括朝鲜、日本、越南、琉球等周边国家及地区。以中国为中心，向四周辐射，形成了一个大的文化圈，被称为"中华文化圈"或"汉文化圈"。这一文化圈存在的前提，是共同使用汉字。因此，在通用汉字的基础上，各国知识分子学习儒家的经典，采用中国的典章制度进行治理，使得各国的学术思想、宗教习俗都深受中国文化的影响。近代以来，随着西方殖民者的入侵，各国的民族意识开始逐渐觉醒起来。后来在殖民者的唆使下，出现了一股"去汉字化"的倾向。最终日本、韩国限制汉字的使用，朝鲜、越南则干脆废止汉字。这些国家在汉字传入之前都没有文字，因此它们的历史从一开始就是用汉字记录的。废除汉字之后，历史与文化都出现了断层。特别是年轻的一代因为不识汉字，不能阅读文献而不了解历史，不知道他们国家在文化上与中国之间的渊源关系。因此，从事历史研究的工作者，就有责任将隔断的历史重新接续起来，将失忆的文化重新找回并呈现给世人。这其中，各国受中国影响所铸造和使用的货币，因为是历史的见证物，真实地记录了历史上中国与这些国家之间政治、经济、文化上的渊源关系。因此积极开展中国古代货币文化对周边国家及地区影响这一专题的研究，就超出了钱币的范畴，属于中外文化交流的一部分，甚至可以视为国家文化软实力建设的一部分，而具有重要的现实意义。所以，我很早就呼吁应该加强对周边国家货币的研究，并撰写了一部中国古代货币文化对周边国家及地区影响的书，后来以《货币文化交流史话》为名，作为我的"中国货币史话"丛书的第四本，由社会科学文献出版社于2016年出版发行，其中有关高丽王朝钱币的拓图就是劲波提供的。

虽然自中国钱币学会成立以来，历届领导也都强调要加强对周边国家货币的研究，但是，因为这项研究超出了传统钱币学的范畴，涉及多种学科，很少有人愿意涉猎，因此所取得的学术成果寥寥无几。

只有广西钱币学会和云南钱币学会合作，于1993年编写了《越南历史货币》以及辽宁钱币学会于1994年编写了《朝鲜半岛钱谱》两本。前者具有较高的学术价值，后者仅仅是个钱谱而已。因此，劲波与人合著的这本《海东青蚨：高丽铸币》也可以说是填补空白之作。考虑到劲波完全是凭借个人之力在做这项课题研究，精神更为可嘉。这也是我当初鼓励他申报中国钱币学会课题的原因。

就我所知，劲波很早就开始对朝鲜高丽王朝的钱币进行收集和研究。他利用家乡的地利之便，收集和掌握了大量的朝鲜钱币实物以及文献资料，并与韩国有关的钱币学者建立了广泛的联系。因此，由他来编写一本关于朝鲜高丽王朝的钱币专著是再合适不过。

《海东青蚨：高丽铸币》分上下两卷，上卷根据文献记载，从货币史的角度论述了高丽王朝货币的铸造与流通；下卷则结合钱币实物，从钱币学的角度对高丽王朝的钱币进行了版别划分。将文献资料与钱币实物、货币史与钱币学很好地结合起来是这本书的一大特色。特别是书中收入了大量的钱币图片，直观地向读者展示了高丽王朝时期，朝鲜所铸造使用的货币属于中华货币文化体系。因为这些货币不但文字用的都是汉字，还分隶书、篆书、楷书等多种书体，甚至在形制、大小、工艺上都与中国的货币完全一样，不是专门收藏研究的人很难区分，真实地反映了高丽王朝时期朝鲜所受中国文化的深刻影响。

因此，该书实际上已经超出了传统钱币学的范畴，也反映了中朝两国历史上的文化交流。

希望劲波能在这本书的基础上，再接再厉，编写一本反映李氏朝鲜时期的钱币书籍，可作为这本书的姊妹篇，给读者呈现一套完整的朝鲜古代钱币史。

毋庸讳言，这本书也有一些不足的地方。如高丽王朝统治朝鲜半岛长达四百余年（918—1392），跨越了我国五代、宋、辽、金、元多个朝代高丽都始终称臣纳贡，直至明初，是朝鲜历史上与中国古代关系中的一个重要时期。因此，应该结合这种关系来论述高丽钱币，以此揭示出高丽钱币与中国古代钱币割舍不断、融为一体的内在原因。但是，书中"上卷"部分于这方面的论述太过简单，没有给读者一个整体性的交代，还没有完全摆脱传统钱币研究"就钱论钱"的不足。

这对于一个业余的钱币研究者来说，也可能太过苛责了。但是，我总认为研究钱币，特别是研究周边一些国家的钱币，必须将钱币放在中外文化交流的大视野下来展开才更有意义。因此，我在表示祝贺的同时，还是指出了这点不足。希望能有更多的钱币研究者从中外文化交流的视角，来开展对周边国家及地区货币的研究，只有这样才能发挥以钱币证史、补史的作用，也才是钱币收藏研究的魅力所在。

是为序。

2019年3月6日于吉利宅

序三

吉田昭二

（号淳丰堂，日本著名古钱学家，古钱币收藏家）

祝贺《高丽铸币》的出版

大凡对古货币有兴趣的人，对在本地区或附近铸造、发行并使用的货币都有着特殊的感情，这是自然的。

但现在，由于有国境的分割，交流受限制，爱好者们很难对某一地区的古货币产生更深层了解的想法。

在此，有一位居住在辽宁省丹东市，名为崔劲波的壮士。

他花费很长的时间，收集、收藏了大量的高丽和李朝时代的古货币，并查阅国内外有关资料、书籍，对高丽钱币的铸造历史过程进行了反复的研究，并拟出版了题为"高丽铸币"的专著。我作为一名古钱币爱好者，在此对该书的出版表达衷心的祝贺和敬意。虽然我们言语不通，但通过古钱币这一共同兴趣，我们有了相同的研究方向和追求目标。

这本书使中日双方对高丽钱币的认识进入更深刻一层，我认为它为今后朝鲜古钱币的进一步研究与了解奠定了基石。

2018 年 8 月

日本京都、洛外·御室住淳丰堂吉田昭二

『高麗鑄幣』刊行の壮挙を祝す

凡そ古貨幣に親しむ者にとって、己が本貫の地で制作され、行使為された銭貨に対しては殊の外に想い入れがあるのは自然なことでありましょう。況や現況では、国を隔てる境界線が彼我を引き離しているのですから、往来に多くの制約がされているならばその想いたるや如何許りでありましょうや。

此処に壮士あり――

名を崔勁波、遼寧省・丹東に住まいする男子。

彼は故地たる鶏林の山野や河に思いを馳せ、久しく大量の高麗、李朝の銭貨の収蔵・研究を重ねて来られたが、この度、その中から高麗銭の数々を集約し、その欽品を内外の多くの知己に求め、また既刊の書籍を渉猟し、一大集約せる泉譜を上梓為されるとの報に接したのである。

題して『高麗鑄幣』と銘々なされる大著に対して、その偉業を衷心より祝して此処に愛銭家の一人として本文を呈上する次第である。

古貨幣を仲立ちとすれば、言葉は通じなくとも、共に求め、極めようとする世界は同じであり、今回の壮挙を魁として、本書が日中双方で高麗銭に対する認識を一層深め、研鑽の礎となることは必定でありましょう。

二〇一八年八月

日本京都、洛外・御室住

淳豐堂 吉田昭二

吉田昭二序文原図

自序

货币是人类文明的重要成果，货币文化是历史社会、经济和政治的反映。在相当长的历史时期，铸币（钱币）是货币的主要形式。因此，铸币研究也是货币研究的重要课题。

高丽王朝（918—1392）是朝鲜半岛历史上非常重要的一个时期，现今朝鲜和韩国的国名"KOREA"即来源于"高丽（고려）"，朝鲜半岛历史上首次自行铸造货币也始于高丽王朝。因此，对于高丽王朝铸币的研究，是朝鲜半岛历史研究中的重大课题。同时，高丽铸币的出现与发展深受中国的影响，高丽的货币文化属于以中国为代表的东方货币文化体系的重要组成部分。所以，对于高丽铸币的研究，也有助于我们从另一个视角来认识中国的货币史与货币文化。另外，正如钱币学专家王永生先生所言，各国受中国影响所铸造和使用的货币，作为历史的见证，直观、真实地记录了历史上中国与周边国家及地区间政治、经济、文化上的渊源关系，积极开展中国古代货币文化对周边国家及地区影响这一专题的研究，属于国家文化软实力建设的一部分，具有重要的现实意义。

作为一门广博复杂的学问，钱币学集历史学、考古学、语言文字学、经济史、艺术史、科技史等等学科领域于一体。正如多位钱币学专家多年来所呼吁的，应该重视钱币学作为一门独立学科的学术地位。钱币学研究既包括对钱币实物的研究，也应该包括对钱币实物内或钱币背后所蕴含的非物质文化的研究。

尽管韩朝学界、日本学界以及中国学界都不同程度关注过高丽王朝的铸币，但至今仍未有一部关于高丽铸币的专著。韩朝日三国的历史学者都曾撰文考察过高丽铸币的相关内容，但所关注的大都是局部问题，缺乏宏观、整体的分析；同时他们大都仅限于对历史文献的考证，而忽视钱币实物，缺乏从钱币学角度对钱币版别的区分及其演变、钱币的材料、钱文的特点等方面进行分析。另一方面，韩日中三国钱币工作者以及钱币收藏家亦先后整理过高丽钱谱，但由于钱币实物缺乏等原因，其所做的整理还不够系统与完善，尤其对钱币版别的区分以及演变还未进行过深入的研究；同时，他们一般依然习惯于传统的旧思路，仅对钱币本身进行描述，就钱论钱，而忽视了钱币背后的历史，没有将高丽铸币置于高丽乃至朝鲜半岛历史发展的框架和脉络中展开研究，不能从宏观、整体的视角来把握高丽乃至朝鲜半岛铸币演变的规律及其影响。因此，对于高丽铸币的研究，应该突破以往研究的旧思路，结合多学科知识，从多个视角出发，力求全面、完整、系统地考察。

近些年来，随着中国收藏事业的蓬勃发展，有关高丽铸币的收藏队伍也不断壮大，流散于民间的高丽铸币逐渐集中到收藏界；同时，朝鲜半岛境内乃至中国东北地区陆续有高丽铸币出现，其中不乏以往钱谱未收录的"新出品种"，这些都给进一步深入研究高丽铸币带来了不可多得的机遇。

本研究试图抛砖引玉，在以往钱币学界、历史学界已有研究的基础上，重新全面梳理相关史料，结合大量的实物，力求对高丽铸币进行一次全面、系统、深入的研究。为了更好地兼顾两方面的内容，本书分为上下两卷，上卷为论述部分，由李廷青负责撰写；下卷为钱谱部分，由崔劲波负责整理。两者看似独立，实则密不可分。上卷虽是下卷的历史叙述，但很多内容又是基于下卷的归纳总结。全书问题意识以及篇章结构如下：

上卷（李廷青撰）：

本卷侧重于货币史视角，关注高丽铸币的铸造与流通，意在将高丽铸币置于高丽历史发展的大趋势中，结合政治、经济、文化、外交等因素，全面系统地梳理、考察高丽铸币出现、发展以及消亡的历史过程。然而，史料上与高丽铸币直接相关的仅有数条记载，这是进行高丽铸币研究面临的最大的限制。为了克服这一困境，笔者在直接关联的记录之基础上，钩稽其他相关史料，同时结合铸币实物的具体情况，试图勾勒出高丽铸币的发展脉络。在论述过程中，在借鉴先行研究的同时，也注重对部分观点进行批判与拓新。

笔者不惮敝陋，本卷的写作目的并非仅限于历史知识的普及或为下卷的钱谱作历史背景的介绍，亦期待使之成为一项符合学术规范的学术研究。另外，由于存世的直接关联记录极其匮乏，笔者只能结合其他相关史料对其进行详细考辨，希望可以起到正本清源的作用。基于这样的写作目的与现实困境，不得不大篇幅采用历史学研究中的考据学方法，不厌冗繁，大量引录文献实非得已，为求证据丰富以增强说服力而已。如通人达者责我以烦琐，则不敢辞。

下卷（崔劲波撰）：

本卷为高丽铸币钱谱，本谱将高丽铸币分为早期铸钱和正式铸钱两大类。早期铸钱包括无文钱、仿铸中国钱和仿铸加字钱三种。这一部分由于出土实物较少，仅做简单梳理与介绍。

正式铸币有"东国"、"三韩"、"海东"三种国家别号作为钱文主体的三类钱币，有"东国通宝"、"东国重宝"、"三韩通宝"、"三韩重宝"、"海东通宝"、"海东元宝"、"海东重宝"七种钱文，形制上有折二型和当一型两种，折二型钱币只有东国通宝折二型一种。

本谱所采用资料基本为近年国内外各地出土实物拓片，和现当代各种谱录拓片，同时对国内外藏家藏品亦酌情选用。全谱高丽正式铸币共计316种版别，其中东国通宝20类97种，东国重宝8类66种；三韩通宝14类52种，三韩重宝5类25种；海东通宝14类60种，海东元宝1类2种，海东重宝4类14种。加上早期仿铸钱币16种，全谱一共收录332种版别。

本谱钱图的排列按钱文为序，名称按元宝、通宝、重宝为序，钱文书体按隶书、篆书、八分书、真书、行书为序。同种钱币按版别特征为序逐个排列。钱图按从左至右横向排列，上图为正图，下图为同版图。钱图上方为钱币统一编号及版别名称，钱图下方为钱币评级及直径数据，钱图最下方为版别特征介绍。

目 录

序一 （李镇汉） ⋯⋯⋯⋯⋯⋯⋯⋯⋯⋯⋯⋯⋯⋯⋯⋯⋯⋯⋯ I

序二 （王永生） ⋯⋯⋯⋯⋯⋯⋯⋯⋯⋯⋯⋯⋯⋯⋯⋯⋯⋯⋯ III

序三 （吉田昭二） ⋯⋯⋯⋯⋯⋯⋯⋯⋯⋯⋯⋯⋯⋯⋯⋯⋯⋯ VII

自序 ⋯⋯⋯⋯⋯⋯⋯⋯⋯⋯⋯⋯⋯⋯⋯⋯⋯⋯⋯⋯⋯⋯⋯⋯ IX

上 卷

第一章 高丽成宗—穆宗时期的铸币 ⋯⋯⋯⋯⋯⋯⋯⋯⋯⋯ 3

第一节 历史背景 ⋯⋯⋯⋯⋯⋯⋯⋯⋯⋯⋯⋯⋯⋯⋯⋯ 3

第二节 铸币的铸造 ⋯⋯⋯⋯⋯⋯⋯⋯⋯⋯⋯⋯⋯⋯⋯ 9

第三节 铸币的推行 ⋯⋯⋯⋯⋯⋯⋯⋯⋯⋯⋯⋯⋯⋯⋯ 20

第二章 高丽肃宗—睿宗时期的铸币 ⋯⋯⋯⋯⋯⋯⋯⋯⋯⋯ 23

第一节 历史背景 ⋯⋯⋯⋯⋯⋯⋯⋯⋯⋯⋯⋯⋯⋯⋯⋯ 23

第二节 铸币的铸造 ⋯⋯⋯⋯⋯⋯⋯⋯⋯⋯⋯⋯⋯⋯⋯ 35

第三节 铸币的推行 ⋯⋯⋯⋯⋯⋯⋯⋯⋯⋯⋯⋯⋯⋯⋯ 40

第三章　高丽铸币难以流通的原因　　46

参考文献　　66

附录 1　朝鲜半岛历史演变与货币变迁　　70

附录 2　《高丽史》、《高丽史节要》中与"银瓶"关联记事　　81

附录 3　典籍所载高丽铸币　　83

附录 4　高丽王朝世系表（部分）　　87

下　卷

朝鲜半岛高丽王朝铸造货币版别系统概论　　91

第一章　早期铸币　　105

第一节　无文钱　　105

第二节　早期仿铸钱　　106

第三节　乾元重宝背东国钱　　109

第二章　正式铸币　东国钱　　113

第一节　东国通宝　　113

第二节　东国重宝　　141

第三章　正式铸币　三韩钱　　158

第一节　三韩通宝　　158

第二节　三韩重宝　　173

第四章　正式铸币　海东钱 ———————————— 181

第一节　海东通宝 ———————————— 181

第二节　海东元宝 ———————————— 198

第三节　海东重宝 ———————————— 199

高丽铸币横向对比图 ———————————— 203

参考文献 ———————————— 210

后记 ———————————— 211

李廷青

海东青蚨　高丽铸币

上卷

第一章 高丽成宗—穆宗时期的铸币*

第一节 历史背景

公元九世纪后半期,朝鲜半岛新罗王朝(前 57—935 年)四面楚歌,名存实亡,各路豪族雄踞一方。王建(918—943 年在位)在一些地方豪族势力的支持下建立了高丽王朝(918—1392 年)并随后统一了朝鲜半岛。

开国后王建通过与功臣豪族的政治妥协而维持着"豪族联合政权"[①]的统治运营形式。在当时王权衰弱而豪族跋扈这样君弱臣强的境况下,王建以及随后几代国王始终都未能建立起一套完备的、强有力的中央集权统治体制以彻底摆脱地方豪族势力的制约。因此,大体上是因袭前朝旧制,并且不得不对此前各割据势力所采用的五花八门的制度予以包容,难以改制。[②] 这种局面既是豪族势力强大、威胁王权的现实,也说明高丽当时的制度框架不能给加强王权的诉求提供充分的制度性资源和足够的合法性支持[③]。

王建铜像

第六代国王成宗(981—997 年在位)继位后,为了改变这种局面,进行了一系列统治体制的整顿。他先后建立和完善中央集权制下的地方政治体制,加强中央朝廷对地方各级政府的控制;逐步完善中央官制,并进行大规模儒家礼制的系统化建设,"恢弘先业,祀圜丘、耕籍田、建宗庙、立社稷"[④],彰显了成宗意欲效法中国政治文化,实行礼治政治、巩固中央集权、强化王权的治国诉求。[⑤]

与政治制度的施行相配合,为了从根本上解决问题,成宗还进行经济领域的整顿。当时高丽国内的状况可以从崔承老的上疏中略窥一二:

> 新罗之时,公卿百僚庶人,衣服鞋袜,各有品色。公卿百僚朝会则着公襕、具穿执,退朝则逐便服

---

* 本章主要内容发表于《中国钱币》2021 年第 2 期。

① 〔韩〕严成镕:《高丽初期王权与地方豪族的身份变化——关于"豪族联合政权说"的检讨》,载边太燮编:《高丽史的诸问题》,三英社 1986 年版。

② 〔朝鲜朝〕郑麟趾:《高丽史》卷 76《百官志》序文曰:"高丽太祖开国之初,参用新罗、泰封之制,设官分职,以谐庶务。然其官号或杂方言,盖草创未暇革也。"《朝鲜王朝实录·世宗实录》卷 81,世宗二十年四月甲寅条亦载:"高丽旧制,外方乡吏比朝官文武班。……由是大官乡吏,例用犀带、象笏、玉瓔、玉环,至本朝皆禁之。"〔朝鲜朝〕郑麟趾:《高丽史》卷 93《崔承老传》:"我圣祖统合之后,欲置外官。盖因草创,事烦未遑。今窃见乡豪每假公务,侵暴百姓,民不堪命。"

③ 张春海:《高丽王朝的"华化"与"土俗"之争》,《安徽史学》2008 年第 1 期。

④ 〔朝鲜朝〕郑麟趾:《高丽史》卷 59《礼志》,序文。

⑤ 金禹彤:《高丽朝圜丘祭天礼考述》,《东岳论丛》2013 年第 6 期。

之。庶人百姓不得服文彩，所以别贵贱、辨尊卑也。由是公襴虽非土产，百僚自足用之。我朝自太祖以来勿论贵贱，任意服着。官虽高而家贫，则不能备公襴；虽无职而家富，则用绫罗锦绣。我国土宜，好物少而粗物多。文彩之物，皆非土产，而人人得服，则恐于他国使臣迎接之时，百官礼服不得如法，以取耻焉。乞令百僚朝会一依中国及新罗之制，具公襴穿执奏事之时，着袜靴、丝鞋、革履，庶人不得着文彩纱縠，但用紬绢。①

从崔承老的上疏可以看到，成宗时期的高丽，奢侈品的享用不再是以身份的尊卑贵贱为依据，取而代之的是财富上的划分。由此也可知，新罗末期以来的"礼崩乐坏"至此还未得到根本解决，新的等级秩序还未建立。新罗（尤其后期）以来与中国大陆的贸易一直持续不断，"文彩之物，皆非土产，而人人得服"当是崔承老的夸张之辞，但亦从侧面反映了中国的物品能够在民间一定范围内流通。这显然不是当时与中国官方"朝贡贸易"的结果，而是与中国各类民间贸易的产物。新罗后期以来与中国大陆之间海上贸易的发展造就了实力雄厚的海上集团，他们"虽无职而家富"，通过从事海上国际贸易积聚了巨额财富，过着贵族般的生活，却不受中央管制，成为阻碍中央集权的势力。

由此，作为强化中央集权统治体制措施的一环，崔承老上疏建议整顿这一情况：

> 我太祖情专事大，然犹数年一遣行李以修聘礼而已。今非但聘使，且因贸易使价烦夥，恐为中国之所贱。且因往来败船殒命者多矣，请自今因其聘使，兼行贸易，其余非时买卖一皆禁断。②

高丽初期与中国大陆的贸易形态主要有官方贸易、附带贸易、民间公认贸易、民间秘密贸易等不同类型。③官方贸易指朝贡贸易，而附带贸易指使臣往来时顺带所进行的贸易，民间贸易中被官府所承认的为民间公认贸易，不被承认的为民间秘密贸易，即走私贸易。而崔承老建议禁止非官方主导的贸易，其目的在于将海外贸易牢牢控制在官府手里，从而防止民间通过海外贸易牟取暴利。换言之，从财权、财力上防范富商大贾、地方豪强积累财富，割据一方，威胁中央。从后来历史发展来看，成宗当时应是采取了崔承老的建议。

同时，成宗还推行了其他多项措施。高丽初期，在地方上设置了粮仓，各仓设判官负责地方实物租税的收纳，开京有京仓，在地方仓和京仓之间开发了漕运和浦口等通渡设备。成宗以前，粮食由地方到中央运输的"漕船输京价"并不统一，由各地地方势力任意制定。为了整顿这种混乱的情况，抑制和打击富商大贾、地方豪强的投机掠夺，保证国家税收的正常运转，成宗统一了"输京价"④。为了防止和抑制富商大贾与地方豪强在特殊时期控制、操纵市场物价，牟取暴利，下盘剥百姓，上与君王争利，成宗于在位第十二年（993年）仿造中国在中央和地方都设置了常平仓。⑤为了建立流通秩序的新面貌，成宗于十五年（996年），仿造中国的货币制度，正式铸行铁钱⑥。

朝鲜半岛从很早开始就在各个方面受到中国的影响，高丽王朝也不例外。成宗尤其"乐慕华风"⑦，在进

---

① 〔朝鲜朝〕郑麟趾：《高丽史》卷93《崔承老传》。
② 〔朝鲜朝〕郑麟趾：《高丽史》卷93《崔承老传》。
③ 〔韩〕全海宗：《中世韩中贸易形态小考》，《大丘史学》第12·13合辑，1977年。
④ 〔朝鲜朝〕郑麟趾：《高丽史》卷79《食货二·漕运》："定漕船输京价：运五石，价一石。"
⑤ 〔朝鲜朝〕郑麟趾：《高丽史》卷80《食货三·常平义仓》。
⑥ 〔朝鲜朝〕郑麟趾：《高丽史》卷3《世家·成宗》。
⑦ 〔朝鲜朝〕郑麟趾：《高丽史》卷94《徐熙传》。

行统治体制的整顿时，大力引进中华制度，唐制尤甚。以至于后世文人柳寿垣（1694—1755年）在评论高丽的制度时说，"（高丽）凡百制度，动皆模拟唐朝"，"高丽之治，大抵崇尚唐制"，"以海外之国，苟欲慕华为治"①。因此，从当时的时局来看，铸行钱币也与上述其他措施一样，是成宗即位以来，为给加强统治的诉求提供充分的制度性资源和足够的合法性支持，借鉴中华制度，而推行的巩固中央集权、强化王权的一系列措施中的一环。

那么，货币的铸行与成宗巩固中央集权、强化王权的大业有何关联呢？这当与中国的货币思想有关。对于中国古代货币的起源，存在着不同的认识，而其中影响最大的当属"先王造币说"（亦称"货币国定说"）。此说的根源正是流行于中国古代社会的政治思想——"先王观念"，这种政治观主张中国古代社会在经济和政治上的一切发明创造和制度建造都是先代圣王的功绩，目的在于借此加强对人民的统治。"先王造币说"正是这种所谓"先王观念"的一种具体表现。②

中国最早的货币理论相传是由春秋末年单旗所提出。③他指出："古者，天灾降戾，于是乎量资币，权轻重，以振救民。"④在他看来，货币是先王为了救荒而人为制造出来的，将其产生归之于统治者的主观意志。这种关于货币的起源论在后来的《管子》中有了更明确的阐述，《管子》还强调了货币对于国家统治的需要。《管子·国蓄》载："人君铸钱立币，民庶之通施也。……三币握之则非有补于暖也，食之则非有补于饱也，先王以守财物，以御民事，而平天下也。"⑤可见，在《管子》看来，尽管货币"饥不可食，寒不可衣"，没有使人饱暖的使用价值，但统治者还是选择它们，其原因在于它在流通中有一定的权利。如果把握好货币这一权力，就有利于国家的统治，可以凭借用它们来守财，御民与平天下，是治国的重要武器。《管子》一书所体现的为统治天下所用的思想被后世众多政治家奉为圭臬。⑥南朝的孔琳之说："圣王制无用之物，以通有用之财。"⑦唐代的陆贽说："御财之大柄，为国之利权。"⑧杨于陵说："王者制钱，以权百货。"⑨刘秩说货币"是为人主之权"⑩。白居易认为："管氏之轻重，李悝之平籴，耿寿昌之常平者，可谓不涸之仓，不竭之府也。故丰稔之岁，则贵籴以利农人；凶歉之年，则贱粜以活饿殍。若水旱作沴，则资为九年之蓄；若兵甲或动，则馈为三军之粮。上以均天时之丰凶，下以权地利之盈缩，则虽九年之水，七年之旱，不能害其人，危其国矣。"⑪白居易之言可谓夸大了货币流通的作用，但其说将货币流通上升至直接关联到整个社会经济兴旺和人民生活安定之地位的看法也着实体现了《管子》之见。他认为只要国家掌握货币铸造权，充分发挥货币流通的均节调剂功能，则虽遇九年之水，七年之旱，甚至发生战争，也无可悚虑。北宋的李觏也说："泉布之作，百王不易之道也。"⑫可见，后代对货币作用的整体看法主要是绍述和继承《管子》的认知体系，在总体认识水平上并没有取得实质性突破。

"先王造币说"源于后世学者对货币起源的肤浅认识，他们从货币由统治者下令发行的表面现象出发，推

---

① 〔朝鲜朝〕柳寿垣：《迂书》卷1《论丽制》。
② 吴树国：《民之通货：历代货币流变》，长春出版社2005年版，第4页。
③ 也有学者怀疑此为战国人所伪托，见〔日〕加藤繁著，吴杰译：《中国经济史考证》第1卷，商务印书馆1959年版，第6—8页。
④ （春秋·鲁）左丘明：《国语》卷3《周语下》。
⑤ （春秋·齐）管仲：《管子》卷22《国蓄》。
⑥ 吴树国：《民之通货：历代货币流变》，第5页。
⑦ （南朝·梁）沈约：《宋书》卷56《孔琳之传》。
⑧ （宋）司马光：《资治通鉴》卷234《唐纪五十》。
⑨ （宋）欧阳修、宋祁等：《新唐书》卷52《食货二》。
⑩ （五代·后晋）刘昫等：《旧唐书》卷48《食货上》。
⑪ （唐）白居易：《白居易集》卷62《辨水旱之灾明存救之术策》。
⑫ （宋）李觏：《直讲李先生文集》卷16《富国策第八》。

测货币只有古代圣人才能发明创造，认为货币是人君之权柄、治国安邦的工具，由于它迎合了大一统国家统治的需要而被推崇。[①] 后世继承了此说并以此发展起来的一系列货币思想从本质上主张货币要按照政治的需要，由国家垄断制造并掌握使用，把货币同政治统治结合在一起，是一种利用货币调控经济并达到政治目的的工具论，[②] 它是中国古代统治阶级货币思想的中心内容，为历代帝制政权视货币为统治工具的思想根源及其理论依据。而或许正是这样的货币思想，迎合了高丽成宗，成为他巩固中央集权、强化王权、治国安邦的重要思想武器，进而促使他仿造中国的货币制度铸行金属货币。换言之，成宗的铸钱政策与其"乐慕华风"不无关系，而"慕华风"的根本目的是借鉴先进的唐宋之制完善本国的体制，给其巩固中央集权、强化王权的诉求提供充分的制度性资源和足够的合法性支持。

高丽直到成宗即位后才正式在全国设置十二牧，派遣牧使进行直接治理，而在此之前地方基本上掌握在豪族势力手中。高丽太祖即位后即派使节以"重币卑辞"[③] 招抚和笼络各地豪族。太祖将归顺高丽的新罗末代国王金傅任命为原新罗首都庆州的"事审官"，让其管理该地副户长以下官职的有关事务，后来也先后授予其他功臣为其出身地的"事审官"，"事审官制"得以广泛实行。[④] 另外，太祖还按照地方豪族的功勋和所领城邑的大小、多寡，在其领地内设置府、州、县，而执掌府、州、县的官员仍是原来的豪族。[⑤] 尽管中央政府有时也派遣今有、租藏和转运使等外官，到地方办理租赋征收、保管和运输等事务，但被称为"外邑使者"[⑥] 的他们尚不是正式的地方官，而且充当"外邑使者"的也多是豪族本身。如此一来，地方豪族只是在形式上被纳入到高丽国家统治机器之中，其在地方的既得利益几乎都被中央政府所默认，而中央政府也只能通过他们实现对地方的间接统治。而高丽在成宗铸行金属货币以前，主要使用谷、布作为货币，租税征收实物，官禄也以谷物计算支付，这在上述特殊政治环境下更加不可避免地存在不少弊端：

事审官之设，本为宗主人民，甄别流品，均平赋役，表正风俗。[⑦]

（靖宗）九年七月判："州县税粮纳官时，令输人自量。"[⑧]

（文宗）七年六月三司奏："旧制，税米一硕，收耗米一升。今十二仓米输纳京仓，累经水陆，欠耗实多，输者苦被征偿，请一斛增收耗米七升。"制可。[⑨]

明宗六年七月初，左右仓斗概不法，纳米一石，赢至二斗，外吏因缘重敛，久为民弊，近欲厘正，下制：一石并耗米不过十七斗。群小汹汹，至是下制仍旧。[⑩]

乡豪每假公务，侵暴百姓，民不堪命。[⑪]

中外人吏百姓伪造公牒，斜用贡物。[⑫]

左仓之储，止盈一岁。两班请受，唯俟他州。督责至严，转漕劳苦。或风霜阻滞，岁时凶荒，薄

---

① 吴树国：《民之通货：历代货币流变》，第7页。
② 刘玉峰：《唐代货币思想述论》，《学习与探索》2002年第4期。
③ 〔朝鲜朝〕郑麟趾：《高丽史》卷1《世家·太祖一》。
④ 〔朝鲜朝〕郑麟趾：《高丽史》卷75《选举三·事审官》。
⑤ 李春虎等编著：《朝鲜通史》（第2卷），延边大学出版社2006年版，第17页。
⑥ 〔朝鲜朝〕郑麟趾：《高丽史》卷77《百官二·外职》。
⑦ 〔朝鲜朝〕郑麟趾：《高丽史》卷75《选举三·事审官》。
⑧ 〔朝鲜朝〕郑麟趾：《高丽史》卷78《食货一·田制·租税》。
⑨ 〔朝鲜朝〕郑麟趾：《高丽史》卷78《食货一·田制·租税》。
⑩ 〔朝鲜朝〕郑麟趾：《高丽史》卷78《食货一·田制·租税》。
⑪ 〔朝鲜朝〕郑麟趾：《高丽史》卷93《崔承老传》。
⑫ 《崔士威墓志铭》，载〔韩〕金龙善：《高丽墓志铭集成》，翰林大学亚细亚文化研究所1997年版。

官之家，至夏未食；权豪势族，则计程陪卸，取利一倍；细民益困，贪吏益雄。至于廉洁端士，他无所获。……准禄之半，以钱给之，则减督责而备凶荒，抑权豪而优廉洁。①

本朝粗布之法，出于东京等处若干州郡，且此布之币，用无十年之久，乍遭烟湿，便为灾朽。纵盈公廪，未免鼠漏之伤。②

从史料中可见，地方豪族出身的事审官，其职能之一是参与当地赋税征收，在赋税的征收过程中拥有一定的管理权③，而当时税粮纳官亦由运输人员自行量取；同时，谷物受年景变化影响大，又不便运输，税粮由地方运输到中央累经水陆，几经损耗。为了弥补这种损失，在原来税额基础上往往还要多收"耗米"，由此将损失转嫁到农民头上。由此，包括地方豪族势力在内的官员在整个征税过程中容易产生假借公务而用加数揩克、因事侵渔、大收加耗等手段借机苛敛、从中牟利。相反，用金属铸币替代实物货币作为税收和俸禄支付手段，对于国家税收、财政管理和民众纳税、官员收取俸禄均方便易行，有利于避免实物途中运输损耗和运输不便，减少征收费用，亦可在一定程度上防止地方势力假借公务投机掠夺，牟取暴利，鱼肉百姓，进而威胁中央。其实，单从币材的自然属性上看，谷、布为币的缺陷和以金属为币的优越形成十分鲜明的对比。谷物除了上述受年景变化影响大，不便于运输，还不便于保存。因为时间一久谷物便容易发霉、生虫甚至变质，如此也就不具备贮藏价值。同样地，布匹也无法长时间贮藏，因为时间一久布匹就容易氧化、褪色甚至变质或朽坏，而且有的布匹甚至还会像劣币一样出现短狭、轻薄等现象；另一方面，布匹不能寸尺而裂，因为裂匹为尺价值便会受到损失。可见，谷、布作为货币会给国家带来不少现实或潜在的问题。金属货币则不然，金属因材料坚固而耐磨，不仅不易损坏、便于储存，具有很高的贮藏价值，而且还便于流通、运输；此外，金属质地相对均匀，性质单一，易于鉴别，不像谷、布等实物货币那样有优劣好次的等级之分。这些因素或许也是成宗当时所考虑到的。

成宗在993年已经在中央和地方设置了常平仓，996年又铸行了货币。国家控制了谷物，又掌握着货币，这样就能够有效地与富商大贾在市场上进行经济斗争，对市场进行调节：如果商贾压低物价、收购并囤积谷物，国家可以抬高谷价，进而抑制商贾投机牟取暴利，保护农民的利益，即所谓"杀正商贾之利，而益农夫之事，则请重粟之价金三百"④。相反，如果商贾已掌握大量谷物，国家可以压低谷价，抛售谷物，收缩通货，进而使囤积商因谷价跌落而受损，从而"塞民之羡，隘其利途"⑤。能否以货币调控谷物与其他各种货物的轻重变化，是关系到能否打击、抑制富商大贾与地方豪强操纵市场，投机掠夺、牟取暴利，进而巩固中央集权统治的大事。

另一方面，国家还可以通过铸行货币来权百货、准交易，促进商贸活动，发展社会经济，增加财政收入。成宗即位后在制度上进行"大新制作"⑥，为了应对内外形势，又进行了军事力量的强化，如设置十二州节度使、创设六卫（左右、神虎、兴威、金吾、千牛、监门）⑦等军事组织等，这一系列举措的推行都离不开国家财政的投入。成宗时期税制的调整或许能够从侧面说明这一问题，当时朝廷加大了田租（税）的征收幅度，

---

① 〔高丽〕义天：《大觉国师文集》卷12《铸钱上疏》。
② 〔朝鲜朝〕郑麟趾：《高丽史》卷79《食货二·货币》。
③ 〔韩〕李纯银：《高丽时代事审官的职能与特点》，载《高丽史的诸问题》，三英社1986年版，第216页。
④ （春秋·齐）管仲：《管子》卷24《轻重乙》。
⑤ （春秋·齐）管仲：《管子》卷22《国蓄》。
⑥ 〔朝鲜朝〕郑麟趾：《高丽史》卷76《百官志》，序文。
⑦ 〔韩〕李基白：《高丽兵制史研究》，一潮阁1968年版，第79页。

从高丽太祖时期规定的所收产的十分之一增加到所收产的四分之一。① 而货币是一种特殊的社会权力,作为货币铸行者的政府可以从铸行货币中获取经济利益,以扩充政府财政收入,因此掌握货币的铸行权是对国家政权十分有利的事情。例如,能通过不久之前才设置的常平仓实现货币的敛与散,进而来调节以谷物为主的各种商品的市场价格,操轻重之权,利用季节差价以及丰歉差价以籴入、粜出的方式获取财政收入。关于这一点,从横向可以往中国、从纵向可以从后世的朝鲜王朝的情况中找到某种印证。②

总之,国家铸造的法定货币,是国家拥有主权和行使权力的标志。货币流通的区域,代表着国家统治权行使的区域。凡属中央集权的国家,往往会统一货币制度,将铸币权掌握在自己手里。铸币权不仅关系到经济的发展,财富的分配,也关系到国家政权的巩固和统一。成宗"式遵前典,爰颁丹诏,俾铸青蚨"③,作为"慕华风"背景下的一种制度建设,是其即位以来推行的旨在巩固中央集权、加强王权的一系列措施中重要的一环。

此外,思考成宗铸行钱币的背景时,还不能忽视当时的国际环境。将视角从高丽国内转移到中国时可以发现,与朝鲜半岛从分裂走向统一的情况相似,中国也经历了五代十国的分裂到宋朝的统一。五代十国的分裂既是政权的割据,也是经济的分裂、市场的分裂,更严重的是通货的分裂。宋朝统一五代十国,结束了全国分裂割据的局面。在经济上,宋朝也逐步消除了五代十国以来各地币制不一、货币流通混乱的情况,再次实现了通货的统一,为政权的长治久安奠定坚实的基础。这对于刚统一了朝鲜半岛,同样结束了分裂割据局面的高丽,尤其是对乐慕华风、追求中央集权和强化王权的成宗来说,或许会产生某种程度的影响。④ 尽管目前无法找到相关的文献记载,但亦不能完全排除这种可能性。

同时,从国际形势来看,高丽铸行钱币,亦符合当时的时代潮流。当时宋钱通过各种方式外流至周边少数民族地区政权以及海外诸国,高丽当然不例外。从考古情况来看,宋钱出土于朝鲜半岛各地,其分布范围十分广泛⑤。与此同时,有趣的是,同属中华文化圈,10世纪前后宋朝周边的国家(如辽、西夏、安南、高丽等)都"不约而同"先后铸行了自己国家的法定货币。

辽(907—1125年)最初使用的是中原地区的货币,后自产铜自铸币。据文献记载,辽在建国前已有铸钱,但始于何时,铸造何种钱币,均无明言,难以认定。有钱币实物可证者,一说是始于神册年间(916—922年)铸造的"神册通宝"⑥,一说始于天赞年间(922—926年)铸造的"天赞通宝"⑦。西夏(1038—1227年)建国前后亦使用中原地区的货币,而本国自铸钱币依据年号钱币实物,始于"福圣承道"年间(1053—1056年)铸造的"福圣宝钱"。⑧ 安南(越南)自铸钱币是从丁朝(968—980年)开始的,丁部领(924—979年,一说丁桓)建立了安南历史上第一个统一的封建王朝,国号"大瞿越",史称"丁朝"。丁部领称帝2年后建元"太平"(970年),并仿照中国圆形方孔钱式样,铸造"太平"年号钱,即"大('太'写作'大')平兴宝",为安南历史上最早的自铸钱币。⑨

---

① 〔朝鲜朝〕郑麟趾:《高丽史》卷78《食货一·田制·租税》。
② 《朝鲜王朝实录·世宗实录》卷18,世宗四年十二月四日:"本国旧用布币,晋山府院君河仑献议曰:'国家之所用于民者楮货,而民之所纳于国者米谷,则国可以富。且凶年则敛楮货而发仓,丰年则散楮货而敛粟,可便官民。'"
③ 〔朝鲜朝〕郑麟趾:《高丽史》卷79《食货二·货币》。
④ 亦有韩国论者持类似观点,参见〔韩〕许银哲(音):《高丽初期法定货币政策》,韩国教员大学硕士学位论文,2013年,第7页。
⑤ 〔韩〕李胜一(音):《高丽时代出土中国钱的用途之研究》,《石堂论丛》第37辑,2006年。
⑥ 李卫:《辽金钱币》,紫禁城出版社2009年版,第23页。
⑦ 《中国钱币大辞典》编撰委员会:《中国钱币大辞典(宋辽西夏金编·辽西夏金卷)》,中华书局2005年版,第3页。
⑧ 《中国钱币大辞典》编撰委员会:《中国钱币大辞典(宋辽西夏金编·辽西夏金卷)》,中华书局2005年版,第56页。
⑨ 王永生:《货币文化交流史话》,社会科学文献出版社2016年版,第91页。

第一章　高丽成宗—穆宗时期的铸币　9

可见，在10世纪前后的东（南）亚诸国[①]范围内，自主铸行本国的法定货币成为一种国际趋势与时代潮流。这既与唐宋货币文化的辐射有关，也与这些国家经济的发展、自我认同意识的增强，以及这些国家"避免被编入以宋朝为中心的经济圈的意图不无关系"[②]。从这些周边国家的立场来看，外国货币在本国被广泛使用的话，对于国家的权威和本国的经济主权或许并不是有利的因素。

第二节　铸币的铸造

关于成宗铸行钱币，有如下记载：

（成宗十五年，996年）夏四月辛未铸铁钱。[③]
成宗十五年四月始用铁钱。[④]
惟我先朝（成宗朝），式遵前典，爰颁丹诏，俾铸青蚨，数年贯索盈仓，方圆适用。仍命重臣而开宴，既诹吉日以使钱，自此以来，行之不绝。[⑤]

从上述为数不多的记载中可知，成宗时期首先铸造的货币为圆形方孔铁钱。而从考古的情况来看，1910年代初，在朝鲜开城附近的高丽古墓里发现了众多古钱，包括圆形方孔的无文铁钱、圆形圆孔的无文铜钱、圆形方孔的无文铜钱、"乹元重宝"（背"东国"）铁钱、"乹元重宝"（背"东国"）铜钱、"开元通宝"铜钱、"乹元重宝"光背铜钱、"东国通宝"铜钱、"东国重宝"铜钱等。[⑥]

铜质"乹元重宝"（背"东国"）　　　　　　铁质"乹元重宝"（背"东国"）

对于圆形方孔的无文铁钱、圆形圆孔的无文铜钱、圆形方孔的无文铜钱，日本的藤间治郎认为是成宗以

---

① 日本最早于8世纪初开始自行铸钱，10世纪亦有铸钱，为"延喜通宝"（907年）和"乹元大宝"（958年）。另外，研究10世纪前后宋、辽、西夏、安南、日本等国的铸币以及经济活动，乃至该时期整个区域的货币史、经济史，并不是本节内容所能涵盖，亦非笔者一人之力所能完成。在此仅试图从宏观的视角来尝试俯瞰高丽的情况。
② 〔韩〕金荣济：《10—13世纪宋钱与东亚细亚的货币经济》，《中国史研究》第28辑，2004年。
③ 〔朝鲜朝〕郑麟趾：《高丽史》卷3《世家·成宗》。
④ 〔朝鲜朝〕郑麟趾：《高丽史》卷79《食货二·货币》。
⑤ 〔朝鲜朝〕郑麟趾：《高丽史》卷79《食货二·货币》。
⑥ 〔日〕藤间治郎：《朝鲜钱史》，《京城日报》社代理部1918年版；〔日〕桃山泉谈会：《桃山泉谈会志》第26号，1932年；〔日〕朝鲜古泉会：《海东》第5号，1935年；〔日〕奥平昌洪：《东亚钱志》卷15，岩波书店1938年版；〔韩〕韩国造币公社：《韩国货币全史》，韩国造币公社1971年版。

前（尤其是太祖时期）所铸①，其依据主要是《高丽史》中有关"钱谷"的记载：

> 三司掌总中外钱谷出纳会计之务，太祖改泰封调位府为三司。②

然而，《高丽史·百官志》关于"三司"的职能，即"掌总中外钱谷出纳会计之务"，是对该机构在整个高丽时期所扮演角色之宏观性描述，不能成为高丽太祖一朝已铸行货币的直接证据。更重要的是，"钱谷"在《高丽史》共出现数十次，通过对其语境的分析，结合高丽大部分时期使用谷、布等实物货币的实际情况来看，其应该是作为财物（即谷物及其他土产）的惯用表达，而不是金属铸币。相似的例子还有，成宗在正式铸行铁钱的前一个月，"遣韩彦卿如契丹纳币"③。此处的"币"也不应该是高丽铸行的金属铸币。

与藤间治郎不同，日本另外一位钱币学家奥平昌洪认为这些无文钱铸造于成宗时期。④然而，如果说出土的圆形方孔无文铁钱为成宗十五年（996年）所铸的话，那么同时出土的圆形圆孔无文铜钱、圆形方孔无文铜钱又铸造于何时呢？韩国学者金柄夏推断圆孔钱原来应为方孔钱，由于埋于地下被酸化导致方孔棱角钝化才呈圆孔状。金氏还认为这些无文钱不是严格意义上大量"铸造"的作为流通手段的法定货币，而是粗制"打造"的作为陪葬品的明器。因此，这些圆形方孔无文铁钱、圆形圆孔无文铜钱、圆形方孔无文铜钱都与成宗十五年正式铸造的铁钱没有直接的关系。⑤另一位韩国钱币学家金仁植也认为这些无文钱是民间制作的陪葬品，而非官铸钱。⑥

对于"乹元重宝"（背"东国"）钱，日韩学者一般认定为成宗十五年所铸。此类钱币古籍未载，最早著录此钱的是日本的古钱界。藤间治郎在其1918年所出版的《朝鲜钱史》中录有一枚从高丽古墓出土的"乹元重宝"（背"东国"）铁钱的拓片，藤间氏认定该钱为高丽成宗十五年所铸，且将其作为《高丽史》相关记载的实证。随后20世纪30年代日本古泉界桃山泉谈会和朝鲜古泉会先后分别刊行的会刊《桃山泉谈会志》和《海东》都对"乹元重宝"（背"东国"）铁钱持相同观点，而认为铜钱既有可能铸于成宗，也有可能铸于随后的穆宗。不久后奥平昌洪所著《东亚钱志》则明确将铁钱定为成宗所铸，而将铜钱定为穆宗所铸。此后的中日韩泉界都将此类钱币定为高丽所铸，该观点也被史学界所接受，然而他们都没有对这种认定的依据多着笔墨。

20世纪90年代以来有部分国内学者⑦把"乹元重宝"（背"东国"）说成是渤海钱币。刘文林、吴振强、王贵箴等所编《朝鲜半岛钱谱》一书持此观点，其理由是渤海国有"海东盛国"之称，当唐肃宗乾元年间，正值渤海国定都上京龙泉府未久，既奉唐正朔，铸造乹元重宝钱是顺理成章之事，于钱背加铸"东国"二字，意在表明臣属关系；相反，至于高丽穆宗当国，时在997—1008年，值北宋至道三年到大中祥符元年，上距唐肃宗240年，下距唐灭亡近百年，在高丽穆宗行北宋年号期间，断不会沿用唐代年号铸币。但事实似乎并非

---

① 〔日〕藤间治郎：《朝鲜钱史》，《京城日报》社代理部1918年版，第2页。
② 〔朝鲜朝〕郑麟趾：《高丽史》卷76《百官一·三司》。
③ 〔朝鲜朝〕郑麟趾：《高丽史》卷3《世家·成宗》。
④ 〔日〕奥平昌洪：《东亚钱志》卷15，岩波书店1937年版，第22页。
⑤ 〔韩〕金柄夏：《高丽时代的货币流通》，《庆熙史学》第3辑，1972年。
⑥ 〔韩〕金仁植：《韩国货币价格图录》，五星K&C 2011年版。
⑦ 如高汉铭：《简明古钱词典》，江苏古籍出版社1990年版；孙仲汇、施新彪、周祥、胡薇、黄锡明编著：《简明钱币词典》，上海古籍出版社1991年版；刘文林、吴振强、王贵箴：《朝鲜半岛钱谱》，辽宁人民出版社1994年版；赵承：《"乾元重宝·东国"钱是高丽钱吗？》，《收藏》2012年第3期；王冠仁：《渤海国铸币历史研究》，《江苏钱币》2012年第2期。

如此。一方面，从《东京城——渤海国上京龙泉府址发掘调查》①、《渤海上京宫城内房址发掘简报》②、《吉林省永吉杨屯大海猛古遗址三次考古发掘概况》③、《宁安虹鳟鱼场：1992—1995 年度渤海墓地考古发掘报告》④、《渤海上京城：1998—2007 年度考古发掘报告》⑤ 等多份考古发掘报告来看，至今在渤海遗址、墓地中均未有"乾元重宝"（背"东国"）钱出土的记录，而目前为止凡"乾元重宝"（背"东国"）钱，无论铜铁，大都出土于朝鲜开城或附近地区。何况即使在渤海故地有出土，也不能完全证明此钱由渤海所铸。国内钱币收藏家赵承先生所收藏的一枚"乾元重宝"（背"东国"）铜钱出土于辽宁省开原市，其认为该地处在渤海国扶余府与唐、契丹结合部，是进行贸易的最前线，也是渤海国与唐贸易的陆路必经之地，从流通货币的角度证明此钱为渤海国所铸。⑥ 笔者认为并不能单一地从某一钱币的出土地点来判定某类钱的归属⑦。

另一方面，对钱币背面钱文"东国"一词的见解也是争论的焦点之一。持"渤海铸币说"的论者认为渤海有"海东盛国"之称，加铸"东国"二字意在表明臣属关系。其实不然，"东国"称谓至迟在新罗时期就已成为朝鲜半岛政权的一种自称⑧。与之相反，渤海国尽管被称为"海东盛国"，但史籍却没有出现渤海自称"东国"的记载。或曰"震国"⑨ 实即"东国"之称谓。《易·说卦》确实有"震，东方也"之语，但并不能因此直接地把"震国"与"东国"画等号，而且"震"在《说卦》中还有其他诸多释义，如"震为雷、为龙、为玄黄、为旉、为大涂、为长子……"同时，关于渤海国的早期国号是"震国"还是"振国"，学界目前尚没有最终定论。⑩

此外，持"渤海铸币说"的论者还从渤海自铸货币的可能和条件（如金属冶炼技术等）来证明"乾元重宝"（背"东国"）为渤海所铸，然而这些所谓可能和条件，高丽同样具备，并不能作为"渤海铸币说"的充要条件。综上所述，笔者认为"乾元重宝"（背"东国"）是高丽钱，而非渤海钱。

作为高丽首次铸造的国家法定货币，成宗为何要仿唐朝"乾元重宝"而铸，并在钱背上加铸"东国"呢？

先从中国唐朝的铸币说起。"开元通宝"钱始铸于唐武德四年（621 年），会昌五年（845 年）唐朝开始铸造有背文的"开元通宝"钱⑪，即所谓"会昌开元"。目前所见"会昌开元"钱背文凡 20 余种，除"昌"字为年号（即"会昌"）外，其他背文皆为地名。

除了"开元通宝"，唐朝还铸造过"乾元重宝"等钱币。乾元是唐肃宗的年号，唐肃宗于乾元年间（758—760 年）发行了"乾元重宝"当十钱、当五十钱等钱币；此后唐朝政府又铸行了"乾元重宝"小平

---

① 〔日〕原田淑人等：《東京城：渤海国上京龍泉府址の発掘調査》，《東方考古学叢刊》甲種第 5 冊，1939 年。
② 黑龙江省文物考古研究所：《渤海上京宫城内房址发掘简报》，《北方文物》1987 年第 1 期。
③ 陈家槐：《吉林省永吉杨屯大海猛古遗址三次考古发掘概况》，《吉林省考古学会通讯》1982 年第 2 期。
④ 黑龙江省文物考古研究所：《宁安虹鳟鱼场：1992—1995 年度渤海墓地考古发掘报告》，文物出版社 2009 年版。
⑤ 黑龙江省文物考古研究所：《渤海上京城：1998—2007 年度考古发掘报告》，文物出版社 2009 年版。
⑥ 赵承：《"乾元重宝·东国"钱是高丽钱吗？》，《收藏》2012 年第 3 期，相关论述还见作者博文 http://blog.sina.com.cn/s/blog_62b9a8e40100t4sp.html。
⑦ 高丽铸币就曾在中国和日本出土过。牛达生、任永训：《从宁夏盐池县萌城乡西夏窖藏钱币谈西夏文"福圣宝钱"和高丽"三韩通宝"》（《中国钱币》1988 年第 2 期）指出宁夏曾出土过高丽铸币；刘晓东、孙秀仁：《渤海货币研究二题——"新史料"辨伪与"自铸币"考实》（《北方文物》1995 年第 1 期）指出日本函馆市志海苔町发现的一处室町时代（1392—1573）窖藏古钱里，出土了"海东"、"东国"、"三韩"等 3 种高丽钱币。
⑧ 笔者将另文详述。
⑨ （宋）欧阳修等《新唐书》卷 219《渤海传》谓大祚荣"恃荒远，乃建国，自号'震国王'"。然而，（五代·后晋）刘昫等《旧唐书》卷 199 下《渤海靺鞨传》谓大祚荣"圣历中自立为'振国王'"；新罗人崔致远《谢不许北国居上表》中亦作"振国王"。
⑩ 见刘晓东：《渤海"振国"、"震国"名源考察》，《北方文物》2007 年第 1 期；张碧波：《渤海早期国号考索》，《黑龙江民族丛刊》2002 年第 1 期。
⑪ 《新唐书·食货志》载："及武宗废浮屠法……许诸道观察使皆得置钱坊，李绅请天下以州名铸钱，京师为京钱，大小径寸，如开元通宝，交易皆用旧钱。"

钱①。在传世的"乹元重宝"钱中，小乹元钱的数量最为庞大。②与部分"开元通宝"钱背加铸纪地铭文的情况相似，"乹元重宝"既有光背钱，有的也加铸有背文。目前从实物来看，"乹元重宝"有"洪"、"襄"、"润"、"十"等③背文，尤其是背"洪""乹元重宝"与背"洪""开元通宝"很相似。改制后大小与开元钱相仿的小乾元钱直到晚唐时期仍在铸造通行，甚至可能一直使用到唐朝灭亡，其形制亦被随后割据的各地政权所接受。

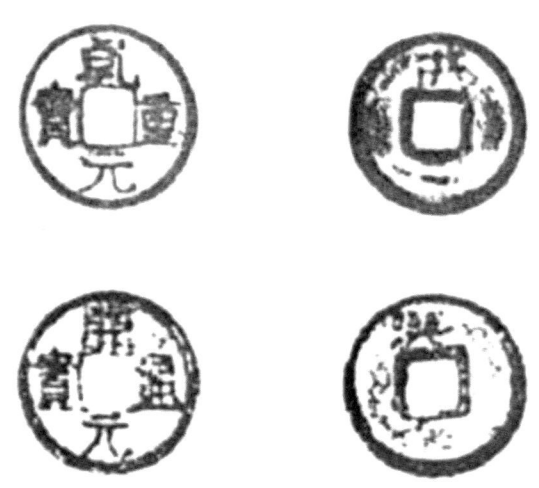

"乹元重宝"（背"洪"）与"开元通宝"（背"洪"）对比图
（杨心珉：《唐代货币史若干问题研究》，南京师范大学博士学位论文，2015年，第37页）

"开元通宝"、"乹元重宝"等唐朝铸币作为一种完整的经济文化符号对中国后世政权以及周边民族的通货产生了深远的影响。有研究者认为，由于开元钱自身形制具有方正整齐、简洁清晰的特点，它能够在短时间内为社会接受，而其钱文所带有的政治宣传之功用，也因此产生极好的散布效果，因此在唐王朝国力衰败乃至灭亡之后，开元钱式依然在此后政权中被较活跃地使用着。④从实物可以看出，唐朝以后的诸多政权以及周边国家、民族都先后仿照唐朝"开元通宝"钱币铸造了他们自己的货币。这些仿铸的钱币在形制、轮廓、尺寸、重量、文字、铸钱技术等方面，很多都与唐铸"开元通宝"钱币相似甚至相同。

先从域内的情况谈起，唐朝灭亡后，五代十国时期的后梁、后唐、闽国、马楚、后蜀、南汉、南唐、吴越等政权在不同时期都仿造唐朝铸行过"开元通宝"钱。其中，闽国先后铸行了铜、铁、铅等不同材质的开元钱，除了光背无文钱外，还铸有背星、月纹以及背"闽"、"殷"、"福"、"建"等文字的钱币。背"福"、"建"是纪铸造地名福州、建州，背"闽"、"殷"是纪国名，与"会昌开元"钱背加铸纪地铭文的情况相似。

---

① "乹元重宝"小平钱具体始铸于何时，唐朝史籍对其未作相关记载，唯北宋人金光袭称其铸于乾元二年，然而金氏亦未给出结论的证据。参见杨心珉：《唐代货币史若干问题研究》，南京师范大学博士学位论文，2015年，第32—33页。
② 杨心珉：《唐代货币史若干问题研究》，南京师范大学博士学位论文，2015年，第36页。
③ 参见〔日〕吉田昭二：《乾元重宝钱谱》，京都2005年版。
④ 杨心珉：《唐代货币史若干问题研究》，南京师范大学博士学位论文，2015年，第31页。

闽铸"开元通宝"（背"闽"）（刘飞燕提供）

再将视角转向域外，西域地区的突骑施汗国、回鹘汗国，以及周边的日本等国，都仿照唐朝"开元通宝"钱铸造了他们自己的钱币。① 如分别位于今天乌兹别克斯坦撒马尔罕和布哈拉的昭武九姓中的康国和安国，就曾直接用唐朝"开元通宝"钱当作母钱，用翻砂仿铸自己的钱币，只是在背面加铸了各自的城市徽记与唐钱作区别。② 今阿富汗地区亦铸有"开元通宝"钱，钱背铸有阿拉伯文，其背文释文为"穆罕默德是阿拉的使者，铸于拔达克山"。③ 此外，从出土实物来看，高丽时期亦仿造唐朝铸造过"开元通宝"钱。

西域铸"开元通宝"（王永生提供）

作为一个经济文化符号，"开元通宝"的钱式无疑是极为成功的，它的问世直接促成了后世"通宝"、"元宝"规制的形成，由此改变了此后中原王朝及周边地区的货币面貌。它作为"标准货币"被大量仿铸，某种程度上甚至可以说成为整个东方货币文化体系内各国铸钱的标准。而事实上，"乾元重宝"的钱式也产生了类似的效应，由其开启的"重宝"规则成为与"通宝"、"元宝"并列的中国古代通货常用的固定形制，后世中外政权也都曾模仿铸造过"乾元重宝"钱。如马楚、后蜀、桀燕等政权都曾在不同时期铸造过不同材质的

---

① 〔英〕凯瑟琳·伊格尔顿所著《钱的历史》亦认为："'黄金盛世'唐朝的影响世界闻名，波及整个东亚地区。包括铸币系统在内的中国文化传播到各地。第一枚日本硬币铸造于 708 年，第一枚越南硬币铸造于 970 年，第一枚朝鲜硬币铸造于 996 年，它们全部仿效了'开元通宝'，而且引人注目的是，它们的铭文全部采用汉字书写，汉字是它们的官方文字。"见〔英〕凯瑟琳·伊格尔顿著，徐剑译：《钱的历史》，中央编译出版社 2011 年版，第 157 页。
② 王永生：《货币文化交流史话》，社会科学文献出版社 2016 年版，第 164—167 页；王永生：《三千年来谁铸币》，中信出版社 2019 年版，第 190—191 页。
③ 杨心珉：《唐代货币史若干问题研究》，南京师范大学博士学位论文，2015 年，第 30 页。

"乾元重宝"钱。与开元钱相同,乾元钱式也获得了周边国家的肯定和认同。日本、安南等国都曾仿照唐朝铸造过乾元钱,日本曾铸造了"乾元大宝",而安南亦曾铸造过"乾元通宝"①。

马楚铸"乾元重宝"

(杨心珉:《唐代货币史若干问题研究》,南京师范大学博士学位论文,2015年,第36页)

日本铸"乾元大宝"、安南铸"乾元通宝"

朝鲜半岛也不例外。高丽建国以后,便先后与中原各政权建立了宗藩封贡关系。然而,北方契丹民族的兴起,改变了中原王朝与朝鲜半岛的传统关系。②高丽从太祖王建以来,便实行敌视契丹的政策,王建给其后代留下的遗训中便有针对契丹的内容:

> 惟我东方,旧慕唐风,文物礼乐,悉遵其制,殊方异土,人性各异,不必苟同。契丹是禽兽之国,风俗不同,言语亦异,衣冠制度,慎勿效焉。③

由此可见王建对契丹持居高临下的优越感,将其视为禽兽之国,并告诫其子孙后代不可效仿契丹之制。然而就在成宗开始铸钱前不久,高丽遭受到契丹八十万大军的入侵,迫于武力威胁,不得不向契丹称臣纳贡,奉契丹为正朔。尽管高丽对宋文化充满向往,也有"联宋制辽"④的企图,但成宗最终还是被迫中断与宋的官方关系,停止使用宋朝的年号。可能在这种情况下,成宗放弃了采用宋、辽两者中任何一方的年号来使用在

---

① 张或定、张劲峰:《乾元通宝应为越南古钱币》,《西部金融》2003年第5期;王冠卿:《乾元通宝越南铸》,《西部金融》2004年第3期。另外,亦有人认为"乾元通宝"为唐朝所铸,见林染:《唐钱重大发现:乾元通宝》,《西部金融》2002年第10期。
② 魏志江:《辽金与高丽关系考》,香港天马图书有限公司2001年版,第63—64页。
③ 〔朝鲜朝〕郑麟趾:《高丽史》卷2《世家·太祖三》。
④ 916年,辽太祖耶律阿保机统一契丹各部称汗,国号"契丹"。947年,辽太宗改国号为"辽"。983年曾复更名"大契丹",1066年辽道宗恢复国号"辽"。

自己铸行的国家法定货币上。而"乾元重宝"跟"开元通宝"一样，不仅仅只是唐钱，还几乎成为当时铸钱的一种模板或者一种"标准货币"，某种程度上甚至也可以说是一个经济文化符号。再说，高丽本身向往大唐盛世，"凡百制度，动皆模拟唐朝"①，成宗尤其"乐慕华风"。高丽王室为了美化自己，加强统治，甚至还曾宣扬自己的祖上出自唐皇室——唐肃宗②。尽管这只是附会，但也从侧面反映了高丽王室对于唐朝尊崇的态度。"乾元重宝"始铸于唐肃宗时期，"乾元"虽为唐肃宗使用的年号，但唐肃宗以后的其他帝王也铸造过该钱。"乾元"二字出自《易经》，古代有以"乾元"指天，指帝王，也有用此形容天子之大德。《易经》作为儒家经典早已传入朝鲜半岛，高丽本身又十分迷信风水之说，《易经》的影响自不待言；而成宗"大新制作"，尤其在朝鲜半岛历史上首次举行了作为"天子"专礼、象征"天子"权力与权威的"圜丘祀天礼"③，其雄心壮志显而易见。综合上述各种因素，我们可以在一定程度上理解成宗为何仿造唐朝铸造了"乾元重宝"。至于钱背加铸"东国"，明显也是受到上述"会昌开元"以及背字乾元钱的影响，既与唐钱作区分，又体现了一定的政权意识。④ 这与上述诸多政权在仿铸唐钱时，在钱背加铸纪地铭文（即铸地或国名）的做法是一脉相承的。例如，安南丁朝时期铸造的"大（太）平兴宝"钱背铸有"丁"字，前黎朝时期铸造的"天福镇宝"钱背亦铭有"黎"字。

安南钱钱背图

这里还有一个问题，就是成宗铸造法定货币时在币材上为何没有效仿唐朝选择铜而改用铁呢？首先从矿产资源的储量来看，相比铜，朝鲜半岛的铁储量十分丰富。

银铜既非本国所产。⑤

铜乃异国所产难继之物……（铁）非难得之物，当绝盗镕之弊……（铁）产于本国，其用无穷，岂有难继之忧哉？⑥

以上史料反映，高丽、朝鲜两朝在关于铸钱的论议中都强调了铜矿的不足⑦，而铁则不同。

---

① 〔朝鲜朝〕柳寿垣：《迂书》卷1《论丽制》。
② 〔朝鲜朝〕郑麟趾：《高丽史》世系。另外，《高丽史》卷2《太祖世家》所录后唐册封王建的诏书中有"卿长淮茂族、涨海雄蕃"之语，卷3《成宗世家》所录宋朝册封成宗王治的诏书中有"抚安百济之民，永茂长淮之族"之语，则暗示王建家族有可能是来自中国江淮地区的大族。〔高丽〕李承休《帝王韵纪》也有类似记载。
③ 金禹彤：《高丽朝圜丘祭天礼考述》，《东岳论丛》2013年第6期。
④ 金柄夏认为这是强烈的民族主义意识的象征，见氏作《高丽时代的货币流通》，《庆熙史学》第3辑，1972年。然而，"民族"一词本身有其特定的内涵，高丽当时是否已经形成这样的观念，是另一个值得再探讨的课题。在此所张扬的与其说是"民族意识"，还不如说是一种"政权认同"或"王权认同"。
⑤ 〔朝鲜朝〕郑麟趾：《高丽史》卷79《食货二·货币》。
⑥ 《朝鲜王朝实录·世宗实录》卷110，世宗二十七年十月十一日。
⑦ 与此相关，古今皆有观点认为，铜矿不足导致了高丽铸行铜钱失败。但笔者并不认同这一观点，下文还将就此做进一步讨论。

靖宗七年正月，三司奏："诸道外官员僚所管州府税贡，一岁米三百硕、租四百斛、黄金一十两、白银二斤、布五十匹、白赤铜五十斤、铁二百斤、盐三百硕、丝绵四十斤、油蜜一硕，未纳者，请罢见任。"从之。①

　　中原大宁，铁焉是产。镔铅鉴镔，铔镴鍒鏅。惟山之髓，匪石之钻。斸掘根株，浩无畔岸。洪炉鼓铸，融液炽烂。焰烁阳纹，水淬阴缦。老冶弄锤，百炼千锻。为镞为镝，为矛为钎，为刀为枪，为钁为镈，为锄为镈，为釜为罐。器赡中用，兵充外扞。②

以上史料一是关于高丽靖宗时期地方州府每年税贡名目与数量的内容。尽管不是成宗时期的相关史料，但是由于相隔时间并不算太久，因此也能在一定程度上说明问题。从史料中可以看到，铁与金、银等贵金属相比，在每年上贡的数量上存在巨大的差异；即使与同属贱金属的铜相比，数量上也存在不小的差距。可见，相比其他金属，铁为盛产之物。史料二中的中原即今韩国忠州地区，从该史料可知，高丽时期这一地区盛产铁，其被广泛用来制造各类武器和各种生活必需品。换言之，铁的使用极为普遍。另外，根据《（朝鲜）世宗实录·地理志》的记载，朝鲜王朝时期庆尚道一道的铁年产量就在3万斤以上。③或许由于盛产铁，朝鲜半岛在高丽王朝以前就有用铁作为流通媒介的先例。

　　（辰韩）国出铁，韩、濊、倭皆从取之。诸市买皆用铁，如中国用钱，又以供给二郡。④
　　（辰韩）国出铁，濊、倭、马韩，并从市之。凡诸货贸易，皆以铁为货。⑤

如史料所示，公元3世纪的朝鲜半岛南部辰韩地区盛产铁，其不仅被输出到周边地区和海外，还被当作交易的媒介，使用于流通领域。相关研究显示，直到高丽时期，朝鲜半岛部分地区还保留着将铁作为交易媒介的旧俗。⑥日本学者藤间治郎指出，由于铁的多产以及其在各领域的普遍使用，"铁"在朝鲜半岛甚至成为广义金属的代名词；另一方面，政府初次铸造的法定货币要顺利推行，必须采用一种普遍的东西作为材料，使无知的平民百姓也能容易判断、鉴别出其价值进而接受它，因此从朝鲜半岛用铁的传统来看，铁钱的选择正有这方面的考虑。⑦同时，成宗时期推行的一项措施也值得关注。为了防止地方势力东山再起，成宗于987年解除了其武装，将地方各州郡的兵器收缴起来并销熔掉。从考古情况以及上述史料看，朝鲜半岛（至少部分）兵器用铁铸造，所以从全国范围内收缴的兵器熔化而成的铁，除了用于铸造农具⑧，也许一部分也被用于铸造铁钱。

---

① 〔朝鲜朝〕郑麟趾：《高丽史》卷78《食货一·租税》。
② 《东文选》卷2《三都赋》。
③ 〔韩〕金柄夏：《高丽时代的货币流通》，《庆熙史学》第3辑，1972年。
④ （西晋）陈寿：《三国志》卷30《魏书·乌丸鲜卑东夷传》。
⑤ （南朝·宋）范晔：《后汉书》卷85《东夷列传》。
⑥ 〔韩〕许银哲（音）：《高丽初期法定货币政策》，韩国教员大学硕士学位论文，2013年，第25页；〔韩〕东潮：《辰弁与伽耶的铁》，《伽耶诸国的铁》，新书苑1995年版，第107页。
⑦ 〔日〕藤间治郎：《朝鲜钱史》，《京城日报》社代理部1918年版，第5—6页。
⑧ 〔朝鲜朝〕郑麟趾：《高丽史》卷79《食货二·农桑》。

朝鲜半岛出土"铁铤"(韩国国立金海博物馆藏)

与富产铁矿的情况相关,还可以进一步从经济效益的角度来思考这一问题。铸币本身是一件有利可图的事情。中国历代统治者就经常通过减轻重量,增加面值,或杂以价格低廉的金属如铁、铅等方法获取利润,借以增加政府收入,弥补财政开支。因此,铸造钱币所用材料的价值,往往远低于币面价值。而选择铁作为铸币材料,则更加降低了成本,因此其溢利也更大。尽管没有相关史料可资证明,我们也不能完全排除当时高丽政府有过这样的考虑。

此外,同时期的国际环境应该也对当时高丽铸行铁钱产生了影响。有唐一代,曾有铁钱伴随铜钱流通使用。有研究者指出,唐代从前期开始就已经出现铁钱,一直到唐后期铁钱始终都在社会上流通。根据考古发现,除了在江南和北方强藩之外,即使在唐代的政治中心东都洛阳也时有铁钱出土。出土的铁钱除了有"开元通宝"外,还有"乾元重宝"等其他品种。唐代铁钱在形制和图文上与铜钱相同,只不过在重量、做工、材质上有差别而已。研究者认为,社会上货币流通量的不足是造成恶钱泛滥的主因,因此唐代铁钱的涌现是商品经济发展在货币领域的反映,具有鲜明的时代色彩。[①]

作为一种经济现象,货币铸行有历史传承的性质贯穿其间。尽管铁钱在唐代不是主流货币形态,但唐代铁钱经过长达数百年的酝酿、整合,成为通向五代十国、宋代铁钱定型、成熟期的不可逾越的阶段。五代十国时期,各个偏安政权先后都铸过形制、轻重各异的铁质货币,铁钱开始成为当时时代经济的流行色。[②] 如上所述,十国之一的闽国先后铸行了铜、铁、铅等不同材质的开元钱,然铜质钱如今所见极少,而铁、铅钱则相比较为多见。又如十国之一的吴越国,其在沿用唐钱的同时,亦仿造唐钱钱文制式,铸行过铁、铅等材质的钱币。从出土情况看,不仅有铁质"开元通宝",也有铁质"乾元重宝"。[③] 此外,十国中的后蜀、马楚等政权亦曾铸行过铁或铅质"乾元重宝"。尤其是其中的闽国从很早开始就与朝鲜半岛保持着密切的往来与交流[④],在频繁的经贸往来过程中,闽国的货币制度与文化有可能随之在某种程度上影响到高丽。同样地,吴越

---

① 冯金忠:《唐代铁钱散论》,《文物春秋》2006 年第 1 期。
② 下至宋代,部分地区也有铁钱行用,这亦是五代货币铸行情形的某种延续。而高丽铸行铁钱,从某种程度上似乎也可以说,是中国这种货币铸行历史传承的末端或外延。
③ 刘健平:《湖州仪凤桥发现吴越国铅铁钱》,《安徽钱币》2009 年第 2 期。
④ 叶恩典、李玉昆:《古代福建与新罗、高丽关系若干问题研究》,《海交史研究》2008 年第 1 期。

国亦与高丽有频繁的通商往来①，高丽也同样可能在此过程中接触到其货币制度与文化，并受之影响。

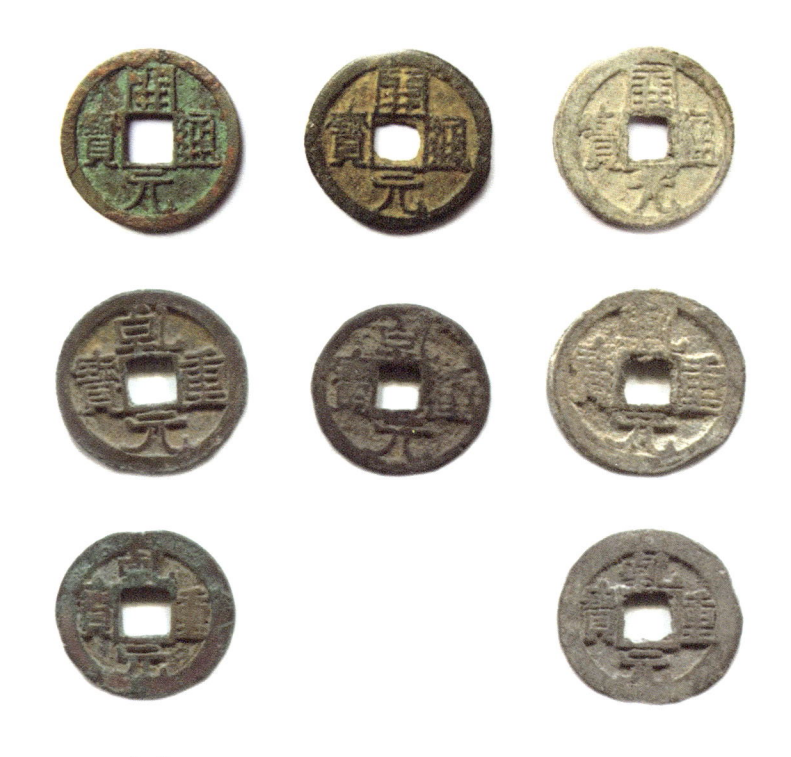

唐铸铜质—铁质—铅质同版开元钱、乾元钱

马楚铸铅质"乾元重宝"（背"桂"）

---

① 卢向前：《吴越国与后百济关系略论》，《浙江学刊》2005年第2期。

南汉铸铅质"乾亨重宝"（背"邑"）

与此相关的，或者说是同一个问题的另一个方面，即五代十国乃至宋代所面临的"铜慌"问题，也可能间接导致高丽政府放弃铜而选择铁作为币材。中国五代历朝铸钱数量都很少，主要原因就在于铜矿的匮乏[1]。后周世宗之时，对外欲振兴武力，对内则首需整顿经济，因此解决钱币不足的问题已迫在眉睫，而世宗铸钱的主要问题在于解决币材的来源。为此，一方面，世宗颁布了全面的铜禁令，并收缴天下铜材；另一方面，市铜于高丽。[2]因为仅仅禁铜于中国，仍然不足于鼓铸，因此世宗鼓励民间市铜于高丽："兼知高丽多有铜货，仍许青、登、莱州人户兴贩，如有将来中卖入官者，便仰给钱收买，即不得私下买卖。"[3]与鼓励民间兴贩入官的同时，官府也直接向高丽买铜铸钱："（高丽）其地产铜、银，周世宗时，遣尚书水部员外郎韩彦卿以帛数千匹市铜于高丽以铸钱。"[4]高丽自太祖起便与中原政权建立了宗藩封贡关系，因中国有此需要，高丽国王便进铜以求好，"（显德）六年（959年），昭（高丽光宗）遣使者贡黄铜五万斤"。[5]据韩国学者李贞信的研究[6]，高丽时期每60吨铜矿石仅能提取生产1吨铜，那么生产5万斤铜就需要提取1500吨的铜矿石。另外据其推测，当时高丽政府一年从全国各地征收的铜总量约为20450斤，那么高丽向后周进贡的5万斤铜就是高丽政府一年铜收取总量的近2.5倍，这一数字对于高丽政府而言可以说是一个较大的负担。此后高丽依然有把铜器作为贡品进贡到中国的情况。[7]由于铜的大量输出，国内的供给势必受到一定的影响。随后宋朝同样出现"铜荒"，韩国学者金荣济认为，在这种背景下，万一高丽铸造了铜钱，其最终将会流入到宋朝。所以，成宗选用铁作为币材就是为了在高丽铜矿储量越来越少的情况下防止铜的进一步流出。另一方面，如果高丽使用铜钱，宋商在高丽完成贩卖活动之后，在不需要高丽物品的情况下将会带着铜钱离开，在宋朝出现"铜荒"造成铜价高涨的背景下带回铜钱是有利可图的；而如果在高丽贸易所获得的是铁钱，将其带回宋朝也无利可图，而不得不在高丽重新消费，换成物资而归国。如此一来，对于高丽的物品输出有着很大的促进作用。此外，铁钱自然比铜钱价值低，高丽使用铁钱与以铜钱为主要货币的宋朝进行贸易时，自然而然地起到了"本币贬值"的效果，对于增加高丽商品出口，减少贸易逆差同样有利。[8]根据其他研究，五代十国时铁钱或铅锡钱的使用确实有这样的背景与目的。[9]而高丽建国以后就与当时的南唐、闽等中国南方政权有着密切的政治、经济往来。由此，也有可能在这个往来过程中受到这样的影响而采用铁钱。另一位韩国研究者金度燕则认为，恰好在北宋

---

[1] 彭信威：《中国货币史》，上海人民出版社2007年版，第260页。
[2] 黄艳：《五代货币制度考》，东北师范大学硕士学位论文，2004年。
[3] （宋）王溥：《五代会要》卷27《泉货》。
[4] （宋）欧阳修：《新五代史》卷74《四夷附录第三》。高丽方面对此也有记载："是岁（光宗九年，958年），周遣尚书水部员外郎韩彦卿、尚辇奉御金彦英，赉帛数千匹来市铜。"（《高丽史》卷3《世家·光宗二》）
[5] （宋）欧阳修：《新五代史》卷74《四夷附录第三》。高丽方面的记载："遣使如周，献铜五万斤，紫白水精各二千颗。"（《高丽史》卷3《世家·光宗二》）
[6] 〔韩〕李贞信：《高丽时代铜的使用现况与铜所》，《韩国史学报》第25辑，2006年。
[7] 下一章将考对此问题做进一步探讨。
[8] 〔韩〕金荣济：《10—13世纪宋钱与东亚细亚的货币经济》，《中国史研究》第28辑，2004年，第84页。
[9] 宫崎市定：《五代宋初の通货问题》，星野书店1943年版，第50—82页。

发生"钱荒",大量铸造铜钱,铜价高涨的情况下,从高丽政府的立场来看,相比铜钱在国内的流通,铜的输出所获收益更大。[①] 日本学者藤间治郎则关注到了辽的因素。高丽成宗铸行铁钱前三年遭到辽的征讨而被迫向其称臣求和,作为属国自当有向宗主国朝贡的义务;而铜作为武器等的重要材料,自古以来为各国所渴求,再加上作为铸币的原料在当时中国供不应求,是非常重要的资源。因此,高丽铸行铁钱而不用铜钱,目的之一在于对辽隐瞒铜的产量,避免辽对铜贪得无厌的诛求。[②] 从理论上讲,以上多种推断在一定程度上是合理的,只不过没有史料与实物方面的有力支撑。另外,正如下文将要论及的,高丽政府后来也铸行铜钱,但我们从史料或考古材料中并未发现由此导致高丽铜钱大量流入宋朝或辽、金等;而且高丽铜钱也并未在宋丽国际贸易中充当支付手段,相反正是因为宋丽贸易导致了宋钱大量流入高丽[③]。因此,上述观点还有进一步探讨的空间。

第三节　铸币的推行

高丽原来一直使用谷物和布匹作为货币,因此铸币的推行,不可能一蹴而就,而需要一个循序渐进的过程。从成宗铸行铁钱的十五年(996年)4月,到其去世的十六年(997年)10月,只有一年半的时间。可想而知,在如此短的时间内,对于首次铸行钱币的成宗来说,货币的铸行是一项未竟的事业,而其完整的货币政策我们也无从追寻。《高丽史》记载:

> 惟我先朝,式遵前典,爰颁丹诏,俾铸青蚨,数年贯索盈仓,方圆适用,仍命重臣而开宴,既诹吉日以使钱。自此以来,行之不绝。寡人叨承丕绪,祇奉贻谋,特兴货买之资,严立遵行之制。[④]

可见,成宗铸行钱币的事业为之后继位的穆宗所继承。从理论上讲,政府通过各种有效的货币投放和回笼措施可以促使货币的流通。货币投放的主要渠道有官吏俸禄、军费开支等支出,货币回笼的渠道有各种财政税赋收入。成宗铸造铁钱后,"仍命重臣而开宴,既诹吉日以使钱"[⑤]。然而,具体的"使钱"方式我们却不得而知。由于时间短暂,再加上成宗推行铸币并未遇到较大阻力,史料也没有当时物价异常变化的记载,由此可以看出,成宗并未实行激进的方式来全面推行铸币,而是采取从某些领域先行的渐进的形式。从史料的记载来看,成宗时期官营酒店的开设和常平仓的设置与铸币的推行不无关系。

当时的官营店铺是官吏、国内外大商人等频繁进出的地方,那里的商业往来较为活跃。由于官营店铺以上流社会为主要对象进行生产及贩卖活动,从成宗官营酒店的开设[⑥],到穆宗官营茶店、饮食店等的设立[⑦],对于促进上流社会接受铸币、行使铸币能起到立竿见影的效果。以后肃宗朝(1095—1105年)在推行铸币时同样也首先采取了这样的做法,下文还将对此做进一步探讨。

[①]〔韩〕金度燕:《高丽时代货币流通研究》,高丽大学博士学位论文,2018年。
[②]〔日〕藤间治郎:《朝鲜钱史》,《京城日报》社代理部1918年版,第5页。
[③]〔韩〕金荣济:《10—13世纪宋钱与东亚细亚的货币经济》,《中国史研究》第28辑,2004年;〔韩〕任兑京:《高丽时代中国铜钱的输入与活用——兼论青铜佛教具制作》,庆尚大学硕士学位论文,2009年;钟兴龙:《略论宋代铜钱外流高丽问题》,《北华大学学报》(社会科学版)2014年第6期。
[④]〔朝鲜朝〕郑麟趾:《高丽史》卷79《食货二·货币》。
[⑤]〔朝鲜朝〕郑麟趾:《高丽史》卷79《食货二·货币》。
[⑥]〔朝鲜朝〕郑麟趾:《高丽史》卷5《世家·成宗》:"置酒店六所,曰成礼,曰乐宾,曰延龄,曰灵液,曰玉浆,曰喜宾。"
[⑦]〔朝鲜朝〕郑麟趾:《高丽史》卷79《食货二·货币》:"其茶酒食味等诸店交易,依前使钱。"

成宗于十二年（993年）仿造中国实行了常平仓制度。国家在各地设立仓库，欲在丰收之年粮价较低的情况下以比市场价格高的价钱收购粮食，存入仓库；歉收之年粮价较高的情况下以低于市场的价格卖出粮食，以平抑粮价。在这个过程中，铸币也能够得以流通。后世朝鲜王朝（1392—1910年）在推行铸币时，也同样强调了这一制度，如《朝鲜王朝实录》载：

> （常平厅）一面收储米谷，遇有凶年，许民纳钱买米，视米价增其三分之一，以示救民之意，则民知钱之为利，而终必大行，救荒行钱，可以两济，计无便于此矣。①

也基于此，有韩国论者推断②，在成宗设立常平仓之后，随之将要进行的就是金属货币的铸行。而契丹"突如其来"的入侵，打乱了成宗的计划。因此在高丽与契丹关系缓和之后，成宗即刻铸造了铁钱。

成宗去世后，继位的穆宗不仅只是继承成宗的货币政策，还进一步加强了铸币的使用范围与推行力度。他在推行铸币的诏书中说：

> 自古有国家者，率先养民之政，务崇富庶之方。或开三市以利民，或用二铢而济世，遂使生灵滋润，风俗淳厐。③

在穆宗看来，通行货币，促进商品交换是利国利民之事，所以他要"特兴货买之资，严立遵行之制"。从出土的实物来看，有论者认为穆宗有可能进一步扩大了铸币的种类和数量。上述1910年代高丽古墓同时出土的"乹元重宝"（背"东国"）铜钱、"开元通宝"铜钱、"乹元重宝"光背铜钱、"东国通宝"铜钱、"东国重宝"铜钱等一般被认为是成宗以后所铸。日本的奥平昌洪认为"开元通宝"铜钱、"乹元重宝"光背铜钱、"乹元重宝"（背"东国"）铜钱等为穆宗时期所铸④；而藤间治郎认为"开元通宝"铜钱、"乹元重宝"光背铜钱、"东国重宝"等为穆宗时期所铸⑤；韩国的金柄夏推测"乹元重宝"（背"东国"）铜钱、"东国通宝"、"东国重宝"等钱为穆宗时期所铸，并认为"东国通宝"、"东国重宝"是由"乹元重宝"（背"东国"）过渡形成的，即"东国"由钱背转向钱面。⑥如果说这些铜钱真的是铸造于穆宗时期的话，那么穆宗在短期之内由铁钱改铸铜钱的原因是什么？史无详载，而从上述时代背景来看，穆宗继续铸行铁钱的可能性更大。那么如何解释史料只记载有铁钱，而出土的实物还有"乹元重宝"（背"东国"）铜钱？从出土的情况来看，铁钱数量相对较多，而铜钱极少；再从铸造工艺来看，铁钱制作相对粗朴、字口不清，而铜钱制作精美、字口清晰。因此可以判断，一部分铜钱是为铸造铁钱所用之母钱，另外一部分达不到母钱标准的铜钱，或为某些特殊场合而铸，属于"非正用品"，即不是普通的流通货币。同样，从目前出土的大部分实物的铸造风格、工艺水平来看，高丽出土的"开元通宝"铜钱、"乹元重宝"光背铜钱、"东国通宝"铜钱、"东国重宝"铜钱等也与"乹元重宝"（背"东国"）钱的风格、工艺有不小差异。因此，笔者认为穆宗时期继续铸行了"乹元重宝"（背"东国"）铁钱，其铜钱并非"正用品"，而"东国通宝"、"东国重宝"等也并非始铸于穆宗时期。相关问题，

---

① 《朝鲜王朝实录·仁祖实录》卷31，仁祖十三年五月二十八日。
② 〔韩〕许银哲（音）：《高丽初期法定货币政策》，韩国教员大学硕士学位论文，2013年，第11—13页。
③ 〔朝鲜朝〕郑麟趾：《高丽史》卷79《食货二·货币》。
④ 〔日〕奥平昌洪：《东亚钱志》卷15，岩波书店1937年版，第23页。
⑤ 〔日〕藤间治郎：《朝鲜钱史》，《京城日报》社代理部1918年版，第6页。藤间治郎认为穆宗朝和肃宗朝都铸造过"东国重宝"。
⑥ 〔韩〕金柄夏：《高丽时代的货币流通》，《庆熙史学》第3辑，1972年。

下文还将进一步探讨。当然，尽管笔者不赞同上述学者的部分观点，但从另外的角度而言，笔者也认同穆宗进一步扩大了铸币的"种类"和数量，这个从下文"乾元重宝"（背"东国"）具有不同的版别可以得到某种印证。

此外，穆宗在成宗的基础上进一步增加了官营店铺的种类，即从酒店增加到茶酒食味等诸店，同时把用钱的范围由"茶酒食味等诸店交易"推广到"百姓等私相交易"；为了强制百姓使用铸币，还"严立遵行之制"，甚至规定在流通领域全面使用铸币作为交换媒介，而禁用粗布[①]。由此可见，穆宗改变了成宗渐进式的铸币推行方式，而实行较激进的货币政策。

然而事与愿违，穆宗的这种激进方式招致了民间的不满与大臣的反对：

> 近览侍中韩彦恭上言："欲安人而利物，须仍旧以有恒。今继先朝而使钱，禁用粗布以骇俗，未遂邦家之利益，徒兴民庶之怨嗟。"[②]
>
> 时全用钱币，禁粗布，民颇患之。彦恭上疏论其弊，王纳之。[③]

保守的大臣提出要安人利物必须持旧有恒，遵行传统之制，禁用粗布有违传统、风俗，既未给国家带来利益，还招致民怨，以此来反对穆宗的货币政策。为了平息众怒，穆宗也不得不选择让步，下诏曰：

> 朕方知启沃之精词，讵可弃遗而不纳？便存务本之心，用断使钱之路。其茶酒食味等诸店交易，依前使钱外，百姓等私相交易，任用土宜。[④]

可见，面对反对派的压力，穆宗放缓了全面流通铸币的脚步，除在部分消费行业里使用铸币以外，百姓日常交易依然沿用原来的方式。所谓"土宜"，即以谷、布充当实物货币的物物交换的形式。至此，高丽又退回到了以实物货币为主的状态。渐渐地，铸币全面停止了流通。[⑤]

---

① 也有部分韩国学者认为从成宗起便全面禁止使用粗布作为交换媒介，在流通领域全面使用铸币。见金三守：《高丽时代的经济思想》，《淑明女大论文集》第 13 辑，1973 年；蔡雄锡：《高丽前期货币流通的基础》，《韩国文化》第 9 辑，1988 年等。
② 〔朝鲜朝〕郑麟趾：《高丽史》卷 79《食货二·货币》。
③ 〔朝鲜朝〕郑麟趾：《高丽史》卷 93《韩彦恭传》。
④ 〔朝鲜朝〕郑麟趾：《高丽史》卷 79《食货二·货币》。
⑤ 〔朝鲜朝〕朴容大等：《增补文献备考》卷 159《财用考六》："成宗始用钱，而中格不行。"但从上述 1910 年代高丽古墓中同时出土"乾元重宝"（背"东国"）和"东国通宝"、"东国重宝"等来看，"乾元重宝"（背"东国"）尽管作为货币停止了流通，但至少到百年后的肃宗时期似乎还未完全绝迹，或许有极少量作为私人玩赏品或身份的象征而传世。

第二章　高丽肃宗—睿宗时期的铸币

第一节　历史背景

　　成宗时代伴随着内外官制的建立和完备，使王权与贵族达到政权统一，形成封建贵族体制的构架。[①] 在这种构架下，重视门阀与家门的社会风气大为兴盛，门阀贵族之间彼此维持闭塞的婚姻关系，高丽的政治由带有地方传统的个别异姓贵族所形成的政治势力所主导。

　　高丽中期以后，统治集团内部矛盾逐渐显露出来，一些贵族家门为了扩大自己的政治和经济势力而明争暗斗，为了维持其地位往往会不择手段，贵族之间的互相对立当然是在所难免。而高丽文宗（1046—1083年在位）之后的国王或是年幼，或是不德，也逐渐失去了控制贵族的能力。该时期一些门阀贵族利用与王室联姻攫取权力，把持朝政，从而打破了贵族家门之间的权力平衡，各种势力之间的相互倾轧趋于白热化。庆源李氏一族正是高丽贵族政治达到顶峰时期门阀贵族的典型代表，其家族在数十年内先后出了众多宰相[②]，后妃贵嫔亦多出其一族，其以"外戚专权，作威作福，多所中伤"。[③]

　　庆源李氏的兴起可以追溯到高丽显宗时期的李许谦。李许谦的三个外孙女成为显宗王妃，李许谦之孙李子渊（1003—1062年）官至吏部尚书、参政知事、内史侍郎平章事和中书令。李子渊的三个女儿也都成为文宗的王后，她们生下了随后的几代国王顺宗（1083年7—10月在位）、宣宗（1083—1094年在位）、献宗（1094年—1095年10月在位）、肃宗（1095—1105年在位），李子渊的儿子中李頲、李顥、李顗、李顔等人皆高居相位，另外一子韶显出家后被封为"王师"。

　　宣宗在位时，庆源李氏一族争夺权力而导致内部分裂，为搞平衡，宣宗纳李预（李子渊弟弟李子祥之子）之女为贞信贤妃，生敬和王后；又纳李硕（李子渊之子）之女为思肃太后，生献宗；再纳李頲（李子渊之子）之女为元信宫主，生汉山侯王昀。宣宗死后由年仅11岁且体弱多病的儿子王昱（即献宗）继位，献宗"幼弱，不能听决机务，太后（思肃太后）称制，凡军国大事，咸取决焉"[④]。李资义（？—1095）是李子渊之孙、李顗之子，与思肃太后出自同族，在宣宗朝为户部尚书，献宗元年为中枢院使，已是位高权重的外戚[⑤]。但李资义认为献宗王年幼多病，朝夕难保，所以与当时宰相李子威等势力联手，要竭尽全力推举嫡亲外甥，即宣宗

[①] 李春虎等编著：《朝鲜通史》（第二卷），延边大学出版社2006年版，第28页。
[②] （宋）徐兢：《宣和奉使高丽图经》卷8："高丽素尚族望，而国相多任勋戚。"
[③] 〔朝鲜朝〕郑麟趾：《高丽史》卷98《崔思全传》。除了王室，庆源李氏还注重与其他贵族势力联姻，以强化自身势力。庆源李氏联姻的贵族势力就包括安山金氏、庆源金氏、海州崔氏、青州王氏、贞州柳氏等，这五大贵族本身也都与王室有联姻关系，这样一来庆源李氏与王室之间的关系就更加盘根错节。
[④] 〔朝鲜朝〕郑麟趾：《高丽史》卷88《后妃·思肃太后李氏》；《高丽史》卷127《李资义传》亦载："母后（思肃）专国事，左右依违其间。"
[⑤] （宋）徐兢：《宣和奉使高丽图经》卷8："已为国相，坐事流窜。"

与自己亲妹妹元信宫主所生王子汉山侯王昀为王，这就是后来献宗"禅位诏"中所谓"阴谋横议交起于权门，逆贼乱臣屡干于内寝"[1]。

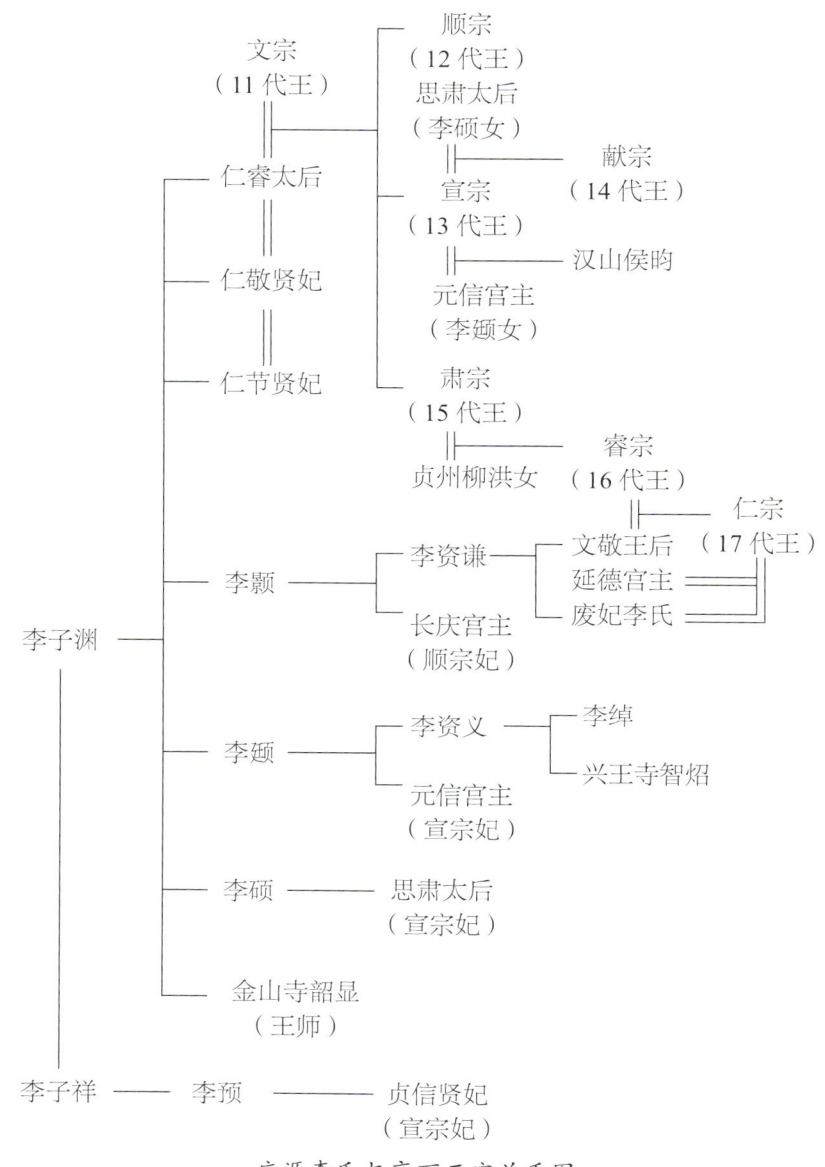

```
                         ┌─ 顺宗
                         │  （12代王）
                         │  思肃太后
                         │  （李硕女）
                         │              ┌─ 献宗
                         │              │  （14代王）
          ┌─ 仁睿太后 ══ 文宗 ─┼─ 宣宗  ═══╡
          │              （11代王）      │  
          │              │  （13代王）  └─ 汉山侯昀
          │              │  元信宫主
          │              │  （李颋女）
          ├─ 仁敬贤妃 ══  │
          │              │
          │              ├─ 肃宗
          │              │  （15代王）
          ├─ 仁节贤妃 ══  │           ┌─ 睿宗
          │              │  贞州柳洪女  │  （16代王）
          │                           │           ┌─ 仁宗
          │                           └═══════════┤  （17代王）
          │                              文敬王后 │
          │              ┌─ 李资谦 ──┼─ 延德宫主═╡
          ├─ 李颢  ──────┤            └─ 废妃李氏═┘
          │              └─ 长庆宫主
          │                 （顺宗妃）
          │
          │              ┌─ 李资义 ──┬─ 李绰
   李子渊 ─┼─ 李颋  ──────┤           └─ 兴王寺智炤
          │              └─ 元信宫主
          │                 （宣宗妃）
          │
          ├─ 李硕 ─────── 思肃太后
          │              （宣宗妃）
          │
          └─ 金山寺韶显
             （王师）

   李子祥 ─── 李预 ─────── 贞信贤妃
                          （宣宗妃）
```

庆源李氏与高丽王室关系图

（单线：代际关系；双线：婚姻关系）

与此同时，献宗的叔父鸡林公王熙（后避辽帝讳，改名颙）也是一个强有力的王位竞争者，《高丽史》记载其幼而聪慧，五经子史，无不该览。作为文宗第三子，文宗在世时对他宠爱有加，曾对他说："后之复兴王室者，其在尔乎！"[2] 尽管这极有可能是王熙即位后为了塑造自身的合法性而进行的自我美化，但是其受到文宗

---

[1] 〔朝鲜朝〕郑麟趾：《高丽史》卷10《世家·献宗》。

[2] 〔朝鲜朝〕郑麟趾：《高丽史》卷11《世家·肃宗一》，而《高丽史节要》卷6则记载："文宗爱之，常曰'后之复兴王室者，其在尔乎！'"

宠爱却并非无迹可寻。[1]

  王熙的兄长宣宗在位十年后病逝，尽管高丽自立国以来就有兄终弟及的传统，但宣宗并没有将王位传于王弟，而传位于年幼体弱的儿子王昱，是为献宗。如此，主少国疑的局面加剧了外戚与宗室之间的冲突。庆源李氏外戚专权已久，而王熙亦早已未雨绸缪，聚集各阶层民众，构筑起自己的私兵集团[2]，伺机而动。王熙曾想笼络宣宗身边的大臣承宣郭尚作为自己的幕僚，但被拒绝。[3] 后来宣宗病重时，王熙在没有得到宣宗召命的情况下企图入宫探病，却被郭尚阻止。[4] 由此可见，王熙或许早已对王位怀有觊觎之心。另外，尽管郭尚没有支持王熙，但王熙在即位之后还是重用了他，原因是其"事先君无贰心"[5]，这从侧面也可以印证王熙此前的意图。《高丽史》记载，李资义常曰："主上（献宗）有疾，朝夕难保，外邸有窥觎者。汝辈宜尽力奉汉山侯，勿令神器归于他人。"[6] 结合当时"时人讥宣宗有宠弟五人而传位孺子，致此乱（即随后的李资义之乱）"云云政治舆论来看，李资义口中的"窥觎者"、"他人"应该就是指肃宗。无独有偶，献宗元年正月出现的天文异象被认为是政治变动的征兆，太史所奏"日有彗，近臣乱，诸侯有欲反者"[7] 传达的正是当时特殊的政治氛围。这种种现象都说明当时肃宗觊觎王位，并与李资义一党的王位争夺已从暗斗变为明争。

  史载，高丽献宗元年（1095年）7月，王熙获悉李资义试图拥立自己外甥汉山侯王昀为王的阴谋，便派人一举消灭了其势力。李资义及其两个儿子（注簿李绰及兴王寺大师智炤）被杀，其余党羽或被杀、或被流放，史称"李资义之乱"[8]。王熙由此大权在握，并受封位于百官之首的中书令，在府邸接受百官祝贺[9]，被尊称为"大叔（太叔）"。仅两个月后，王熙便因献宗"禅让"而即位，是为肃宗。

  所谓"李资义之乱"，不过是肃宗一方胜利的历史书写。这次政治事件即便不完全是肃宗为了夺取王位而自编自导自演的政治大戏，也是肃宗主动参与的与李资义一派的权力争夺战。虽曰禅让，然而从王熙即位前后种种迹象与行动，以及李资义称"外邸有窥觎者"、义天将献宗称为"废主"[10]、献宗禅位诏中言"朕当退居后宫，获全残命"[11] 等情况联系起来看的话，王熙事实上逼迫献宗禅位的可能性更大。而一年多以后，献宗即薨逝，后世多有人认为此为肃宗的"篡弑"之举。[12]

  通过"非正常方式"即位后，肃宗面临着诸多棘手问题。除了宣示自己的合法性，还要恢复旁落已久的王权。肃宗即位

肃宗英陵

---

[1] 储元宾：《尚书令鸡林公吉礼教书》，《东文选》卷23："汝闻庭爱子，藩邸重臣……"
[2] 〔韩〕国史编纂委员会：《新编韩国史》第12卷，国史编纂委员会，1993年，第233—235页。
[3] 〔朝鲜朝〕郑麟趾：《高丽史》卷97《郭尚传》："肃宗在邸召见，遗犀带，辞不受。"
[4] 〔朝鲜朝〕郑麟趾：《高丽史》卷97《郭尚传》："及宣宗大渐，尚侍疾卧内。肃宗至寝门，欲入问疾，尚曰：'今主上弥留，王子若无召命，不宜直入。'遂不纳。"
[5] 〔朝鲜朝〕郑麟趾：《高丽史》卷97《郭尚传》。
[6] 〔朝鲜朝〕郑麟趾：《高丽史》卷127《李资义传》。
[7] 〔朝鲜朝〕郑麟趾：《高丽史》卷47《天文一》；同一天的相关记录还有，"风从干来，太史奏：'当有忧'"。
[8] 〔朝鲜朝〕郑麟趾：《高丽史》卷127《李资义传》；〔朝鲜朝〕金宗瑞：《高丽史节要》卷6，献宗元年七月。
[9] 〔朝鲜朝〕郑麟趾：《高丽史》卷10《世家·献宗》："乙丑，以大叔鸡林公熙为中书令，百官就邸陈贺。"
[10] 《大觉国师文集》卷8《辞赴阙表》。
[11] 〔朝鲜朝〕郑麟趾：《高丽史》卷10《世家·献宗》。
[12] 〔朝鲜朝〕安鼎福：《顺庵集》卷10《上星湖先生书》："献宗事，分明鸡林公篡弑之也。献宗元年，熙嗾邵台甫杀李资义于朝。其八月，以熙为中书令，百官就邸陈贺，其声威胁人，若目击然；其十月王逊位，则是非熙废而何？未几，王出居兴盛宫潜邸而薨，此固可疑。而益斋论曰：'唯不得周公于亲，博陆于臣，委任而辅政，其危且乱，可翘足而待也。'观此则熙之弑王明矣。"崔溥：《锦南先生集》卷2《东国通鉴论·高丽亡》："肃宗篡弑不道，士民愤怨。"

之后，就将李资义的亲妹妹元信宫主和汉山侯王昀母子赶到了庆源郡，以消除其对自己王位的威胁。他还与前面几代国王不同，拒绝接纳庆源李氏一族女子为妃，而娶了贞州柳氏女，意图通过扶植贞州柳氏来牵制庆源李氏。但事实上，如上文所述庆源李氏通过与王室、其他贵族联姻而形成了盘根错节的利益关系网，要完全铲除其势力并非一朝一夕之事。[1] 在位期间，他先后铸行钱币、营建南京、设别武班，这些举措从本质上讲，都是为了服务于其巩固王权、振兴王室这一根本目的。而铸行钱币，在其各项措施中，居于十分关键的位置。因为通过铸行钱币，促进商业发展，增加财政收入，能为各项举措奠定经济基础。

肃宗元年（1096年），大臣金谓磾上书请迁都南京，并有日者文象从而和之。从后来的情况来看，肃宗显然是赞成这一提议的。[2] 次年，肃宗下教言"将欲兴民闲大利，其立铸钱官，使百姓通用"[3]。设立铸钱官，是为接下来铸行钱币做准备。这两个事件表面上看似不相关，实则是有联系的。因为营建都城、迁都，是一项耗费巨大的工程，需要大量的人力物力。而铸行钱币以增加财政收入，可以为南京营造工程提供经费保障。

那么，当时迁都有什么样的背景呢？金谓磾之上书，引用了《道诜记》、《道诜踏山歌》、《三角山明堂记》及《神志秘词》等当时非常流行的风水图谶书籍，指出建都之地"汉江鱼龙四海通"、"内外商客各献珍"[4]，称新建南京都城事关社稷兴衰，如果对南京以时巡驻，必将基业长远，四海来朝，王族昌盛。这对目睹了顺宗、宣宗、献宗以来王室衰微、外戚专权，并通过政变争权获得"受禅"的肃宗来说，无疑具有极大的诱惑性，正符合了他继位后强化王权、振兴王室的根本诉求。特别是其中"内外商客各献珍"等暗含与经济尤其是商业相关的内容，特别值得关注。这与肃宗本人对于商业的关注以及他走上政治舞台的经历也都不无关系。

肃宗即位前，与李资义一族势力已进行了各种明争暗斗。而在各种较量中，彼此双方想必也是在某种程度上了解对方的状况。当时李资义"贪冒货财，集无赖勇士，以骑射为事"[5]，并且"私蓄米谷数至巨万，此皆剥民所聚"[6]，说明李资义集团凭借其特殊身份通过剥削、搜刮民众而获得雄厚的经济基础，并以此形成了自己的私兵组织，这是他们敢于"谋划篡权夺位"的前提。

与此相对应，在与李资义一派的绞量中，肃宗也笼络了各界人士，同样构筑起了一个庞大的组织，这从肃宗继位后进行论功行赏的情况就可以看出来："其余躐等迁官者数百人，工商皂隶亦有超授显职者，有司莫敢言。"[7] 肃宗大范围地封官许愿，不仅数百人被超授官职，就连身份卑微的工商皂隶也有一跃而成为显官的。这说明肃宗在即位前就对商业有所关注，将其视为获取财富的重要途径。之所以如此，也许是受李资义的影响，在与其一党的长期斗争过程中累积的经验；也许还与肃宗本人对于工商业的看法有关：肃宗认为"四民各专其业，实为邦本"[8]，不以商业为"末业"，后来还首次在全国收取"关津商税"[9]。作为国家最高统治者，肃宗还设立了私人的"长生库"放高利贷殖利。[10] 当时亦有宋人认为肃宗嗜利贪财，"性贪吝，好夺商贾利"[11]，此后

---

[1] 从后世的情况看，庆源李氏虽然在肃宗期间备受打击，但肃宗之后其势力便迅速东山再起，而且之后又爆发了与"李资义之乱"相类似且对王室破坏力更大的叛乱，史称"李资谦之乱"。
[2] 〔朝鲜朝〕郑麟趾：《高丽史》卷95《柳伸传》："国家欲移都南京，宰相及庶僚皆以为可，伸与左散骑常侍庚禄崇独言其不可。"
[3] 〔朝鲜朝〕郑麟趾：《高丽史》卷79《食货二·货币》。
[4] 〔朝鲜朝〕郑麟趾：《高丽史》卷122《金谓磾传》。
[5] 〔朝鲜朝〕郑麟趾：《高丽史》卷127《李资义传》。
[6] 〔朝鲜朝〕金宗瑞：《高丽史节要》卷6，肃宗元年三月。
[7] 〔朝鲜朝〕郑麟趾：《高丽史》卷11《世家·肃宗》。
[8] 〔朝鲜朝〕郑麟趾：《高丽史》卷79《食货二·货币》。
[9] 〔朝鲜朝〕郑麟趾：《高丽史》卷79《食货二·货币》。
[10] 〔朝鲜朝〕郑麟趾：《高丽史》卷11《世家·肃宗一》："朕以长生库积粟既多，出来取息。"（宋）王云：《鸡林志》："高丽王（肃宗）于国中出债收息。"
[11] （元）脱脱：《宋史》卷487《外国三·高丽》。

高丽大臣也有以肃宗"殖货"为由反对铸行钱币[1]。日后肃宗强调"富民利国，莫重钱货"[2]也与此有关。

也许正是这些"工商皂隶"迎合了肃宗，并为其献谋划策，获得了与李资义斗争的经济基础，肃宗掌权后才会对这些人进行论功行赏。而这些人获得"显职"后，基于自身利益的诉求也许还会对肃宗的施政继续产生影响。肃宗铸行钱币，是其个人的想法，还是这些人的意图，或是兼而有之，我们不得而知。但铸行钱币的过程中想必有他们的支持与参与，因为通过铸行钱币，推动商业的发展，符合他们的利益诉求。

如果说所谓"工商皂隶"与肃宗铸行钱币的关系只是一种隐含性的关联的话，那么义天（1055—1101年）和尹瓘（？—1111年）两人与肃宗的货币政策则有着直接的关系。因为义天代表的寺院势力和尹瓘代表的新兴官僚势力之消长，与肃宗的上台密切相关，所以他们对肃宗的货币政策起到了关键性的推动作用。

然而作为一个僧人，义天为何会参与政治，进而向肃宗建议铸行钱币呢？这与高丽佛教的发展不无关联。高丽太祖王建认为自己"以不德获守大业，盖依佛教，安辑邦家"[3]，确信自己统一全国是得到了佛圣、山灵的庇护，而将"国家大业必资诸佛护卫之力，故创禅教寺院，差遣住持焚修，使各治其业"[4]作为"训要"留给其后代子孙，因此王建的信佛态度被后代绝大多数国王所继承，王室大力扶持佛教[5]，并使出家者享受各种特权。高丽时期各寺院都拥有大量田产、奴婢，僧人还免除徭役。即使平民百姓出家为僧，也同样享受特权。佛教也因此浸透到高丽社会的各个方面，僧团和寺院在国家保护下得到不断的扩充，"僧团作为统治社会的一种世俗力量，获得仅次于贵族的地位"[6]，而"高丽佛教的全盛期亦是高丽贵族政治的全盛期"[7]。这是由于当时的寺院势力直接或间接地与王室及贵族阶层结成了信仰的、政治的、经济的关系。亦由此缘故，王子或贵族子弟愿投身僧团，一些权势之家也愿来世往生净土，故大兴土木修缮佛堂，盛极一时。从王室与贵族子弟出家的情况来看，太祖有一王子（证通国师）、文宗有三王子（大觉国师义天、道生僧统王竀、聪惠首座王璟）、肃宗有一王子（圆明国师澄俨）出家为僧等，后来王室还规定，"宫人侍幸而有子，则祝发为僧，称为'小君'"[8]，明宗（1170—1197年在位）的王子善思为僧，却"衣服礼秩，与适无异，出入禁中，颇张威福。时诸小君，直授三重，择住名寺。用事纳贿，侥幸者多附"[9]。除了王室，门阀贵族中也有不少家族成员出家。例如（庆源李氏）李子渊有一子（韶显）一孙（世良）二曾孙（智照、义庄），素称"海东孔子"的（海州崔氏）崔冲有一曾孙和一高孙皈依佛门。因此，高丽佛教带有鲜明的王室、贵族佛教的性质。[10]在这种背景下，政治势力上的利害关系往往也相应地反映到宗教领域上。

义天，俗名王煦，字义天，因避宋哲宗讳，多以字行，为高丽文宗第四子，十一岁（文宗十九年，1065年）出家，十六七岁起着手研习佛经。后来义天通过至高丽的宋朝商人和使节，了解到宋朝佛教界的概况以及颇有声望的几位宋朝高僧，其中有天台宗仁岳、华严宗净源、云门宗契嵩等。在这过程中，义天逐渐萌发了入宋求法的想法。后来义天的入宋计划虽然得到当时的国王宣宗（义天二兄）及其他亲人同意，但因朝中群臣反对而未能如愿，在百般无奈之下，义天搭载宋朝商舶潜行入宋。后来由于母后仁睿太后的挂念而被召

---

[1] 〔朝鲜朝〕郑麟趾：《高丽史》卷79《食货二·货币》。
[2] 〔朝鲜朝〕郑麟趾：《高丽史》卷79《食货二·货币》。
[3] 〔朝鲜朝〕金宗瑞：《高丽史节要》卷1，太祖元年十一月。
[4] 〔朝鲜朝〕郑麟趾：《高丽史》卷2《世家·太祖》。
[5] 太祖时就允许王子出家为僧，靖宗（1034—1046年）规定一家有四子者许一子出家为僧，文宗则规定一家有三子者许一子年十五剃发为僧。
[6] 韩国哲学会编，白锐译：《韩国哲学史》，上卷，社会科学文献出版社1996年版，第370页。
[7] 韩国哲学会编，白锐译：《韩国哲学史》，上卷，社会科学文献出版社1996年版，第370页。
[8] 〔朝鲜朝〕郑麟趾：《高丽史》卷26《世家·元宗》。
[9] 〔朝鲜朝〕郑麟趾：《高丽史》卷90《宗室·善思》。
[10] 韩国哲学会编，白锐译：《韩国哲学史》，上卷，社会科学文献出版社1996年版，第306页。

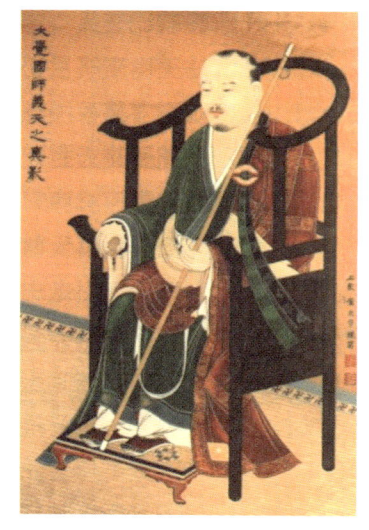

回高丽。义天归国之时，王兄宣宗和母后盛情迎接，"其迎迓道仪之盛，前古无比"[1]。在高丽，像这样为王弟回国而举行如此盛大仪式的情况并不多见。随后宣宗令义天住持兴王寺。兴王寺由文宗所创建，为王家寺院，其住持一职，因无适当之人选而一直虚席。[2] 义天住持兴王寺后，"宣演教理，尽妙穷神，学者海会，得未曾有"[3]。同时，义天着手开创高丽天台宗。事实上义天从很早就有此想法。（入宋前）有一次，义天与其三兄（后来的肃宗）一起谒见母后仁睿太后，在对话中谈及天台宗，他说："天台三观最上真乘，此土宗门未立，甚可惜也，臣窃有志。"[4] 太后闻此言而喜形于色，在旁的王熙也表示愿作外护。后来仁睿太后以高丽尚无天台性宗为憾，于义天归国后祈愿创立国清寺以行此法。该寺效仿宋朝天台佛陇山国清寺而建。[5]

然而，义天归国后的佛教事业并非一帆风顺。对于其归国后的活动，《高丽史》有如下记载：

煦献释典及经书一千卷，于兴王寺奏置教藏都监，购书于辽、宋，多至四千卷，悉皆刊行。始创天台宗，置于国清寺。已而，南游遍历名山，后退居海印寺，及肃宗即位，遣使迎还，住持兴王寺。[6]

从中我们可以发现，义天归国担任兴王寺住持后曾经隐退于远离京城的海印寺，后来肃宗继位后又被召回兴王寺继续当住持。实际上，义天的此番经历正是当时政治变动的反映。

当时国清寺营建工程开始不到半年，新兴仓因为"大震电"发生火灾，当时官员认为，"火灾之发，其必有兆"[7]，又按旧占指出火灾皆以台榭为诫，请宣宗"宜罢作役，务从节俭"，国清寺之役就此停工。这一事件虽属偶然的自然灾害，但在当时的寺院势力直接或间接地与王室及贵族阶层结成信仰的、政治的、经济的关系的复杂背景下[8]，却折射出特定的政治势力以及与之相关的宗教势力的消长。即，国清寺营建工程的中断以及天台宗创立事业的挫折，正是庆源李氏这一外戚政治势力以及与之紧密相关的法相宗宗教势力强大的体现。[9] 实际上，类似的事件在此前也有发生过。在文宗始创兴王寺时，李子渊就曾进言："近因创造兴王寺，移德水县于杨川，百姓营葺庐舍，未遑宁处，男负女提，道路相继，贫者有填壑之忧，富者无安堵之所。"当时，以李子渊为首的庆源李氏外戚势力正蔓延朝廷内外，在佛教信仰上他们皆属法相宗[10]。因此，李子渊自然不太会

---

① 〔朝鲜朝〕金宗瑞：《高丽史节要》卷6，宣宗三年六月。
② 《兴王寺大觉国师墓志》："宣囗以文考创成兴王寺，从来无主掌，诏国师为住持而演讲"，载〔韩〕许兴植编：《韩国金石全文》，中世上，亚细亚文化社1984年版，第532页。
③ 《大觉国师外集》卷12《灵通寺碑文》。
④ 《仙凤寺大觉国师碑铭》，载〔韩〕许兴植编：《韩国金石全文》，中世上，亚细亚文化社1984年版，第595页。
⑤ 〔高丽〕义天：《大觉国师文集》卷3《新创国清寺启讲辞》："经始精蓝，取国清之宏制；发扬妙法，移佛陇之高风。"
⑥ 〔朝鲜朝〕郑麟趾：《高丽史》卷90《大觉国师王煦传》。
⑦ 〔朝鲜朝〕金宗瑞：《高丽史节要》卷6，宣宗七年三月。
⑧ 高丽中期文宗朝前后，与王室关系密切的华严宗和与庆源李氏关系密切的法相宗成为当时佛教势力的基础。见〔韩〕金光植：《高丽肃宗代的王权与寺院势力——以铸钱政策的背景为中心》，《白山学报》第36号。
⑨ 〔韩〕金光植：《高丽肃宗代的王权与寺院势力——以铸钱政策的背景为中心》，《白山学报》第36号。
⑩ 李子渊之子李民为振兴法相宗的慧德韶显，于宣宗元年（1084年）授僧统（亦称都僧统，为法阶之首席，统管国内僧尼事物之官），并住持玄化寺。

赞成文宗开创华严宗道场兴王寺。①

除了国清寺的营建工程，仁睿太后和宣宗的相继离世进一步使得义天的事业遭受挫折。为了完成其长兄顺宗的遗愿，义天在宣宗十一年（1094年）二月又担任了洪圆寺的住持。然而五月份义天便"退居海印寺，溪山自适，浩然有终焉之志"②。而这正发生在同月宣宗离世之后。正如上文所述，宣宗死后由年仅11岁且体弱多病的儿子王昱（即献宗）继位，献宗"幼弱，不能听决机务，太后（思肃太后）称制，凡军国大事，咸取决焉"③。同时，李资义又与宰相李子威等势力联手，要竭尽全力推举嫡亲外甥汉山侯为王。当时兴王寺（华严宗）和玄化寺（法相宗）两大寺院也为庆源李氏外戚势力所把持。④ 如此，庆源李氏等外戚势力独揽朝政，也直接或间接影响到与政治势力紧密相连的宗教势力之间力量的对比。义天的隐退与当时的政治变动不无关系。⑤

肃宗除去李资义势力上台后，义天再次获得王室的支持，又回到兴王寺当住持。而此前中断的国清寺营造工程也得到复工，并于肃宗继位后第二年竣工。肃宗又降诏，令义天兼任国清寺住持。肃宗如此支持义天，系事出有因。义天与三兄肃宗同为仁睿太后所生。父王文宗之初，曾规定一家有三子者允许一子年十五剃发为僧。⑥ 据说文宗眼看着诸王子已经长大，有意让第三子王熙（肃宗）投佛。出乎意料，第四子王煦（义天）毛遂自荐，欣然表示自己有出家之意。由此之故，王熙得以避免出家为僧的命运。对此，王熙念念不忘，不但大力支持王煦的佛教事业，还令自己第五子出家，侍奉王煦，以图回报。⑦

义天回到京城后在致力于振兴佛教事业的同时，还应肃宗之咨问，为国家大事献策。⑧ 当时的宗教势力直接或间接地与王室及贵族阶层结成复杂的关系，庆源李氏外戚集团权倾朝野，与之关系密切的法相宗背后有着"贵臣盛族、豪商大贾"⑨等势力的支持。肃宗通过包括"工商皂隶"在内的诸势力夺取了政权，意图打击外戚势力，振兴衰弱的王室。在这个问题上，肃宗想必与义天交换过意见。

义天虽然出家为僧、遁迹空门，但由于其王室出身的背景，始终与王室保持着密切的联系。义天曾在《般若道场疏》中写道："某早希妙道，叩齿真流，研味佛乘，拟再光于像季，匡毗圣旦，期永赞于仁方。"⑩ 从中不难看出，义天欲通过学法弘法进而实现护驾安邦的目标。他在向高丽国王陈述入宋求法的心曲时说："伏望主上，愍臣为法，恕臣冒刑，轻万死于涉长波，委一身于到彼岸。赖之以我王盛德，荷之以吾佛冥加，炳慧焰于西传，辗法轮于东返，道光重映于千古，慈风益扇于三韩。大教卷而复舒，幽旨沦而更现，则虽暂违

---

① 崔凤春：《海东高僧义天研究》，广西师范大学出版社2005年版，第28页。
② 《开城灵通寺大觉国师碑》，载〔韩〕许兴植编：《韩国金石全文》，中世上，亚细亚文化社1984年版，第579页。
③ 〔朝鲜朝〕郑麟趾：《高丽史》卷88《后妃·思肃太后李氏》。
④ 崔凤春：《海东高僧义天研究》，广西师范大学出版社2005年版，第120页。另，李资义叛乱被镇压后，受牵连被诛杀的人中就包括其子"兴王寺大师智炤"。而兴王寺正是义天此前所住持的寺院。
⑤ 有韩国学者就认为义天是遭到法相宗教团（与大门阀贵族庆源李氏结合势力）的攻击而被流配到偏远地方。见〔韩〕李元淳等著，詹卓颖译：《韩国史》，幼狮文化事业股份有限公司1987年版，第118页。
⑥ 〔朝鲜朝〕郑麟趾：《高丽史》卷8《世家·文宗》："两京及东南州府郡县，一家有三子者，许一子年十五剃发为僧。"
⑦ 《兴王寺大觉国师墓志铭》："文考（文宗）尝许我圣上（肃宗）投佛，而天为继体事重，未果其志，即以国师舍俗。今则上以同年生第五零染，而为我国师哲资以酬畴昔之愿。"载〔韩〕金龙善：《高丽墓志铭集成》，翰林大学亚细亚文化研究所1997年版，第32页；（元）张伯雨：《王蒲团传》亦有载："子启王愿辞荣出家为僧，从之，更名义天，封佑世僧统。"（见《慧因寺志》卷4，"檀那"）
⑧ 《开城灵通寺大觉国师碑》："师既为一国尊亲，有大政事，必款密咨决，故所与上论列国家事甚多。"载〔韩〕许兴植编：《韩国金石全文》，中世上，亚细亚文化社1984年版，第581页。
⑨ 《金山寺慧德王师真应塔碑》："及诸贵臣盛族、豪商大贾，各尽其所可为而致敬者，无虚日矣"，载〔韩〕李智冠编：《校勘译注历代高僧碑文》高丽篇3，伽山佛教文化研究院1996年版，第31页。
⑩ 〔高丽〕义天：《大觉国师文集》卷15《般若道场疏》。

于忠孝，冀有补于邦家。"①从中亦轻易可见义天舍身求法、孝敬亲长、尽忠国家的理想。从近的来看，不管是出于对兄长肃宗支持自己佛教事业的感恩，还是鉴于自身弘法事业继续需要一个强大王室的支持之现实考虑，义天都势必与肃宗持相同立场。

义天会向肃宗建议铸行钱币，可能还与其自身的经历有关。义天在入宋求法前能够与多位宋僧取得书信联系，多赖于宋朝民间商人，入宋时亦搭乘宋商之船。尤其是通过李元积、洪保等宋商，义天在入宋前后与宋僧晋水净源一直保持着书信往来，在宋期间也亲自到杭州慧因院执弟子礼，受教于净源。这位与义天保持着密切联系的宋僧净源，为福建泉州晋水人，受具足戒后，云游诸方。尝住持泉州之清凉寺、苏州之报恩寺与观音寺、杭州之祥符寺。后于钱塘之慧因寺，盛弘华严宗。宋人苏轼曾批判说："净源本是庸人，只因多与福建海商往还，致商人等于高丽国中妄有谈说，是致义天远来从学，因此本院厚获施利。"②苏轼在此指向的是净源通过与福建海商的经济接触而获利的情况。事实上，像净源这样作为僧人涉足商业活动的现象在当时并不少见。宋代由于工商业经济的发达，经营工商业者利润累积迅速而且优厚，寺院当然也汲汲于此。寺院通常将经营庄园所得，转化投入商业。通过商业经营获取大量钱财，从而进一步壮大了寺院的经济力量。尤其是一些处于水陆交通枢纽的佛教寺院，经商之风更为盛行，在商业资本发展的同时，高利贷资本较前代也有了很大的发展，宋代规模稍微大一点的寺院几乎都设有经营高利贷资本的长生库。③在宋代，福建路寺院经济首屈一指，居全国第一，两浙路次之。④无独有偶，而这两个地方正是净源所活动（过）的区域。

从某种程度上说，义天正是得益于净源的"商业活动"，以及宋丽之间的海上贸易，而得以获取到关于宋朝佛教界的动向并最终越海求法，因此义天在这过程中所接触到的除了佛法，应该还有寺院经济尤其商业方面的知识。义天在宋土游历期间，必定目睹了宋朝发达的商品经济。尤其是其停留时间最长的苏杭，正是当时最为富庶、商品经济最为发达的地区。当时义天在朝谒宋朝皇室的时候，获得了钱币的赏赐⑤，其后在搜访各地的旅途中，尤其是购置诸典籍的过程中，应该亲眼看见与亲身感受到了钱币的价值与便利。相较之下，自己国家实物交换的原始交易经济之弊端显而易见，这种强烈的反差想必引起义天的震撼与深思。

日后肃宗当政之时，义天"为一国尊亲，有大政事，（肃宗）必款密咨决"⑥，其关于铸钱的上疏应该就是在这种情况下被提出的。铸钱上疏的具体内容如下：

……恭维主上，德迈三王，道侔二帝，功高刘汉，制绍李唐，万国向方，百姓安堵，当于斯时。米弊不更，后将孰待。夫钱之为物，体一而义包四：一曰钱质圆而孔方，圆以法天，方以象地。言覆载轮转而无已也。二曰泉者，通行流行，如泉之无穷也。三曰布者，布于民间，上下周普，永远而不滞也。四曰刀者，行有美利，分割贫富，日用而不钝也。切谓方今拟诸往昔圆法之功，实与相倍。倘若决行，利国有五，敢略陈之：夫米之为货，远近贸易，拟荷最难。实用止铢两之轻，虚废有千钧之重。或经数百里，装米为资，一马之驮，不过两石，动逾旬浃，人马之用，已耗半矣。或值大冬盛夏，贫民无畜，亲自背负，触热冒冻，僵仆道途，莫知其艰。今用钱以免驮负之苦，其利一也。夫食者，民之天也。孤寡困穷，独赖田米，今以为货，无良狡猾之徒，趣利机巧之辈，杂以沙土，加以廒腐无用之粒，又有小

---

① 〔高丽〕义天：《大觉国师文集》卷5《请入大宋求法表》。
② （宋）苏轼：《苏轼文集》卷56《论高丽进奉第二状》；《宋史·苏轼传》亦载："杭僧净源，旧居海滨，与舶客通，舶至高丽，交誉之。"
③ 游彪：《宋代寺院经济史稿》，河北大学出版社2003年版，第3页。
④ 游彪：《宋代寺院经济史稿》，河北大学出版社2003年版，第4页。
⑤ 〔高丽〕义天：《大觉国师文集》卷6《谢赐钱表》。
⑥ 《开城灵通寺大觉国师碑》，载〔韩〕许兴植编：《韩国金石全文》，中世上，亚细亚文化社1984年版，第581页。

升、大升之伪，轻量、重量之奸。良善无告之民，仅获升合，簸扬淘择，其所亡者，十四五焉。虽处之严刑，不能止也。今用钱以绝奸狡，而恤穷困，其利二也。国家均禄之制，以米为给。左仓之储，止盈一岁。两班请受，唯俟他州。督责至严，转漕劳苦，或风霜阻滞，岁时凶荒。薄官之家，至夏未食。权豪势族，则计程倍卸，取利一倍，细民益困，贪吏益雄。至于廉洁端士，他无所获，仰事俯畜，全仗俸禄。复以白粳，半易田糙，负荷入市，有同行商。圆法果施，准禄之半，以钱给之，则减督责而备凶荒，抑权豪而优廉洁，其利三也。国家帑藏，除珠玉龟贝之珍，金银犀象之宝，其外积畜，独米与布。夫布久则有凋烂之残，米久则有尘腐之坏，继之以虫蛀。霪湿雨漏，火灾切睹，大盈新仓。旧年贡布，未经数□，择破取完，百无十好。往年火灾，一堆被燃，百堆俱发，瞬息之际，尽为轻灰。金若用钱，非独积蓄坚牢，抑亦赐予大便，其利四也。伏以我国家风化之美，不让□（下缺）。①

在该上疏文中，义天首先指出了钱币的不同名称及其所蕴含的含义，从宏观的层面强调了钱币对于国家社稷的意义。接下来，义天逐次展开，从五个方面（现仅存前四个）具体阐述了通行钱币所能产生的积极作用。如上文所述，尽管从成宗开始，高丽自行铸造了金属货币铁钱。但是从实际情况来看这一轮货币改革并未持续很久②，就又退回到实物货币的阶段，仍然以谷、布为主要流通手段，国家租赋征收实物，官禄也以谷物计算支付。在币材的自然属性上，以谷、布为币的缺陷性和以金属为币的优越性之对比是十分鲜明的。正如义天所言，谷物不便运输，还不便于保存。因为时间一久谷物就容易发霉、生虫甚至变质，如此也就不具备贮藏价值。不法之徒为了牟利还投机取巧，不但造成经济混乱，还引起民生凋敝。当时官禄以谷物计算支付，而谷物却因为年景不同而经常变化，且谷物运输不便加上凶年之时，薄官生活难以为继而权豪势族却牟取暴利，引起富愈富、贫愈贫。与谷物相类似，布匹不能寸尺而裂，因为裂匹为尺价值便会受到损失；同时，布匹也无法长时间贮藏，因为时间一久布匹就容易氧化、褪色甚至变质或腐坏。尤其是谷、布的脆弱性，当遇到火灾等不可预测的情况时，将毁于一旦。对于这一点，义天有切身感受。当时国清寺营造工程开始不久，新兴仓发生火灾，"困廪巨万都尽飞，焰蔽空"③的景象仅仅是弹指一挥间，国清寺营造工程还因此而停工。这样的教训，义天想必还历历在目。因此，谷、布作为货币会给国家财政带来不少现实或潜在的问题。相比之下金属作为货币有其自身的优势。金属因材料坚固而耐磨，既便于流通、运输，又不易损坏，便于储存；其质地相对均匀，性质单一，易于鉴别，不像谷、布等实物货币有优劣好次的等级之分。④总之，铸币的运输性、同一性、贮藏性、耐久性等特点显然要优于谷、布，从国家角度来说，用金属铸币替代实物货币可省运输之苦，便于贸易；无毁损之费，便于贮存与分配，可预备凶祸；可防止奸商欺诈；便于官吏俸支与税赋。

义天所列举的这些流通钱币的益处，无疑对肃宗有很大的诱惑性，这其中不少直指肃宗当时直接面临的现实问题：

> 诏曰："朕（睿宗）闻民闲买卖所用米谷及银品甚恶，故前代（肃宗）以来，以严法禁之，而至今未见其惩戒者。盖奸猾之类，不畏法禁，惟利是求，乃以沙土和米，铜铁交银，以眩惑愚民，甚非天地神

---

① 〔高丽〕义天：《大觉国师文集》卷12。
② 〔朝鲜朝〕朴容大等：《增补文献备考》卷159《财用考六》："成宗始用钱，而中格不行。"
③ 〔朝鲜朝〕郑麟趾：《高丽史》卷53《五行一·火》。
④ 高丽末期大臣房士良在奏请高丽恭让王铸钱的时候也说"钱也，自禹铸涂山、用设九府以来，至于今通行者，无他，其质坚贞、其用轻便、火不烧、水不湿、贸迁而益光、致远而无耗、鼠不能耗、刃不能伤、一铸之成，万世可传，故天下宝之。"（见《高丽史》卷79《食货二·货币》）

明之意，民之贫困，实由于此。"①

肃宗初，御史台奏："贼臣李资义等私畜米谷，数至巨万，是皆剥民所聚，请并没官。"②

肃宗六年五月诏曰："朕以长生库积粟即多，出粜取息。今闻岁久粟腐，民或病之，其令管勾员贸银布，以除其弊。"③

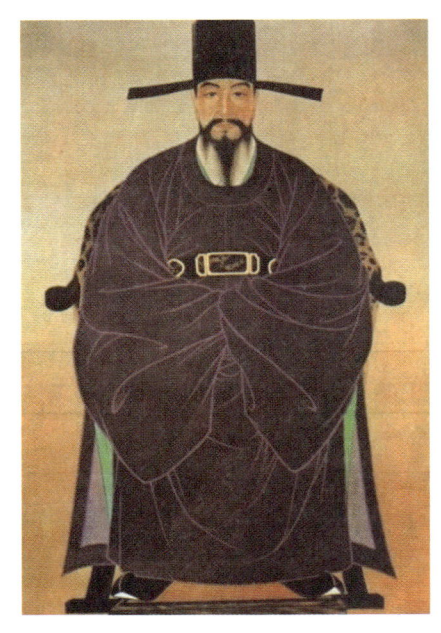

尹瓘像
（韩国坡州尹瓘将军陵园藏）

从上述史料我们可以看到，肃宗时期（实际上更早以来）不法分子为了牟取暴利，以沙土和米、铜铁交银，严重破坏了市场秩序，导致民生凋敝，然而政府对此却屡禁不止。而事实上能够操控市场运转并在政府的严刑峻法下依然横行的所谓"不法分子"，必定是实力雄厚的人，他们或官商勾结，或本身就是权力保护伞下的既得利益集团。以李资义为代表的外戚集团正是典型的例子。④这样的权豪势族通过各种不法手段，下盘剥百姓，上与君王争利，造成君弱臣强，严重威胁王室的统治。⑤也正因为如此，肃宗"好夺商贾利，富室犯法，辄久縻责赎，虽微罪亦输银数斤"⑥，并开始在全国征收"关津商税"⑦，意图打击权豪势族与豪商大贾，避免君弱臣强。同时，肃宗个人为了殖利设立了私人的"长生库"出粜取息，然而积粟即多、岁久粟腐，势必造成自己财产的损失。从这个角度来说，肃宗对于以谷物作为货币流通所产生的弊端也应有切身的感受，这也是我们分析他铸行钱币时不得不考虑的因素。

总之，义天通过论述中国自周景王造大钱以来至北宋各朝币制演变及其得失⑧，兼及其在宋境所见钱币行用情况，并参照高丽的实际情况，力陈铸行钱币的优点，进而建议高丽国王在本国铸行钱币。全文行云流水，分析详尽，具有很强的针对性。在义天的理论里，国家可以通过铸行钱币抑制、打击富商大贾与权豪势族控制、操纵市场，投机掠夺，牟取暴利；又可促进商贸活动，发展社会经济⑨；通过货币的投放与回笼来操轻重之权，操控国家的经济大势，保持封建经济的正常发展，并从根本上维护和巩固封建统治的秩序。

除了义天，尹瓘也向肃宗建议铸行钱币。⑩相比义天，尹瓘的情况则相对简单。尹瓘于文宗朝通过科举入仕，在肃宗即位前担任过阁门祗候（七品）等品级较低的官职。然而在肃宗即位之时便以左司郎中（五品）

---

① 〔朝鲜朝〕郑麟趾：《高丽史》卷85《刑法二·禁令》。
② 〔朝鲜朝〕金宗瑞：《高丽史节要》卷6，肃宗元年三月。
③ 〔朝鲜朝〕郑麟趾：《高丽史》卷79《食货二·借贷》。
④ 李资义"贪冒货财"（《高丽史》卷127），"私蓄米谷数至巨万，此皆剥民所聚"（《高丽史节要》卷6），其族人亦"性贪沓，抑买市人财物"（《高丽史》卷127）。
⑤ 还要强调的一点是，如上文所述，高丽从成宗时期开始，中央直接派遣地方官至大部分重要的州、郡、县，然而还有很多规模不大的郡、县无地方官，称为属郡、属县，于是中央政府透过领郡或主县的地方官间接地统治这些地方。租税、贡物的征收与劳役调配等实际实物由乡吏担任，而这些乡吏就是本地出身的豪族，比从中央派遣的地方官更具有影响力。从某种程度上说，这也为其侵夺中央政府的利益提供了条件。见〔韩〕李元淳等著，詹卓颖译：《韩国史》，幼狮文化事业股份有限公司1987年版，第101页。
⑥ （元）脱脱：《宋史》卷487《外国三·高丽》。
⑦ 〔朝鲜朝〕郑麟趾：《高丽史》卷79《食货二·货币》。
⑧ 该部分出现于铸钱上疏的前半部分，内容略引。
⑨ 如上文所说，肃宗个人对商业的积极态度，同时其自身的登台背景也与"工商皂隶"有关。
⑩ 〔朝鲜朝〕郑麟趾：《高丽史》卷97《郭尚传》："时平章事尹瓘请行钱币，尚力言以为非风俗所宜，上疏争之，不得。"

的身份被派遣"如辽告即位"①。肃宗以"非正常"的途径打着接受禅让的旗号继承王位,而想要获得合法性,还必须得到当时作为宗主国的辽之认可。在这样的背景下,肃宗将如此重要的任务委托给尹瓘等人,足见其必定深得肃宗的信赖。随后,尹瓘又在肃宗的各项重要举措中扮演了极为重要的角色,并位列宰枢。也就是说,尹瓘是肃宗继位后重用的新兴官僚,其必定是与肃宗一样,站在以庆源李氏等外戚势力为代表的传统门阀势族的对立面的。

尹瓘奏请肃宗铸行钱币应该在肃宗七年(1102年)②以后,而在这前后尹瓘又参与了南京建都工程,并着手组建别武班。因此,请求铸钱的目的很可能就是为这两项大工程筹备经费。肃宗六年置南京开创都监,并派尹瓘等人"相地"③,并"董其役"④。在营建都城过程中,必定需要大量的人力、物力、财力⑤,尹瓘应该就是在这种背景下建议肃宗铸行钱币的。随后,尹瓘又向肃宗建议设置别武班,并得到肃宗的同意。此举既有应对女真的目的,同时也与肃宗强化王权的意愿息息相关。这从别武班的构成情况可以窥探一二:

> 自文武散官吏胥,至于商贾仆隶,及州府郡县,凡有马者为神骑,无马者为神步、跳荡、梗弓、精弩、发火等军。年二十以上者非举子,皆属神步。两班与诸镇府军人,四时训炼。又选僧徒,为降魔军。⑥

从中可见,别武班的成员既包括了地方的农民、工商业者,也包括了门阀势族势力在内的文武官员,甚至还包含全国各地的僧人。动员如此广泛的社会阶层,显示了肃宗强化集权统治的决心。尤其是工商业者的编入,再次说明肃宗重视工商业,欲将工商势力纳入国家权力体系内。这与上文所说肃宗"好夺商贾利",开始收取"关津商税"等做法一脉相承。另外,由于高丽王室对佛教的大力支持,以及各政治势力与佛教结成信仰、政治、经济的复杂关系,导致了寺院势力过于强大。很多民众为了躲避赋役也投靠寺院,成为寺院隶属民,这逐渐动摇了政府统治的基础。因此,僧人的动员,也反映了肃宗欲控制当时寺院势力的想法。这支涵盖社会阶层广泛的队伍号称17万,尽管高丽时代行军作战时武器、军服等基本必需品皆由军人自行准备,但是除此以外的军需也是一笔巨大的支出。因此,尹瓘需要肃宗强大的财政支持。

此外,分析肃宗—睿宗时期铸行钱币的历史背景时,还不可忽视当时的外部环境。宋朝建立后不久,高丽便称臣纳贡,延续了唐五代以来中国与朝鲜半岛的传统关系。然而如上所述,迫于辽的武力,高丽与宋朝断绝国交长达四十多年。高丽文宗、宋神宗相继即位后,两国外交关系又重新恢复。恢复与宋朝的关系,对于高丽来说,尽管有着政治与军事上的考量,但正如当时的宋人马端临所言"高丽之臣事中朝也,盖欲慕华风而利岁赐耳"⑦,从宋朝获得先进的文物才是其更为主要的目的。

宋神宗即位后,大宋王朝虽然表面上一派繁荣,但是内部其实已经蕴含着各种深刻的矛盾。例如,严重的土地兼并使得大批农民丧失土地,同时不少富豪隐瞒土地,导致财政收入锐减,出现了严重的财政赤字,"百年之积,惟存空簿"⑧。因此,宋神宗任用王安石进行了旨在发展生产、富国强兵、挽救宋朝政治危机的变

---

① 〔朝鲜朝〕金宗瑞:《高丽史节要》卷6,献宗元年(肃宗即位年)十月。当时同行的还有刑部侍郎任懿。
② 〔朝鲜朝〕郑麟趾:《高丽史》卷97《郭尚传》:"(郭尚)骤迁尚书右仆射、参知政事。时平章事尹瓘,请行钱币,尚力言以为非风俗所宜,上疏争之,不得。寻致仕居家,睿宗元年卒。"郭尚于肃宗七年(1102年)三月被授尚书右仆射、参知政事,肃宗八年致仕,睿宗元年(1106年)卒。
③ 〔朝鲜朝〕郑麟趾:《高丽史》卷11《肃宗一》。
④ 〔朝鲜朝〕郑麟趾:《高丽史》卷56《地理一·杨广道》。
⑤ 〔朝鲜朝〕郑麟趾:《高丽史》卷96《吴延宠传》:"南京之役甫毕,民劳财匮。"
⑥ 〔朝鲜朝〕郑麟趾:《高丽史》卷81《兵一·兵制》。
⑦ (宋)马端临:《文献通考》卷325,四裔二,高丽条。
⑧ (宋)李焘:《续资治通鉴长编》卷209。

法改革，其以"理财"、"整军"为中心，涉及经济、政治、军事、社会、文化各个方面。王安石变法在一定程度上改变了北宋积贫积弱的局面，充实了政府财政，提高了国防力量，对封建地主阶级和大商人非法渔利也进行了打击和限制。尤其是在变法期间，王安石极力推进实物税向货币税转变，不管农民愿意与否，都把他们推向市场参与交换。农户只有出售自己生产的一部分农产品，才能获得货币，履行用货币纳税的义务。王安石为相期间，宋政府货币收入大约占到了全部财政收入的40%。在重金主义思想的影响下，王安石和他的后继者为官府积攒了大量铜钱。[1]

从某种程度上说，与高丽恢复国交本身即是变法背景下的产物（尽管不是宋朝的主要目的），变法对高丽产生影响亦是可以预见的事情。两国复交以后，双方各种人员（使节、僧人、文士等）往来极为频繁，这为变法东播高丽提供了可能。由于引进先进制度的需要，高丽使节出使时除了完成特定的使命，同时还担负着学习宋朝政治、文化、制度等方面的重要任务，他们入宋后与宋朝的官员接触，留心宋朝的典章制度，不只搜寻有关律令方面的典籍，有时还亲自向宋朝官员请教律令方面的问题[2]，从而回国后在政治生活和改革实践中发挥关键性作用。[3]在肃宗主导的旨在巩固王权、振兴王室的各项措施中发挥重要作用的尹瓘即在肃宗即位初年出使过宋朝，此时宋朝正绍述并实施元丰新法，尹瓘在宋停留近一年，其间积极搜集各种书籍[4]，其必定也目睹了宋朝的变法运动，日后其向肃宗建议铸行钱币或许与此不无关系。肃宗之岳父柳洪在肃宗即位前亦出使过宋朝，当时正是宋神宗积极进行变法革新的时候，柳洪"五日一赴崇政殿起居班，常起居后"[5]，对于当时北宋朝堂的动态想必亦有所洞察。柳洪虽然在肃宗即位前不久已经离世，但由于其与肃宗的特殊关系，对于肃宗日后的国政运营多少会有所影响。僧人方面，上文所述义天赴宋求法后向肃宗建议铸行钱币即是最直接最有力的例子。义天在其铸钱上疏文中陈言："臣尝览宋贤策粹中，有钱币一篇，具陈历代更改便宜，议士奏对是非……"对于日后钱币如何铸行，义天也给出了建议："今若用钱则不然，必稽诸理世已行之制，参于中朝可法之仪，则利害之分，皎如明月。"[6]这些都说明义天建议铸行钱币直接受到宋朝的影响。除了义天，觉真、昙真、丽贤等僧人亦去过宋朝求法。[7]尤其是昙真于宋神宗时期在宋朝游学3年，归国后与义天以及高丽王室保持着密切的关系，在高丽中期佛教界也发挥着重要的作用。[8]文士方面，高丽自建国以来朝廷就陆续任用过中国归化人为官员，而文宗以来这种现象更为频繁。[9]文宗即位后大量任用宋人在朝廷为官，其中在史籍留下确切信息的至少有14人，文宗以后的宣宗、献宗到肃宗时期亦至少有7人，其中肃宗一朝有4人。这些宋人中像慎修、刘载等人皆为官数朝，仕至宰相，其他位居正三品等高位者亦不少。文宗和肃宗等高丽国王任用这些宋人的很大原因就是其"有文才"[10]、"有学识"[11]，想通过他们更好地引进宋朝先进文化与制度。例如文宗六年（1052年），宋进士张廷来投归高丽，文宗很欣赏他，随即授其为秘书郎，并下教曰：

---

[1] 〔美〕万志英著，王文成译：《11—18世纪中国的货币与货币政策》，《思想战线》2012年第6期。
[2] 据《续资治通鉴长编》卷324载，元丰五年（1082年）三月，宋廷应高丽使臣李子威的请求，专门派官制所检详文字刘庚、贾种民前往馆伴高丽使所，"应答所问律令"。
[3] 李梅花：《宋丽使节往来与文化交流》，《东疆学刊》2007年第3期。
[4] （宋）李焘：《续资治通鉴长编》卷505载："（元符二年正月）高丽国进奉使尹瓘等言乞赐《太平御览》等书"；同书卷506还载："（元符二年二月）礼部言：'高丽人使乞收买《册府元龟》、《资治通鉴》。'"
[5] （宋）李焘：《续资治通鉴长编》卷302。
[6] 〔高丽〕义天：《大觉国师文集》卷12。
[7] （宋）李焘：《续资治通鉴长编》卷303："（元丰三年三月）诏高丽学法僧觉真，赐号法照大师；昙真法远大师、丽贤明悟大师，仍赐紫衣袈裟，听随贡使归国。"
[8] 〔韩〕郑修芽：《高丽中期改革政治与北宋新法的受容》，西江大学博士学位论文，1999年。
[9] 参见拙文：《浅论高丽文宗时代众多宋人入仕高丽的原因》，《资治文摘》2010年第3期；《中国人入仕高丽考论》，《韩国研究论丛》第23辑。
[10] 〔朝鲜朝〕郑麟趾：《高丽史》卷8《世家·文宗二》。
[11] 〔朝鲜朝〕金宗瑞：《高丽史节要》卷5，文宗十二年八月。

魏之乐毅，翼彼燕王；吴之陆机，归诸晋室。皆因遭际，式契一同。汝二谢名流，三张世袭①，登俊造而飞价，晔儒雅而身。周游不羁，纵大夫之志；寅缘有素，臻君子之邦。既谐得士之昌，深慰思贤之竭。授汝文职，辅予朝纲。他山之石，谅符于我用；合浦之珠，休于言旋。预推肩一之心，终赞赓千之运。今赐汝教书一道，并赐衣带、彩段、白银等物，至可领也。②

高丽文宗将宋人与历史上著名的乐毅、陆机及二谢、三张等相提并论，足见其对宋朝文人的欣赏与重视，同时对其寄予厚望，希望其"符与我用，辅予朝纲"。当时宋朝正在施行变法，所以这些宋人是有可能将一些相关信息带到高丽的。

以上尝试从理论上论证高丽肃宗—睿宗时期铸行钱币的历史背景里隐含的宋朝因素。再从实物来看，高丽铸币确实从各个方面都受到了宋朝铸币的影响。③

另一方面，此时的自我认同意识对铸行钱币或许也有一定的影响。肃宗七年下制说："富民利国，莫重钱货。西北两朝，行之已久。吾东方独未行之，今始鼓铸之法。"④意思是说宋辽两朝早已铸行钱币，唯独高丽仍未流通铸币，因此在宋朝的影响和辽朝的刺激之下开始铸钱。睿宗也秉承其父肃宗之意言之"况闻大辽近年亦始用钱"⑤云云。肃宗、睿宗的言下之意是，连被视为"夷狄"的辽朝也已经铸行钱币，高丽还不进行就实在不该。辽为"禽兽之国"⑥尚且如此，高丽连禽兽之国都不如的话，岂不是会为自己的百姓所耻？由此，肃宗父子以其作为推行金属货币政策的名分之一。因此，自我认同意识、争胜心理在一定程度上也是促使肃宗铸行钱币的因素之一。当然，这不是主要的因素，不应该过度强调。

综上所述，高丽肃宗时期的铸钱政策是肃宗为了巩固王权、振兴王室而采取的诸多措施中的一项，它实施的目的是为了促进商业发展，增加财政收入，同时为南京都城营建、别武班设置等政治、军事措施提供经济保障。其出台可能与肃宗本身的经历或自身对工商业的积极看法有关，同时也可能跟其原先幕僚"工商皂隶"、以尹瓘为代表的新兴官僚势力和以义天为代表的寺院势力等与自己有着利害关系的各种势力的积极支持有关。总而言之，它是当时政治、经济、军事、宗教等诸多势力博弈的产物。另一方面，当时宋辽也在不同层面刺激了高丽，促使其积极铸行钱币。

第二节　铸币的铸造

为了给正式流通钱币做准备，肃宗在继位后的第二年（1097 年）先设立了专门的官员——铸钱官，以及专门的机构——铸钱都监，其位置在开京广化门的东南侧。⑦那么当时做了什么准备呢？通过下面史料，我们可以窥探一二：

---

① 乐毅，战国后期杰出的军事家，拜燕上将军，受封昌国君，辅佐燕昭王振兴燕国，报了强齐伐燕之仇；陆机，西晋文学家、书法家，"少有奇才，文章冠世"（《晋书·陆机传》），被誉为"太康之英"；"二谢"指的是南朝诗人谢灵运和谢朓，他们在诗歌创作上都很有成就，开创一代诗风，对后世产生了极大的影响；三张，西晋文学家张载与弟张协、张亢的合称，都以文学著称。
② 〔朝鲜朝〕郑麟趾：《高丽史》卷 7《世家·文宗一》。
③ 关于这一点，笔者将另文详述。
④ 〔朝鲜朝〕郑麟趾：《高丽史》卷 79《食货二·货币》。
⑤ 〔朝鲜朝〕郑麟趾：《高丽史》卷 79《食货二·货币》。
⑥ 〔朝鲜朝〕郑麟趾：《高丽史》卷 2《世家·太祖二》。
⑦ （宋）徐兢：《宣和奉使高丽图经》卷 16《台省》。

肃宗二年（1097年）十二月教曰："自昔我邦风俗朴略，迄于文宗，文物、礼乐于斯为盛。朕承先王之业，将欲兴民间大利，其立铸钱官，使百姓通用。"①

六年四月铸钱都监奏："国人始知用钱之利，以为便，乞告于宗庙。"②

文宗是高丽历史上的贤君，其在位期间高丽社会的发展臻于鼎盛，其间"大仓之粟，陈陈相因，家给人足，时号大平"③。肃宗强调继承文宗盛业，以兴民间大利为名分，推行铸币政策。从肃宗二年"立铸钱官使百姓通用"到六年"国人始知用钱之利，以为便"，我们可以推测，在这段时间肃宗通过专门的机构和官员，进行了钱币流通的调研、宣传等准备工作，为了使百姓认识到使用钱币的便利，可能还试铸了钱币在部分区域、部分人群中局部流通。目前出土较少的"海东元宝"极有可能就是铸造于此时。中国唐代以后，东亚各国所铸货币皆冠以"元宝"或"通宝"或"重宝"之名，高丽同样如此。正如下文将要详细叙述的，由"海东"、"东国"、"三韩"等作为钱文的高丽铸币形成了一个较为庞大的铸币体系，而"海东钱"、"东国钱"、"三韩钱"这三大类型中，只有"海东钱"有"元宝类"的版别，其他两种只有"通宝类"和"重宝类"。从目前出土的实际情况来看，"海东元宝"在所有版别的高丽铸币中存世量最少，而且与其他各种版别的高丽铸币相比，"海东元宝"风格较为古朴，符合因是试铸而数量少、因是早期制造而技术不成熟的特点。此外，"元宝"的"元"字，正如《说文解字》卷一所言"元，始也"，有"开始"、"起端"的意思，从这个角度来说，同样也符合其为肃宗最早铸造的货币这一特殊情况。另外，高丽铸币中的"开元范"版别也有可能铸造于此时。如上文所述，中国唐朝所铸"开元通宝"开创的钱文体制对以后历代铸币产生了深远的影响，其钱文的书写方法、版式多被后世继承和借鉴。唐朝之后的很多地方所铸钱币都在不同程度上继承或借鉴了开元钱的某些版式，唐晚期和五代以来钱币学上所谓"平头通"版式十分流行，高丽的"东国通宝"、"三韩通宝"中亦有"平头通"版式。从铸造风格来看，"平头通"的"开元范"高丽钱当为早期铸造的版式；而其出土量极少，亦正说明了其试铸的性质。

（田中启文藏）　　（日本银行藏）　　（吉田昭二藏）　（韩国造币公社货币博物藏）

海东元宝

---

① 〔朝鲜朝〕郑麟趾：《高丽史》卷79《食货二·货币》。
② 〔朝鲜朝〕郑麟趾：《高丽史》卷79《食货二·货币》。
③ 〔朝鲜朝〕郑麟趾：《高丽史》卷9《世家·文宗三》。

(唐"开元通宝")  （高丽开元范"东国通宝"）  （高丽开元范"三韩通宝"）

唐"开元通宝"与高丽开元范钱

那么，肃宗从什么时候开始正式推行铸币呢？先看以下相关记载：

（肃宗）七年十二月制：其以所铸钱一万五千贯，分赐宰枢文武两班军人，以为权舆，钱文曰"海东通宝"。①

（肃宗）九年七月命州县出米谷开酒食店，许民贸易，使知钱利。时泉货之行，已三岁矣。②

癸未年（1103年），仿本朝铸钱交易，以"海东重宝"、"三韩通宝"为记。③

崇宁（1102—1106年）后，始学鼓铸，有"海东通宝"、"（海东）重宝"、"三韩通宝"三种钱。④

综合上文史料所载肃宗六年铸钱都监以国人始知用钱之利乞告于宗庙，以及到肃宗九年时泉货之行已三岁的情况来看，肃宗正式推行铸币的时间应当为同王六年即1101年，这是基于《高丽史》的记载所得出的结论。然而，宋朝的记载多少有些差异。宋人孙穆于宋徽宗崇宁二年（高丽肃宗八年，1103年）出使高丽，回国写成《鸡林类事》。在该书中，其记载高丽于癸未年（1103年）仿宋朝铸钱交易，铸造了"海东重宝"、"三韩通宝"等铸币。从文意上来看，孙穆仅记载高丽在其到访的同一年仿造宋朝铸钱，并没有特别强调这是首次铸造，从这个角度而言，这与《高丽史》所载肃宗六年首次正式推行铸币的情况并不矛盾。退一步讲，哪怕孙穆真有强调首次的意思，我们也应该更倾向于《高丽史》的说法，而非孙穆的个人见解。因为，他本人于癸未年（1103年）才到访高丽，而之前高丽所发生的事情，他很可能有所未闻，最后才导致该记载与史实不符。最后一条史料为《宋史·高丽传》的记载，按照其说法，高丽最早要在1102年才开始学习鼓铸法铸造铸币。已有研究者指出，《宋史·高丽传》的史源主要为宋代历朝《国史·高丽传》以及《高丽图经》等宋人文献，但由于多种原因，这些史料中存在着不少讹误，而撰修《宋史》者不察，遂使《高丽传》内容亦颇有错误。⑤换句话说，《宋史》关于高丽最初铸币的记载即使来源于像孙穆的《鸡林类事》或徐兢的《宣和奉使高丽图经》等直接出使过高丽的宋使所写的"一手材料"——"游记"，也有可能因为这些宋使本身的原因而出现讹误。因此，在此应该遵循《高丽史》的记载。

综合以上史料，我们至少可以确定以下关于高丽铸币的时间节点："海东元宝"以及开元范版的"东国通

---

① 〔朝鲜朝〕郑麟趾：《高丽史》卷79《食货二·货币》。
② 〔朝鲜朝〕郑麟趾：《高丽史》卷79《食货二·货币》。
③ （宋）孙穆：《鸡林类事》，载杨渭生编：《十至十四世纪中韩关系史料汇编》，上册，学苑出版社1999年版，第25页。
④ （元）脱脱：《宋史》卷487《外国三·高丽》。
⑤ 顾宏义：《〈宋史·高丽传〉史源考》，《中国边疆史地研究》2007年第4期。

宝"和"三韩通宝"应当最早试铸于肃宗二年至六年期间;肃宗七年至八年间至少铸造了"海东通宝"、"海东重宝"和"三韩通宝"三种铸币。

对于除此之外其他各种版别的高丽铸币的铸造时间,尤其是"东国钱",史籍上没有相关记载。不仅是《高丽史》,上述在高丽肃宗和仁宗年间出使高丽的宋使孙穆、徐兢在其各自的出使记录中都只记载了"海东钱"和"三韩钱",而未记"东国钱"。仅从这些记载来看,"东国钱"似乎始铸于高丽肃宗之前或高丽仁宗元年(1123年)以后。南宋洪遵所作的钱谱《泉志》即将"东国钱"排在"海东钱"和"三韩钱"之后。另一方面,日韩部分现代学者则认为部分"东国重宝"钱铸造于高丽穆宗年间,他们将其与始铸于成宗时期的"乾元重宝"(背"东国")联系起来,强调其前后连贯性,其理由是"东国重宝"的"东国"二字与"乾元重宝"(背"东国")钱的"东国"二字具有相似性[①]。笔者并不认同这样的论断。如下图所示,从书法而言,两者风格并不相似;再从其他方面来说,"东国重宝"与肃宗时期所铸的其他铸币也风格一致。

"乾元重宝"(背"东国")钱背与"东国重宝"钱面对比图

正如下文还将进一步详细论证的,本书通过对"东国"、"三韩"、"海东"三类钱币的版别进行分类整理发现,从钱文书法风格、铸币铸造风格、铸币版别特征等因素上来看,此三类钱币存在明显的横向联系;从纵向上看,三类钱每种大的版别变化都明显呈现出不同的铸造阶段,而且连接有序,其中"东国钱"版别体系最为完整。由此可推断三类钱应为同期分阶段铸造。换言之,"东国钱"也应当始铸于肃宗年间。

---

① 〔日〕藤间治郎:《朝鲜钱史》,《京城日报》社代理部1918年版,第6页;〔日〕朝鲜古泉会:《海东》5,1935;〔韩〕金柄夏:《高丽时代的货币流通》,《庆熙史学》第3辑,1972年;〔韩〕金柄夏:《高丽朝的金属货币流通与其视角》,《东洋学》5,1975年。

"东国"、"三韩"、"海东"三类钱币横向对比图

另外，肃宗六年除了铸造圆形方孔铜钱外，还铸造了特定规格的"银瓶"作为法定货币。

> 是年（肃宗六年）亦用银瓶为货，其制以银一斤为之，像本国地形，俗名阔口。①
> 肃宗六年六月诏曰："金银天地之精，国家之宝也。近来奸民和铜盗铸，自今用银瓶，皆标印，以为永式，违者重论。"②
> 银饼（瓶），每重一斤，工人制造，用银十二两半，入铜二两半，作一斤。以铜当工匠之直。③

可见，在高丽政府统一铸行"银瓶"以前，银已经作为准货币在市场流通。④ 其具体的形态史无详载，但应该是银块、碎银以及银器之类的。《高丽史》中关于"银器"的记载，自高丽建国初至高丽末期一直都存在，尤其是肃宗发行作为法定货币的"银瓶"之时，"银器"亦同时存在。《高丽史》里关于"银器"的记载，多见于国王对于宗室、臣下的赏赐，以及在对宋、辽、金的贡赐中也频繁出现。可见，"银器"充当了支付手段，且流通多出现于上层社会。其一开始应该是作为器具或观赏品而存在，但正如谷、布等衣食用品被充当流通媒介一样，银器应当亦是以实物来充当流通媒介，作为大额交易的支付手段。法定货币"银瓶"可能就是由此前流通已久的"银器"进一步改造、定形而来，呈现为统一的"像本国地形"的形态。当时的"银瓶"面值为银一斤，但实际上却没有达到这个数额。从宋人孙穆的记载来看，所谓银一斤，实际上只有十二两半，除去以铜二两半当工匠之直，还缺银一两。此处的一两银（甚至是三两半）应该作为利润由政府所得。可见，政府发行的作为法定货币的"银瓶"与之前市面上流通的"和铜盗铸"之物并没有本质上的区别。结合上文的背景分析，肃宗在此时以"奸民和铜盗铸"为由规定政府督造（标印）的"银瓶"为法定

---

① 〔朝鲜朝〕郑麟趾：《高丽史》卷79《食货二·货币》。
② 〔朝鲜朝〕郑麟趾：《高丽史》卷79《食货二·货币》。
③ 〔宋〕孙穆：《鸡林类事》，载杨渭生等编：《十至十四世纪中韩关系史料汇编》，上册，学苑出版社1999年版，第25页。
④ 银是国际贸易的重要结算手段。由于经常作为酒器、水瓶等器具及装饰用品而为上流社会所使用，银也成为重要的流通手段。见〔韩〕金柄夏著，厉帆译：《韩国经济思想史》，山西经济出版社1993年版，第24页。

货币，是想通过将货币权牢牢控制①，进而抑制、打击富商大贾与权贵势族控制、操纵市场，投机掠夺，牟取暴利。

此外，据韩国研究者金度燕研究，当时高丽政府在铸行银瓶、铜钱的同时，并没有禁止原来在部分区域、部分人群中已经在流通的银块、碎银等②，它们以小额货币的形态存在，是对作为高额货币的"银瓶"的补充，但如下文将要论述的，它们的存在无疑会在一定程度上进一步排挤铜钱的流通。

第三节 铸币的推行

关于肃宗推行钱币的方式，有如下记载：

> 肃宗七年九月制曰："四民各专其业，实为邦本。今闻西京习俗，不事商业，民失其利。留守官其奏差货泉别监二员，日监市肆，使商贾咸得懋迁之利。"③
>
> 七年十二月制："富民利国，莫重钱货。西北两朝行之已久，吾东方独未之行。今始制鼓铸之法，其以所铸钱一万五千贯，分赐宰枢文武两班军人，以为权舆，钱文曰'海东通宝'。且以始用钱告于太庙，仍置京城左右酒务，又于街衢两傍，勿论尊卑，各置店铺，以兴使钱之利。"④
>
> 九年七月命州县出米谷开酒食店，许民贸易，使知钱利。时泉货之行，已三岁矣。民贫不能兴用，故有是命。⑤

由于自成宗时始发行的铸币到此时几乎已经停止流通，所以说"今始鼓铸之法"。肃宗最早将铸行的钱币分赐宰枢文武两班军人，希望通过统治阶级由上而下来带动货币的流通。⑥在此，西京留守官奏请派遣"货泉别监"一事尤其值得关注。史载"时尹瓘请使钱，尚力言以为非风俗所宜，上疏争之，不得"⑦，可见当时郭尚对于流通货币持反对态度，但最后还是不得不屈服于肃宗的强烈意志。肃宗七年三月郭尚以尚书仆射、平章事兼任西京留守使，上文已分析尹瓘应该在此后奏请使钱而遭郭尚的反对⑧，同年九月郭尚就奏请⑨派遣"货泉别监"以促进钱币的流通。在如此短时间内郭尚发生如此大的转变，足见肃宗的政治魄力与手腕。

为了刺激消费，进而带动钱币的流通，肃宗跟此前成宗、穆宗时期的做法一样，在京城设立了各种店铺。然而一开始钱币流通的效果并不理想，并没有达到百姓"知用钱之利，以为便"预期的效果。三年之后，肃宗又把这种做法推广到全国各州县，希望以此来让民众真实体验用钱之利。关于这一点，《朝鲜王朝实录》

---

① 〔朝鲜朝〕郑麟趾：《高丽史》卷79《食货二·货币》："或曰宜用碎银，然散出民间，而无标志，则货币之权，不在于上，亦为未便。"
② 〔韩〕金度燕：《高丽时代货币流通研究》，高丽大学博士学位论文，2018年。
③ 〔朝鲜朝〕郑麟趾：《高丽史》卷79《食货二·货币》。
④ 〔朝鲜朝〕郑麟趾：《高丽史》卷79《食货二·货币》。
⑤ 〔朝鲜朝〕郑麟趾：《高丽史》卷79《食货二·货币》。
⑥ 相关记载还有：肃宗七年御长乐殿宴两京文武显官臣僚，赐币有差。肃宗八年以宋帝天宁节命太子设斋于奉恩寺。医官牟介等往观之，赐牟介等酒币。九年七月驾次峰城县，出官钱赐群臣军士有差。九年八月宴群臣于延兴殿，赐币有差。（《高丽史》卷11《世家·肃宗一》、卷12《世家·肃宗二》）
⑦ 〔朝鲜朝〕郑麟趾：《高丽史》卷97《郭尚传》。
⑧ 〔朝鲜朝〕郑麟趾：《高丽史》卷11《世家·肃宗一》。
⑨ 同年八月"西京留守官、参知政事郭尚等享王于长乐殿"云云说明此时奏请派遣"货泉别监"的西京留守官就是郭尚。

记载：

> 且用之伊始，所藏无几，未足为家舍，田民牛马买得之资，必须先设酒食换贸之法，使饥渴泄，持一钱入市，遂得醉饱之利，然后人皆乐驱，使知用钱之妙矣。……由是而从小入大，自内达外，则行不费粮，谷无所泄，而为一国通行之宝。丽朝用钱，先设酒食之店，良以此。①

朝鲜王朝在推行钱币的时候，也遇到同样的困难，故欲借鉴前朝高丽推行钱币的方法，即先设酒食之店，让民众通过消费得醉饱之利，切身体验到用钱之妙，继而从小入大，自内达外逐渐推广货币的流通范围。然而后来的事实证明这样的办法并未奏效。

除此以外，目前无法看到肃宗时期其他更多关于推行钱币的直接记载②。但从上文所说的肃宗"好夺商贾利"，开始在全国收取"关津商税"，以及肃宗死后"中外臣僚多言先朝用钱不便"③等情况来看，肃宗应该还把铸币推广到更多领域，而且可能在商业税的征纳过程中以货币支付代替实物缴纳，即实行货币税。总体来说，肃宗采取的是从上到下、从中央到地方的货币推广路径，与成宗时期一样，依然是渐进式的方式。

尽管肃宗采取的是如此渐进式的方式，但也依然遭到了各方的反对。肃宗在位时，已经有郭尚力言以为非风俗所宜上疏反对，肃宗凭借其个人政治魄力尚且能够独当一面。然而"当圣考经始，无一士敢言，升遐以后，众论蜂起，争欲谏止"④，肃宗死后，其推行的多项举措遭到大臣的非议，铸行钱币之事当然也包括在内，"时虽命用钱，民不从之"⑤，"中外臣僚多言先朝用钱不便"，可见反对势力之强大。对此，睿宗尽管试图通追先志，引经据典与大臣论争，最后终究还是不得不做出让步：

> 其使钱之法乃古昔帝王所以富国便民，非我先考殖货而为之也。况闻大辽近年亦始用钱。凡立一法，众谤从起，故曰"民不可虑始"。不意群臣托太祖遗训禁用唐丹狄风之说，以排使钱。然其所禁，盖谓风俗华靡耳，若文物法度则舍中国何以哉。祖训所禁非谓使钱明矣。然今所当罢者，唯关津商税而已。⑥

可见，面对大臣的质疑，睿宗强调使钱是自古以来帝王用以造福国家与百姓的正当做法，而不是肃宗为了个人利益才实施的，试图为铸行钱币提供合法依据。为了增加说服力，还引用了秦国商鞅的典故。此外，睿宗还指出，作为蛮夷的辽尚且已经使用钱币，而身为"文化之邦"的高丽则更不应该落后于蛮夷。不料，群臣针锋相对，以祖训来反驳睿宗。所谓祖训，是指太祖王建的《训要十条》，其中一条曰：

> 惟我东方，旧慕唐风，文物礼乐，悉遵其制。殊方异土，人性各异，不必苟同。契丹是禽兽之国，风俗不同，言语亦异，衣冠制度，慎勿效焉。⑦

---

① 《朝鲜王朝实录·仁祖实录》卷13，仁祖四年闰六月十八日。
② 仅有〔朝鲜朝〕郑麟趾：《高丽史》卷63《礼五·吉礼小祀》："十年八月甲申遣使祭东明圣帝祠献衣币。"
③ 〔朝鲜朝〕郑麟趾：《高丽史》卷79《食货二·货币》。
④ 〔朝鲜朝〕郑麟趾：《高丽史》卷12《世家·睿宗一》。
⑤ 〔朝鲜朝〕朴容大：《增补文献备考》卷159《财用考六》。
⑥ 〔朝鲜朝〕金宗瑞：《高丽史节要》卷7，睿宗元年七月。
⑦ 〔朝鲜朝〕郑麟趾：《高丽史》卷2《世家·太祖二》。

正如睿宗所言，高丽太祖所指并非反对学习中国（唐）的文物法度、典章制度，使用钱币更不是契丹之"狄风"，因此用祖训来禁止铸行钱币的做法是不合理的。尽管如此，睿宗还是不得不取消了肃宗以来实行的收取"关津商税"的制度。高丽铸币的推行由此又陷入低谷。

高丽最终于何时停止铸行钱币，史无详载，只能整理零散的史料勾勒其大概。

宋人徐兢于宋宣和五年（高丽仁宗元年，1123年）出使高丽，返国后于次年向宋徽宗进呈了《宣和奉使高丽图经》。在该书中，徐兢留下了如下与铸行钱币有关的记载：

> 盖其俗无居肆，惟以日中为虚，男女老幼、官吏工技，各以其所有，用以交易，无泉货之法。惟纻布银铤，以准其直，至日用微物，不及疋两者，则以米计锱铢而偿之。然民久安其俗，自以为便也。中间朝廷赐予钱宝，今皆藏之府库，时出以示官属传玩焉。①
>
> 自广化门外言之，官道之北，则尚书户部……道之南，则兵刑吏三司，其门南列而北向，又东南数十步，即铸钱监。②
>
> 高丽他货皆以物交易，唯市药则间以钱宝焉。③
>
> 而丽人乃摹写隶法，取正中华，至于货泉之文、符印之刻，举不敢妄有增损字体者，是宜文物之美，侔于上国焉。④

可见，仁宗时期，高丽的交易方式一般是以物易物，主要以谷、布和银作为交换媒介。但在部分领域（比如药物），钱币也间以流通。此时，徐兢尚能见到高丽铸行的钱币，"吹嘘"其钱文书法取法中华，这也说明此时铸币尚未彻底退出流通领域。此外，肃宗时期设立的"铸钱都监"也依然可见。高丽一朝官制因时沿革的现象极为频繁，都监各色常常"因事而置，事已则罢"⑤，因此综合上述各种情况，我们可以认为，直到仁宗元年，铸钱都监还在运作，其铸造的铜钱在部分领域还得以流通。而高丽明宗八年（1178年）更定官制，其中西京留守官的属官有"货泉务"⑥一职，另外"货泉务副使"、"货泉务判官"⑦等职应该是"货泉务"之属官。这些应与肃宗七年设置的"货泉别监"有关。如此来看，高丽铸行钱币的下限则还可以推到明宗八年以后。恭愍王五年（1356年）九月，都堂令百司议币，谏官献议曰：

> ……或议曰："宜用铜钱，然国俗久不用钱，一朝遽令用之，民必兴谤。"……宜令官铸银钱，钱有标志，随其两数轻重，以准帛谷多寡。比之银瓶，铸造易而用力少；比之铜钱，转输轻而取利多。官民军旅，庶几有便。⑧

高丽末期铜钱废行已久，谏官认为如果贸然再次强制铸行铜钱会招致民怨，因而建议改铸银钱。关于此

---

① （宋）徐兢：《宣和奉使高丽图经》卷3《贸易》。
② （宋）徐兢：《宣和奉使高丽图经》卷16《台省》。
③ （宋）徐兢：《宣和奉使高丽图经》卷16《药局》。
④ （宋）徐兢：《宣和奉使高丽图经》卷40《同文·儒学》。
⑤ 〔朝鲜朝〕郑麟趾：《高丽史》卷76《百官一》，序文。铸钱都监本身就没有在《高丽史·百官志》中留下记载，说明其正是"因事而置，事已则罢"。
⑥ 〔朝鲜朝〕郑麟趾：《高丽史》卷77《百官二·外职》。
⑦ 〔朝鲜朝〕郑麟趾：《高丽史》卷80《食货三·俸禄》。
⑧ 〔朝鲜朝〕郑麟趾：《高丽史》卷79《食货二·货币》。

事，《高丽史》和《高丽史节要》皆无更多相关记载。而《增补文献备考》则明确记载当时国王采纳了谏官的这一建议：

"……宜令官铸银钱，钱有标志，随其两数轻重，以准布谷多寡，则公私两便矣。"从之。[1]

倘若《增补文献备考》所载为实，则说明高丽在恭愍王时期铸造过银钱。考古方面的出土情况似乎也可以作相关佐证，1910年高丽恭愍王陵出土过数枚大型银质"崇宁通宝"[2]，1910—1920年代初某高丽古墓也出土过隶书、篆书等不同书体的银质"开元通宝"[3]，此外某高丽古墓还出土过不同书体的银质"东国通宝"、"三韩通宝"、"三韩重宝"、"海东重宝"等不同铸币[4]。当然，上述银钱的出土量都极少，说明当时银钱尚处于试铸阶段，尚未进入流通领域。

银质高丽钱拓片

---

[1] 〔朝鲜朝〕朴容大：《增补文献备考》卷159《财用考六》。
[2] 〔日〕朝鲜古泉会：《海东》5，1935；〔韩〕韩荣达：《韩国的古钱》，首尔：图书出版"善"，2002年，第51页。
[3] 〔日〕朝鲜古泉会：《海东》5，1935；〔日〕奥平昌洪：《东亚钱志》卷15，岩波书店1937年版，第27页。
[4] 出土时间、地点不详。见朝鲜古泉会：《海东》5，1935；〔韩〕韩荣达：《韩国的古钱》，首尔：图书出版"善"，2002年，第51页。

另外，与圆形方孔铜钱同时作为法定货币流通的"银瓶"不像前者那样格而不行，而是在一定范围内被使用不废。[①] 由于当时"银瓶"一开始就以银铜合铸，到高丽后期所铸"银瓶"中铜的比例越来越高，其价值自然每况愈下，作为货币逐渐受到质疑。因此，恢复"银瓶"货币的价值，促进其流通的方法，只能是通过货币改革提高"银瓶"中银的纯度。忠惠王元年（1331年）发行了新的"小银瓶"作为法定货币，同时禁用肃宗时期规定的"旧瓶"[②]。"小银瓶"在外形上虽比"旧瓶"小，但银的纯度提高了，与之前劣质的"旧瓶"相比，价值更加昂贵。

（韩国银行货币博物馆藏） （笔者自藏）

世传高丽"小银瓶"

恭让王三年（1391年）三月大臣中郎将房士良上书请立官铸行铜钱，兼发行纸币：

> 天下之间，虽方殊而俗异，其士农工商，各以其业，资其生，以有易无，彼此通用者，钱也。自禹铸涂山、用设九府以来，至于今通行者，无他，其质坚贞，其用轻便，火不烧，水不湿，贸迁而益光，致远而无咎，鼠不能耗，刃不能伤，一铸之成，万世可传，故天下宝之。本朝粗布之法，出于东京等处若干州郡，且此布之币，用无十年之久，乍遭烟湿，便为灾朽，纵盈公廪，未免鼠漏之伤。愿立官铸钱，兼做楮币为货，一禁粗布之行。[③]

房士良的铸钱上疏在内容上与此前义天的上疏没有本质上的区别，都是针对以布匹作为货币的弊端，来强调以铜钱作为货币的益处与必要性。他的建议在当时得到恭让王的采纳。但随后即受到其他大臣的反对，同年七月都评议使司奏请造楮币曰：

---

① 主要在上层社会流通，见下文附录2。
② 〔朝鲜朝〕郑麟趾：《高丽史》卷79《食货二·货币》。
③ 〔朝鲜朝〕郑麟趾：《高丽史》卷79《食货二·货币》。

> 吾东方之钱，如三韩重宝、东国通宝、东国重宝、海东重宝、东海通宝，载之于中国传籍，盖可考也。近古又造银瓶为货，皆与布匹，子母相权，后因法弊，铜钱、银瓶俱废不行，遂专用五综布为货。……为今之计，银铜既非本国所产，钱瓶之货，卒难复行，宜令有司，参酌古今，依仿会子、宝钞之法，置高丽通行楮货，印造流布，与五综布相兼行。使听民闲买卖诸物，及赴京外仓库场所，折纳诸色米贡物货，其疎缕之布，一切禁之，庶为便益。①

都评议使司指出铜钱、银瓶因法弊被废，又以银铜非本国所产故钱瓶之货卒难复行，建议专用纸币。在这份上疏里我们也可以发现，到高丽末期，高丽人仅能通过中国的典籍了解到本国原先铸行过的钱币。在高丽发行的多种钱币中，《高丽史》、《高丽史节要》里有明确记载的也只有"海东通宝"。由此再次说明铜钱之废日久。必须指出的是，虽然铜钱的再次复行没有成功，但是"银瓶"并没有像该上疏中所言与铜钱"俱废不行"，而是作为货币在部分地区、部分领域一直被使用到朝鲜王朝初期。

---

① 〔朝鲜朝〕郑麟趾：《高丽史》卷 79《食货二·货币》。

第三章　高丽铸币难以流通的原因

高丽王朝尽管有成宗、肃宗先后积极铸行钱币，然而他们的努力终究都没有取得较明显的成效，其先后推行的货币政策最终都以失败告终。在高丽几百年的历史里，自铸圆形方孔钱的使用可谓是昙花一现。那么，为什么在高丽王朝着力推行这样的铸币却步履维艰呢？

首先从表面来看，其直接原因与当时国内的政治环境有关。从上文的分析来看，成宗、肃宗两次积极铸行钱币都有很强烈的政治目的，前者为了打击豪族，后者为了打击贵族，尽管具体打击对象不同，但本质目的并无异同，即强化王权。王室加强王权的行为势必引起既得利益集团（即豪族、贵族势力以及其他保守势力）的反抗。成宗、肃宗在位期间，尚且能够凭借其个人的魄力和威望独当一面，但他们的继任者穆宗、睿宗却缺乏像成宗、肃宗那样的政治手腕，所以上台后难以像其父辈那样有力地掌控着政局，不得不在很大程度上对各政治势力进行妥协[1]。因此成宗、肃宗的政治遗产很多都没有得到很好的继承。当时，反对铸钱者往往以行用钱币有悖风俗抑或"祖宗之法"为由。朝鲜半岛自古以来尽管也在一定范围内使用铁等金属作为价值尺度和流通手段，但绝大部分时期最主要的还是以物物交换的形式进行交易。"民久安其俗，自以为便也"[2]，而将铸币作为交换媒介自然与以往的所谓习俗不同，所以正如上文所言，穆宗时期的韩彦恭认为铸行钱币"骇俗，徒兴民庶之怨嗟"，肃宗时期的郭尚亦"力言以为（铸钱）非风俗所宜"。另外，与风俗相关的还有所谓的"祖训"、"祖宗之法"。肃宗力排众议强行铸行钱币，但死后不久"群臣托太祖遗训禁用唐丹狄风之说，以排使钱"[3]，"群臣"具体包括何人不得而知，但钩稽史料我们可以看到当时的大臣中崔思谞"为政不肯轻变祖宗之法，又不肯作为新法以扰风俗"[4]，高令臣"其在政府，公卿争进新法。令臣以为祖宗之法且在，何必改作，但守以勿失可也"[5]，显然这些人想必会以所谓"祖宗之法"反对铸行钱币。因为如上文所论述的，该政策是从宋朝引进的新法，非本国固有风俗，亦非"祖宗之法"，在他们看来是"有悖祖训"的。事实上，高丽太祖王建并没有关于货币政策的所谓"祖训"[6]、"祖宗之法"，这不过是保守势力的政治托词罢了。同时，如果对上文反对铸行钱币的官员身份进行分析可以发现，韩彦恭、崔思谞皆官至侍中，郭尚、高令臣皆仕至参知政事，他们都位居宰相，这说明当时国王推行的货币政策并没有得到所有最高官僚的支持与拥戴，其失败自然在所难免。

---

[1] 〔朝鲜朝〕柳馨远：《磻溪随录》卷8《本国钱货说附》："睿宗虽有是言，而不能不牵于众聒。"
[2] （宋）徐兢：《宣和奉使高丽图经》卷3《贸易》；《太宗实录》，太宗三年八月："惟我国家邈在海陬，自以土物为货。自三国以至前朝，皆货麻布而用五升，始可以衣人，可以市物，市价不二，民皆便之。"当然，正如下文所要论述的，所谓习俗反映了一定时期特定的生产水平。
[3] 〔朝鲜朝〕金宗瑞：《高丽史节要》卷7，睿宗元年七月；《磻溪随录》卷8《本国钱货说附》亦载："肃宗锐意兴行，而未久而薨，群臣又请而罢之。"
[4] 《崔思谞墓志铭》，载〔韩〕金龙善：《高丽墓志铭集成》，翰林大学亚细亚文化研究所1997年版。
[5] 〔朝鲜朝〕金宗瑞：《高丽史节要》卷8，睿宗十一年二月。
[6] 睿宗在反驳群臣的质疑时亦谓"祖训所禁非谓使钱明矣"（〔朝鲜朝〕金宗瑞：《高丽史节要》卷8，睿宗十一年二月）。

此外，自穆宗、睿宗起，高丽政治、经济环境较之前朝（成宗、肃宗两朝）均发生很大的变化。穆宗时，一方面灾异频发；另一方面太后与臣下金致阳私通生子欲谋为王，对王位虎视眈眈。在立储过程中，穆宗被大臣康兆废位并毒死。更为严重的是，辽以康兆弑君为由，打着"义军天兵"的旗号再次进犯高丽。[①] 在这过程中，穆宗的继任者显宗逃离都城开京南行避难，开京被辽攻陷并被大肆焚掠，此外还有不少地方因战争受到破坏。不仅如此，战争结束数年后，辽又进行了第三次对高丽的大规模侵略战争。经历连年战乱，高丽国内生产遭到严重破坏。而睿宗时，一方面，积极建议铸行钱币的尹瓘逐渐失势，其所主导的女真征伐最终以无功而返收场，尹瓘也因此被罢官，复职后不久去世；另一方面，肃宗严厉打压的庆源李氏势力再次掌权。而由于睿宗纳庆源李氏出身的李资谦（？—1126年）次女为妃，庆源李氏一族再次成为外戚而权倾朝野。李资谦凭此骤贵，位列宰相，诸子并进爵。李资谦还利用手中的权力拥立自己的外孙为睿宗继任者，即后来的仁宗。李资谦的土地和权力进一步扩大，甚至有专门机关"崇德府"来管理其财产。但他并不满足于此，为了独霸朝廷，搜刮更多的财富，他又强迫仁宗前后纳自己的三女和四女为妃。这样李资谦不仅成为仁宗的外祖父，而且又是仁宗的岳父，由此权宠益盛[②]，最后发展到要废君自立的局面，这就是高丽历史上著名的"李资谦之乱"。可见，成宗、肃宗以后高丽王室衰微，外患与内乱并存[③]，中央集权统治秩序日趋混乱，这样的环境对货币政策推行之弊不言而喻。

其次，由于成宗、肃宗一开始采取的都是渐进式的钱币推行政策，但他们在位时间都较短，无法完成钱币的全面推广，而其继任者又面临着上述的政治环境，所以在高丽始终没有构建起一整套完善的货币推行体系。从理论上讲，政府通过各种有效的货币投放和回笼措施可以促使货币的流通。关于这一点，与高丽同时代的北宋张方平（1007—1091年）就曾提出：

> 凡公私钱帛之发敛，其则不远。百官群吏三军之俸给、夏秋籴买谷帛、坑冶场盐本价，此所以发之者也。田庐正税、茶盐酒税，此所以敛之者也。民间货布之丰寡，视官钱所出之少多。[④]

张方平所说的"钱帛之发敛"，即指货币的投放与回笼。他认为，货币投放的渠道有官吏俸禄、军费开支、国家季节性收购物资和开采矿、盐等支出；货币回笼的渠道有各种财政税赋收入。流通中的货币数量有多少则取决于投放数与回笼数之差。尽管张方平的具体论述不一定完全正确，但在俸禄与租税制度中使用钱币无疑是促使钱币流通的有效途径。

官员的俸禄以钱币支付，不但可以起到义天所言"减督责而备凶荒，抑权豪而优廉洁"这样的政治效果，还可以借此促使国家上层阶级使用钱币，继而自上到下带动钱币的进一步流通。同样，国家赋税制度从实物和力役向货币税转化也有类似的作用。在实物税时期，由于国家不可能需要所有税收中的粮食和布匹，因此中央财政需要根据各地不同的情况，制定复杂的财政计划折纳其他物品，给财政机关造成了很大的麻烦。同时，由于部分地方路途遥远，交通不便，运送大量物资到中央困难重重。实行货币税的话，对中央财政的预

---

① （元）脱脱：《辽史》卷88《萧敌烈传》："高丽康（肇）兆弑君，大逆也，宜发兵问罪。"
② 〔朝鲜朝〕金宗瑞：《高丽史节要》卷9，仁宗四年二月："有不附己者，百计中伤。以其族属布列要职，多树党与，自尊为国公，开府置僚属，礼数视王太子，号其生日仁寿节，内外贺谢称笺。诸子争起第宅，连亘街陌，势焰益炽。贿赂公行，纵其仆隶夺人车马载输己物，小民皆毁车卖牛马，道路骚然。资谦又欲知军国事，请王幸其第，授册勒定。"《高丽史节要》卷9，仁宗四年三月："王自居西院，左右皆资谦之党，郁郁无聊，国事不自听断。"
③ 尤其是继"李资谦之乱"后，高丽又相继出现了西京、开京两地门阀贵族对立与冲突的"妙清之乱"、"武臣之乱"、全国农民大起义等重大政治事件，高丽社会的各种矛盾异常尖锐，中央集权统治秩序陷于混乱。
④ （宋）张方平：《乐全集》卷25《论免役钱札子》。

算及管理无疑都将带来方便，而且对地方财政的管理，尤其是扼制官吏的营私舞弊能起到很大的作用。另一方面，实行货币税将扩大钱币的使用范围，农民要缴纳赋税，必须先把农产品拿到市场去出售，获得钱币后才能完成纳税。也就是说，货币税的实行，要求更多的农产品投到市场上，更多的农民因支付货币赋税而同市场有了更多的联系，这对货币流通和商品经济的发展都将起到促进作用。

然而，从现存文献的记载来看，高丽时期在俸禄与赋税方面都没有使用钱币的记录。当时一般还是以谷、布为主要流通手段，官禄以谷物计算支付，赋税征收实物。关于高丽的俸禄制度，《高丽史》有如下记载：

> 高丽禄俸之制，至文宗大备。以左仓岁入米粟麦，总十三万九千七百三十六石十三斗，随科准给，内而妃主、宗室、百官，外而三京、州府、郡、县，莫不有禄，以养廉耻。而以至杂职、胥史、工匠，凡有职役者，亦皆有常俸，以代其耕，谓之别赐。西京官禄以西京太仓岁输西海道税粮一万七千七百二十二石十三斗给之。外官禄半给于左仓，半给于外邑。高元以后，国家多故，仓廪虚竭，禄秩不如元科，宰相之俸，数斛而已。①
>
> 睿宗十年，三司改定禄折计法：大绢一匹，折米一石七斗；丝绵、小绢各一匹，折七斗；小平布一匹，折一斗二升五合；大绫一匹，折四石；中绢一匹，折一石；绵䌷一匹，折六斗；常平纹罗一匹，折一石七斗五升；大纹罗一匹，折二石五斗。②

徐兢的《宣和奉使高丽图经》中也有关于高丽俸禄制度的相关记载：

> 国相每岁给米四百二十苫，致仕半之。尚书侍郎而下二百五十苫，卿监郎官一百五十苫，南班官四十五苫，诸军卫录事一十九苫。其武臣视此等而上之，与文官相埒。内外见任受禄官三千余员，散官同正，无禄给田者，又一万四千余员。其田皆在外州，佃军耕莳，及时输纳而均给之。③
>
> 高丽俸禄至薄，唯给生米蔬茹而已，常时亦罕食肉。④

《宋史》亦有载：

> 百官以米为奉，皆给田，纳禄半给。⑤

以上选取的是高丽和宋朝两方关于高丽官员俸禄的相关史料，《高丽史》部分反映的是高丽文宗以及睿宗时期的情况，而《宣和奉使高丽图经》是宋人徐兢于高丽仁宗时期出使高丽后所作，反映的应当是仁宗时期的情况，《宋史》的记载当是整个高丽时期的通观性概述。在此，高丽时期具体的俸禄运作方式并不是我们要探讨的重点。仅从俸禄的内容和形式入手，我们可以看到，即使是在高丽钱币尚在铸行的睿宗、仁宗时期，当时官员俸禄依然是以谷物来计算支付，高丽所铸铜钱没能成为俸禄的支付手段。

赋税制度也是同样的情况，如《高丽史》所载：

---

① 〔朝鲜朝〕郑麟趾：《高丽史》卷80《食货三·禄俸》。
② 〔朝鲜朝〕郑麟趾：《高丽史》卷80《食货三·禄俸》。
③ （宋）徐兢：《宣和奉使高丽图经》卷16《仓廪》。
④ （宋）徐兢：《宣和奉使高丽图经》卷21《房子》。
⑤ （元）脱脱：《宋史》卷487《外国三·高丽》。

（文宗）七年六月三司奏："旧制税米一硕，收耗米一升。今十二仓米输纳京仓，累经水陆，欠耗实多，输者苦被征偿，请一斛增收耗米七升。"制可。①

睿宗三年二月制："诸州县公私田，川河漂损，树木丛生，不得耕种，如有官吏，当其佃户及诸族类、邻保人征敛税粮，侵害作弊者，内外所司，察访禁除。"②

明宗六年七月初，左右仓斗概不法，纳米一石，赢至二斗，外吏因缘重敛，久为民弊，近欲厘正，下制："一石并耗米，不过十七斗。群小汹汹，至是下制仍旧。"③

文宗二十年六月判："诸州县每年常贡牛皮筋角，以平布折价代纳。"④

睿宗三年二月判："京畿州县常贡外，徭役烦重，百姓苦之，日渐逃流。主管所司下问界首官其贡役多少，酌定施行。铜、铁、瓷器、纸墨杂所，别贡物色，征求过极，匠人艰苦而逃避。仰所司以其各所别常贡物多少，酌定奏裁。"⑤

（睿宗）九年十月判："贡中布一匹，折贡平布一匹十五尺；贡纻布一匹，折贡平布二匹；贡绵䌷一匹，折贡平布二匹。"⑥

以上选取的是高丽肃宗前后赋税制度的相关史料。同样地，具体的赋税制度运作方式也不是此处分析的重点。仅从赋税征收内容看，当时有"租税"和"贡赋"等税目，前者指地租，后者指各种土特产、手工业制品。上文所引史料中的"税粮"、"税米"、"耗米"等都无不说明，高丽的租税征收谷物，即实行实物税。而贡赋本来就是对某些特定物品的征收，以实物为主自不待言。由此可知，睿宗时期钱币尚在铸行，然而钱币亦没有能在赋税征纳过程中扮演一定的角色。与此相关，朝鲜王朝的柳馨远（1622—1673年）在分析前朝高丽铸币流通失败的原因时也说道：

只为上之人不能行也，高丽肃宗之不得行，亦有以也。夫泉货本以无用易有用，上之所导而流行之者也。不导其流，焉能自行？导之行者何也？既入之复出之之谓也。肃宗不思其本，而徒给宰枢、军士，设左右酒坊，恃此而欲其行，则未知所以行者也。苟能于赋税参半而收之，于禄赐参半而颁之，则不待多言而自然行矣。夫水天下易流之物也，不开渠而欲其溉也，则终不可得。苟一朝开其渠而导之，则沛然流矣。钱货之行也，亦何异于是。苟此之不为，虽中国必不能行。果此之为，天下无不可行之国矣。⑦

钱贝之不行，非不可行，是人不行耳。苟上之人，真知利害而决意行之，勿促勿摇，则期以数年，如渠开水流，自然兴行。国富民裕，变荒僻惰窳之地而为华夏文物之乡，永为万世之利矣。前后或有欲行而未能者，皆因旋行旋罢，而田税不参以钱故也。收税不参以钱，而欲行钱，是犹塞隄而求流也。⑧

柳馨远认为当时钱币不通，在于肃宗不懂得引导钱币流通的有效办法，只通过设立店铺供上层官员将士

---

① 〔朝鲜朝〕郑麟趾：《高丽史》卷78《食货一·田制·租税》。
② 〔朝鲜朝〕郑麟趾：《高丽史》卷78《食货一·田制·租税》。
③ 〔朝鲜朝〕郑麟趾：《高丽史》卷78《食货一·田制·租税》。
④ 〔朝鲜朝〕郑麟趾：《高丽史》卷78《食货一·田制·贡赋》。
⑤ 〔朝鲜朝〕郑麟趾：《高丽史》卷78《食货一·田制·贡赋》。
⑥ 〔朝鲜朝〕郑麟趾：《高丽史》卷78《食货一·田制·贡赋》。
⑦ 〔朝鲜朝〕柳馨远：《磻溪随录》卷8《田制后录考说·本国钱货说附》。
⑧ 〔朝鲜朝〕柳馨远：《磻溪随录》卷4《田制后录下·钱币》。

消费，却没有在俸禄和税赋等领域实现钱币的投放与回笼。他强调货币的流通就像水一样，必须"开渠引导"，如果没有正确的引导方法即使在中国也不能流通。反之，则包括高丽在内的天下各国皆可以流通。可见，柳馨远已经认识到了货币的投放与回笼的重要性。现代韩国研究者金度燕也持类似观点[1]。他认为，中国长期以来采用本位化制度等，一直通过措施赋予货币信用，也正由此中国铜钱（尤其宋钱）甚至一度成为国际货币。但高丽朝廷在学习中国采用实物价值不高的铁、铜等贱金属作为货币时，模仿的只是外在的东西（即钱币的形态本身），却没有像中国政权那样通过货币的投放与回笼给铸币赋予信用，这使得经济行为者们不免对这些铸币的价值、信用产生怀疑与不信。最具有代表性的例子就是，睿宗虽然想要继续维持父亲肃宗的货币流通政策，却没有将铸造的铜钱作为俸禄的结算手段；不只是财政支出，在政府的财政收入上亦将铜钱排除在外。这样，政府只顾发行却不回收的做法当然会降低作为名目货币的铜钱的信用度。

关于币材的价值与信用问题，下文还将专门讨论，在此先探讨货币的投放与回笼问题。笔者认为，将高丽铸币流通失败的责任全然归于统治者即肃宗、睿宗，实事求是地说，这是不公允的，我们还应该考虑到当时高丽国内的社会经济条件。事实上，正如上文所言，穆宗为了强制百姓使用铸币，"严立遵行之制"，甚至规定在流通领域全面"禁用粗布"作为交换媒介[2]。然而事与愿违，穆宗的这种激进方式招致了民间的不满与大臣的反对，最后在货币的推行上做出了妥协。另外，上文还提到过，肃宗死后，群臣反对铸行钱币，睿宗虽然引经据典据理力争，最后亦不得不做出让步，"然今所当罢者，唯关津商税而已"[3]。这暗示肃宗时期在推行钱币时，可能在商业税的征纳过程中以货币支付代替实物交纳，即施行货币税。然而即使果真如此，亦是昙花一现之事。也就是说，高丽政府有可能在一定时间、一定范围内强行施行过货币税，但最终以失败告终。换言之，高丽政府无法施行一套有效的货币投放和回笼措施，与其说是政府本身的不作为，不如说是当时迫于现实的无奈。因为高丽金属铸币的产生并非是商品经济发展到一定阶段自然催生的，而是政府带着很强的政治目的自上而下强制推行的。

钱币的铸行是这样，赋税的形态同样是如此。赋税，是国家为实现其职能需要，凭借政治权力，获得财政收入的一个重要手段，是国家存在的经济表现。它不但是维持公共权力的经济基础，对于经济发展也起着重要的杠杆作用。随着社会的变迁与发展，赋税制度也在不断改变，一方面，它是当时社会政治、经济面貌的直接反映；另一方面，作为一种经济制度，它又对当时的社会政治、经济发生着重要的影响。农耕时代，地租在国家赋税制度中占有重要地位。在货币地租出现以前，地租形态主要有实物地租和劳役地租等形态。正如马克思所指出的那样，货币地租"最初只是偶然的，以后或多或少在全国范围内进行的从产品地租到货币地租的转化，要以商业、城市工业、一般商品生产、从而货币流通有了比较显著的发展为前提"[4]，"没有社会劳动生产力的一定程度的发展，这种转化是不能实现的"[5]。也就是说，赋税形式从实物税转变为货币税，有利于商品经济的发展，但这种转化本身是社会发展的产物，必须具备一定的社会经济条件。因此，高丽时期实物税无法转变为货币税，某种程度上说既是金属货币无法更好推广的（部分）"因"，但同时也是当时高丽社会经济条件不成熟的"果"。

由此，我们有必要了解一下高丽时期的社会经济，尤其是商业发展的情况。对此，宋人孙穆和徐兢出使

---

[1] 〔韩〕金度燕：《高丽时代货币流通研究》，高丽大学博士学位论文，2018年。
[2] 也有部分韩国学者认为从成宗起便全面禁止使用粗布作为交换媒介，在流通领域全面使用铸币。见金三守：《高丽时代的经济思想》，《淑明女大论文集》第13辑，1973年；蔡雄锡：《高丽前期货币流通的基础》，《韩国文化》1988年第9辑等。
[3] 〔朝鲜朝〕金宗瑞：《高丽史节要》卷7，睿宗元年七月。
[4] 〔德〕马克思：《资本论》第3卷，《马克思恩格斯全集》第25卷，人民出版社1974年版，第898页。
[5] 〔德〕马克思：《资本论》第3卷，《马克思恩格斯全集》第25卷，人民出版社1974年版，第899页。

高丽的记录留下了相关记载。《鸡林类事》载：

> 日早晚为市，皆妇人挈一柳箱一小升有六合为一刀，以稗米定物之价，而贸易之。其地皆视此为价之高下，若其数多则以银瓶。①

《宣和奉使高丽图经》亦载：

> 高丽故事，每人使至，则聚为大市，罗列百货。丹漆缯帛，皆务华好，而金银器用，悉王府之物，及时铺陈，盖非其俗然也。崇宁大观，使者犹及见之，今则不然。盖其俗无居肆，惟以日中为虚，男女老幼，官吏工技，各以其所有，用以交易。无泉货之法，惟纻布银饼（瓶），以准其直。至日用微物，不及疋两者，则以米计锱铢而偿之。然民久安其俗，自以为便也。中间朝廷赐予钱宝，今皆藏之府库，时出以示官属传玩焉。②
>
> 王城本无坊市，惟自广化门至府及馆，皆为长廊，以蔽民居。时于廊间，榜其坊门，曰永通，曰广德，曰兴善，曰通商，曰存信，曰资养，曰孝义，曰行逊。其中实无街衢市井，至有断崖绝壁，蓁莽繁芜，荒墟不治之地，特外示观美耳。③
>
> 高丽他货皆以物交易，唯市药则间以钱宝焉。④
>
> 唯日中则赴都市，各以其所有，易其所无，熙熙如也。⑤

从宋人的记录⑥中我们可以发现，至少在肃宗至仁宗时期的高丽，商品经济仍处于较为初期的阶段。尽管高丽太祖在立国之初就"立市廛，辨坊里"⑦，然而开京市廛主要是为了筹办官府所需的物品⑧，兼及负责处理国库里的剩余物品。而纯粹的民间商业，则是在一定的地方设立市场，出售城市市民需要的各种物品。⑨从徐兢的记录中我们可以看到，尽管开京有"永通"等八大坊，但其中并无街衢市井等常设性的市场。都城尚且如此，地方尤其是广大乡村地区则更不必言。由于俗无居肆⑩，所以定期聚集在所谓"场市"⑪进行物品交易，男女老幼，不管是官吏⑫还是平民，皆各以其所有，易其所无。一般交易以物物交换形式实现，或者以

---

① （宋）孙穆：《鸡林类事》，引自杨渭生编：《十至十四世纪中韩关系史料汇编》（上册），学苑出版社1999年版，第25页。
② （宋）徐兢：《宣和奉使高丽图经》卷3《贸易》。
③ （宋）徐兢：《宣和奉使高丽图经》卷3《坊市》。
④ （宋）徐兢：《宣和奉使高丽图经》卷16《药局》。
⑤ （宋）徐兢：《宣和奉使高丽图经》卷19《民庶》。
⑥ 1015年（宋真宗大中祥符八年，高丽显宗六年）高丽人郭元出使宋朝，亦自言：……方午为市，不用钱，第以布米贸易。（见《宋史》卷487《外国三·高丽》）
⑦ 〔朝鲜朝〕郑麟趾：《高丽史》卷1《世家·太祖一》。市廛是指传统社会的城邑或城市中的常设店铺，也称为"廛"。
⑧ 为了供给王室、贵族阶层的生活用品与官府需要，都市的市廛商业因而兴盛，尤其在首都开京有大规模的市廛为国内各种产品的集散地，提供官方的需要。见〔韩〕李元淳等著，詹卓颖译：《韩国史》，幼狮文化事业股份有限公司1987年版，第114页。
⑨ 高丽大学韩国史研究室著，孙科志译：《新编韩国史》，山东大学出版社2010年版，第76页。
⑩ 朝鲜王朝世宗王（1418—1450年）在推行铸币时亦遇到困难，市场等问题同样被提及。〔朝鲜朝〕《朝鲜王朝实录·世宗实录》卷59，世宗十五年一月十八日载："申商曰：'臣尝入中国……中国虽小县皆有市也。今我国京都有市，各道州郡皆无市，虽有钱币者，不得市焉，反以钱为无用之物，民不兴用。依中国之制，外方郡县皆开市，则钱自兴矣。'上曰：'若开市于外方，则恐其游手者众也。然我国生齿繁而田土少，人乏可耕之地。以此言之，虽开市，似为无害。'"
⑪ "场市"指在没有设施的一定场所或街道，在规定的日子内商人与居民聚在一起交换物品的地方。
⑫ 义天在其关于铸钱的上疏中也提到，"至于廉洁端士，他无所获，仰事俯畜，全仗俸禄。复以白粳，半易田糙，负荷入市，有同行商。"见《大觉国师文集》卷12。

谷、布充当价值手段和支付手段（本质上也是物物交换），只有大宗交易才使用"银瓶"充当支付手段，而铜钱更是仅仅在极为有限的范围内流通。尽管"银瓶"也作为高丽王朝铸行的金属货币的一种，然而正如高丽当朝人所讲，"一银瓶其重一斤，其直布百余匹。今民家蓄一匹布者尚寡，若用银瓶，则民何以贸易哉？"[①]由于"银瓶"价值昂贵，并非"平民货币"，民间无法广泛流通，而多流通于上流社会[②]，一般被贵族之间的大规模交易或收受贿赂所用。同时有日本学者还指出"银瓶"尽管作为货币使用但还残留着实物货币的痕迹。[③]可见，当时的高丽自然经济仍处于主导地位，小商品交换为商品贸易的主要形式。而肃宗七年十二月将首次所铸铜钱一万五千贯"分赐宰枢、文武两班、军人以为权舆"[④]的记载也从一个侧面反映出当时高丽的经济规模之小。据《宋会要辑稿》记载，绍兴十三年宋朝皇太后一人月俸就达一万贯，冬年、寒食、生辰则各二万贯。[⑤]尽管这里仅从简单的数字进行对比，忽略了货币购买力等各种问题，但还是能从一个侧面大体上给人以直观的感受。

高丽的这种经济状况与当时的国内生产条件、制度和国际关系等诸多因素不无关联。

> 山林至多，地鲜平旷，故耕作之农，不迨工技。[⑥]
> 多大山深谷，崎岖嶒崒，而少平地，故治田多于山间，因其高下，耕垦甚力。[⑦]
> 国官以下，兵吏、驱使、进士、工技无事则服田。[⑧]

由于朝鲜半岛山多地少，故耕作之农，耕垦甚力，不迨工技，"兵吏、驱使、进士、工技无事则服田"当为夸张之辞，但也从侧面反映了高丽的生产力水平和社会分工状况。农民辛勤劳作，除了要缴纳国家规定的不轻的租税[⑨]外，常常还要受到额外的剥削[⑩]。同时高丽时期内忧外患频繁，加之自然灾害多发，农业生产常常会随之受到影响，这样一来，农民的处境则更加艰难。不仅如此，如上文所言，除了租税，农民还要向国家交纳各种贡赋：

> 州郡土产，悉归公上。[⑪]
> 靖宗七年正月三司奏："诸道外官员僚所管州府税贡，一岁米三百硕、租四百斛、黄金一十两、白

---

① 〔朝鲜朝〕郑麟趾：《高丽史》卷79《食货二·货币》。
② 参见下文附录。
③ 〔日〕田村专之助：《高麗の貨幣銀瓶の形態及び性質について》，《浮田和民博士紀念史學論文集》，六甲书房1943年版；〔日〕奥村周司：《高麗の貨幣流通について—朝貢との關聯性—》，《早稻田實業學校研究紀要》10，1975年。
④ 〔朝鲜朝〕郑麟趾：《高丽史》卷79《食货二·货币》。
⑤ （清）徐松：《宋会要辑稿》，后妃二之八。
⑥ （宋）徐兢：《宣和奉使高丽图经》卷19《民庶》。
⑦ （宋）徐兢：《宣和奉使高丽图经》卷23《种蓺》。
⑧ （宋）徐兢：《宣和奉使高丽图经》卷23《种蓺》。
⑨ 高丽地租率较高，到高丽中期，地租最低者为实际收入的四分之一，最高者可达实际收入的一半。见李春虎等编著：《朝鲜通史》（第二卷），延边大学出版社2006年版，第54页。
⑩ 如上文所述，由于高丽征收的是实物租税，地方到京城辗转水陆，欠耗实多，所以国家又把这些损失转嫁到农民头上，向农民增收一定比例的所谓"耗米"，这为贪官污吏的横征暴敛也提供了机会。穆宗、显宗时期"中外人吏百姓伪造公牒，斜甩贡物"（《崔士威墓志铭》），睿宗时期制"如有官吏当其佃户及诸族类邻保人征敛税粮、侵害作弊者，内外所司察访禁除"，仁宗时期诏"取民有制，常租调外，毋得横敛"，明宗时期"外吏因缘重敛，久为民弊。近欲厘正，下制：一石并耗米不过十七斗。群小汹汹，至是下制仍旧"等相关记载（皆见《高丽史》卷78《食货一·田制·租税》）正是这一情况的反映。当时义天在其铸钱上疏中也提及这一问题，并将其作为铸行金属货币的理由之一。此外，高丽时期"凡国有大事，用度不敷，则临时科敛，以支其费焉"（《高丽史》卷79《食货二·科敛》）。也就是说，当国家财政出现困难时，又会征收临时性的科敛，这又给民众增加了额外的负担。
⑪ （宋）徐兢：《宣和奉使高丽图经》卷19《民庶》。

银二斤、布五十匹、白赤铜五十斤、铁三百斤、盐三百硕、丝绵四十斤、油蜜一硕。未纳者请罢见任。"从之。[1]

文宗二十年六月判:"诸州县每年常贡牛皮筋角,以平布折价代纳。"[2]

贡赋一般以郡县为单位向中央政府缴纳,包含布匹等手工业制品以及金银铜铁瓷纸墨等各种专业生产品。布匹等由普通的郡县民所承担,而金银铜铁等各种专业生产品则由特殊行政单位的"所"[3]的居民来承担。[4]贡赋还有常贡和别贡、杂贡之分。作为常贡,一般农民每年都要向国家交纳一定数量的布匹,其他某些物品有时亦以布匹折纳。农民自己生产的布匹作为贡物大部分上交国家[5],而布匹在当时充当实物货币的情况下,布匹作为贡物大部分交纳国家还意味着农民对于"货币"的持有量极为有限。除此之外,高丽朝廷有时还以各种名目的额外税目[6]剥削百姓。高丽部分官员尚且由于"俸禄至薄,唯给生米蔬茄而已,常时亦罕食肉"[7],而受尽各种盘剥的农民其生活处境自然更加苦不堪言[8]。缴税纳贡以后,作为直接生产者的农民只能得到最低限度的维持生存的生活资料[9],除了用于自己消费,农民已无过多剩余物品可以投放市场进行交易。因此肃宗时期"泉货之行已三岁矣,民贫不能兴用"[10]的现象就不足为奇。

物物交换的方式,只有在社会分工还不发达,生产者生产的目的还主要是为了自己消费,用于交换的剩余产品还不多的情况下进行的。农民的交换细小,且不频繁,卖主要是为了买;商贩也一样,不必卖了得到钱再去买,干脆物物交换。高丽作为一个以农业为主的自给自足的社会,男耕女织,满足衣食之需是理想社会的状态。"民生之本,在于米谷,白金虽贵,不救饥寒"[11],布帛以为衣,米谷以为食,乃人生急用之物,谷帛作为每一个个体家庭生活的必需品,在交换中很容易充当一般等价物;作为农村生产物资,配给也便利;相对来说,谷物可分性强,布帛价值稳定。可见,谷、帛作为货币有着深厚的社会基础,它们阻碍了铸币的广泛流通,铸币在短时间内不易撼动谷、布的货币地位,更无法取而代之。因此,穆宗"时全用货币,禁粗布,民颇患之"[12],睿宗"时虽命用钱,民不从之"[13]。民众对禁用布匹而专用铸币的不满,在于"日用微物,不及疋两者,则以米计锱铢而偿之。然民久安其俗,自以为便也"[14]。受尽盘剥之下的农民持有的只是最低限度的维持

---

[1] 〔朝鲜朝〕郑麟趾:《高丽史》卷78《食货一·田制·租税》。
[2] 〔朝鲜朝〕郑麟趾:《高丽史》卷78《食货一·田制·贡赋》。
[3] "所"是郡县下面设置的特殊的行政组织,有学者认为其设置是郡县在叛逆或投敌后被降格所致。"所"的居民的身份地位要比一般郡县居民的低,一般被看成贱民集团。
[4] 〔韩〕国史编撰委员会编:《韩国史》,国史编撰委员会1993年版,第357页。
[5] 李春虎等编著:《朝鲜通史》(第二卷),延边大学出版社2006年版,第118页。
[6] 如宣宗五年七月,定杂税:栗栢大木三升,中木二升,小木一升,漆木一升。麻田一结,生麻十一两八刀,白麻五两二目四刀。(忠烈王)二十二年六月,中赞洪子藩上书,"一曰:今诸道收敛细绉布,民实不堪。宜令官婢免役者纺绩,以纾民力。二曰:贡赋已有定额,又于诸道家抽细麻布,实系横敛,宜禁绝之。……四曰:诸道贡赋,已有定数,今又以虎豹熊皮为贡,不惟民敛烦重,恐致猛兽害人,诚宜禁之。"忠惠王后四年十一月,江陵道献山税松子三千石。辛禑十四年三月,九妃、三翁主诸殿上供之物浩繁,仓库匮竭,预征三年贡物,犹不足,又加横敛,民甚苦之。见《高丽史》卷78《食货一·田制·贡赋》。
[7] (宋)徐兢:《宣和奉使高丽图经》卷21《房子》。
[8] 睿宗三年二月判:京畿州县常贡外,徭役烦重,百姓苦之,日渐逃流。……(见《高丽史》卷78《食货一·田制·贡赋》)
[9] 马克思亦论述过,产品地租所达到的程度可以严重威胁劳动条件的再生产,生产资料本身的再生产,使生产的扩大或多或少成为不可能,并且迫使直接生产者只能得到最低限度的维持生存的生活资料。见《马克思恩格斯全集》第25卷,第897页。
[10] 〔朝鲜朝〕郑麟趾:《高丽史》卷79《食货二·货币》。
[11] 〔朝鲜朝〕郑麟趾:《高丽史》卷79《食货二·市估》。
[12] 〔朝鲜朝〕郑麟趾:《高丽史》卷93《韩彦恭传》。
[13] 〔朝鲜朝〕朴容大:《增补文献备考》卷159《财用考六》。
[14] (宋)徐兢:《宣和奉使高丽图经》卷3《贸易》。

生存的生活资料，偶尔进行交易主要也是为了获得其他的生活必需品，在如此细小零星的交易中，以物易物更加便利，故久安其俗。穆宗以强制的手段全面推行铸币而引起民众怨声载道，而这正好被一些政治势力拿来当作政治筹码，"以骇俗，未遂邦家之利益，徒兴民庶之怨嗟"[1]，这成为他们反对铸行钱币的依据。肃宗推行铸币时也遇到同样的情况，甚至与肃宗处于同一政治阵营的郭尚亦"力言以为非风俗所宜，上疏争之"[2]，肃宗死后"中外臣僚多言先朝用钱不便"[3]。货币作为一种特殊的商品能否流通，需要考察供给和需求的两个方面。高丽的经济还停留在较为朴素的农业经济时代，社会一般的商业经济规模极小。适应于这种经济特点，形成了高价值的银瓶与谷、布等实物货币相配合的货币流通格局，前者适用于极少量的上层大额流通，而后者适应于一般民间交易。谷、布在某种程度上，是一种"兼职"的货币，是可以随时作为消费品使用的，因此适应了小农与小手工业者之间交换的特点：交换频率不高，一般不需要持有"专职"的符号货币。在这样的格局中，高丽铸币自然很难找到自身存在的经济空间。中国明代中叶以后形成了"银钱兼行"货币流通格局，在流通领域铜钱多用于小农与小手工业者的日常生活，银以大宗交易为主。但在当时的高丽，日常生活中的交易需求太小，还不足以体现铸币相比于谷、布等的"货币优势"。同样地，宋代王安石变法期间大量铸造铜钱，并在许多财政税费项目中收用铜钱，当时反对派的意见之一就是乡野小农既无从获得铜钱，得到铜钱之后也无所用，这也可以说是在某种程度上印证了上述观点。综上所述，高丽铜钱的铸行，既缺乏一定的社会、经济基础，亦没有坚强的政治后盾，在全面流通的客观条件和主观条件尚未成熟的情况下，其失败是必然的结果。

不仅如此，一般农民除了要受到政府的层层盘剥，往往还会受到其他各种势力的多重压榨，这些势力主要包括官吏贵族和寺院僧尼。

> 大府、迎送、国贐等库凡有所须之物，即于京市求之，虽云和买，实为强夺。[4]
> 豪势之家遣人州县以银瓶等物强市民间细布、绫罗、苇席等物，实为民弊。[5]
> 权势之家，反同称名，竞为互市。凡珍异之物，无不征敛，民甚苦之。[6]
> 权势之家，竞为互市，貂皮、松子、人参、蜂蜜、黄蜡、米豆之类，无不征敛，民甚苦之，扶老携幼，渡江而西，可为痛哭。愿自今抑买者一切禁止。[7]

从以上史料可以看到，各官府机构，以及被称为"豪势之家"、"权势之家"的官吏、贵族挟权入市盘剥百姓，其通过所谓"和买"、"反同"、"互市"等方式强制庶民进行交易（"强市"、"抑买"），征敛范围十分广泛，既有米、豆等普通农产品，亦有貂皮、人参等"珍异之物"。以上史料中还有一个值得注意的现象，即交易中的货币问题。与"强夺"等粗暴的方式相比，用"银瓶"作为交换媒介似乎相对公平。然而，这只是表面的现象。银瓶虽为高丽肃宗以来发行的法定货币，但是由于"银瓶"以银铜合铸，到高丽后期所铸"银瓶"中铜的比例越来越高，"银瓶日变，而至于铜"[8]，其价值自然每况愈下，"银瓶"作为货币的名目价值和实

---

[1] 〔朝鲜朝〕郑麟趾：《高丽史》卷79《食货二·货币》。
[2] 〔朝鲜朝〕郑麟趾：《高丽史》卷97《郭尚传》。
[3] 〔朝鲜朝〕郑麟趾：《高丽史》卷79《食货二·货币》。
[4] 〔朝鲜朝〕郑麟趾：《高丽史》卷84《刑法一·职制》。
[5] 〔朝鲜朝〕郑麟趾：《高丽史》卷84《刑法一·职制》。
[6] 〔朝鲜朝〕郑麟趾：《高丽史》卷85《刑法二·禁令》。
[7] 〔朝鲜朝〕郑麟趾：《高丽史》卷118《赵浚传》。
[8] 〔朝鲜朝〕郑麟趾：《高丽史》卷79《食货二·货币》。

际价值严重乖离。所以，百姓辛苦劳作的产品被强制交易后，得到的是与实际价值不符的劣币。

权力高度集中的封建官僚体制可以使官员利用手中的权力来达到敛财的经济目的，于是，贪污受贿、敲诈勒索、经商营利就成为官员发财致富的主要手段。除了上述的依势欺凌、强权掠夺行为外，高丽时期的一些官吏、贵族亦会利用手中最大的资本即职权涉足商业[①]，欺行霸市，与民争利。官僚投资于商业，与普通的商人资本不同，他们是以权力作为后盾的，因而他们在商业竞争中就处于较有利的地位；而且他们往往拥有重资，指使其亲属或亲信串通起来与民争市，而很多奸民，也投靠到他的羽翼之下寻求保护，由此形成垄断控制市场以获取暴利。官商的资本多，进退容易，便于控制商品，而民商虽然极为勤苦，却不能与他们争利，于是民商日穷，而官商日富。官吏、贵族既官亦商，射利敛财，满足了自己的欲望，却严重危害了当时的社会秩序，不但使政治状况更加腐败，还使经济局面日益混乱，普通民众的生活受到严重危害。强买强卖、贱买贵卖等各种不平等的强制性交易，破坏了市场秩序，阻碍了农村商品经济的正常发展。

官吏、贵族通过"政权"的力量敛财，而寺院僧尼则通过"神权"的力量来射利。

> 内外寺社僧徒卖酒鬻葱。[②]
> 僧尼诳诱愚民，鸠聚财物，输以驿马，害莫大焉。[③]
> 道门、僧人诸处农舍冒认贡户、良人以使之，又以粗恶纸布强与贫民，以取其利。[④]
> 游手之僧，无赖之人，托为佛事，冒受权势书状，干谒州郡，借民斗米尺布，敛以甔石寻丈，号曰反同，征如逋债，民以饥寒。[⑤]

以上史料反映了寺院僧尼亦从事商业活动以获取利益的情况。与上述官吏、贵族势力一样，僧尼们为鸠聚财物，以强买强卖、高利借贷等方式对百姓进行盘剥。高丽时代佛教受到从国家到个人上下一致的推崇，几乎渗透到高丽人生活的方方面面，堪称国教。高丽各地寺院众多，《白云山内院寺事迹》记载："（高丽）太祖敕诸州，建丛林，设禅院，造佛造塔，凡至三千五百余所。"《宋史·高丽传》亦载："（高丽）王城有佛寺七十区。"佛教寺院不仅是全社会精神领域的重镇，也是有巨大影响力的经济和社会组织。寺院将包括王室、贵族、庶民在内的世俗社会的物质、劳动力等的捐施紧密结合，遂发展起稳定的寺院经济。寺院汇聚的大量财富，在满足寺院僧众的生活需要和寺院弘法宗教需要的支出后，将盈余财富以多种方式增值：或者购买土地增加不动产，从事农业、林业生产；或者从事财物的典当和借贷，从事商业活动。这样，寺院经济的规模越来越大，资产也越来越富足。高丽崇尚佛教之风甚盛，随之而来的种种流弊，也就常常成为严重的社会问题。由于寺院经济的发展，僧尼的生活开始奢侈化，吸引了大批好逸恶劳的逃避赋役者，僧侣队伍庞大，鱼龙混杂，破僧戒犯俗法者逐渐增多。同时，如上文所讲，由于高丽的寺院势力直接或间接地与王室及贵族阶层结成了信仰的、政治的、经济的关系，使得教团的紊乱和僧格的败坏更加严重。例如，高丽后期权臣崔瑀的庶子僧万宗和万全兄弟招集无赖恶僧为门徒，只以发财为业，搜刮了万千金银谷帛。其门徒分散在各寺院，横行霸道，肆无忌惮。像这样，高丽时期寺院势力凭借着宗教这条纽带，既联系了封建世俗权力，也联系着一般庶民，通过"神权"的力量聚敛社会财富。总之，佛教权势与佛者的堕落，利权介入，寺院经济的

---

① 〔朝鲜朝〕郑麟趾：《高丽史》卷85《刑法二·禁令》："禁有职人及僧人商贩。"
② 〔朝鲜朝〕郑麟趾：《高丽史》卷85《刑法二·禁令》。
③ 〔朝鲜朝〕郑麟趾：《高丽史》卷85《刑法二·禁令》。
④ 〔朝鲜朝〕郑麟趾：《高丽史》卷85《刑法二·禁令》。
⑤ 〔朝鲜朝〕郑麟趾：《高丽史》卷135《辛禑三》。

膨胀，亦是阻碍农村经济正常发展的因素之一。

以上所见诸例，都是官吏贵族及寺院僧尼在交易过程中鱼肉百姓的情况，国家"禁有职人及僧人商贩"[①]的禁令的出台，亦说明了这种现象的普遍性与严重性。可见，大部分农民、手工业者的劳动成果除了缴纳正常的贡税，留下维持生计所需，为数不多的剩余产品往往还要被这样各种势力以交易的名分侵夺，而作为直接生产者之间的交易自然也就只能停留在"以其所有，易其所无"的最低水平的程度。也就是说，这种所谓"反同"、"互市"、"和买"、"抑买"、"抑卖"等强买强卖的交易体制的存在，使得相对独立的、自由的市场机制在当时难以形成，农村商品经济的正常发展自然受到严重的阻碍。而这种情况，随着高丽中后期土地兼并的加剧以及官僚贵族大农庄的出现，达到更为严重的程度。

高丽中后期，"私田"不断扩大并逐渐真正私有化。高丽前期所谓"私田"主一般不直接向农民征收田租[②]，然而此时"私田"主人自行派遣无赖之徒随意征收田租，其收租的数量与收租的对象并没有明确而具体的限制，正如当时的文献记载所言："一石之收，以二石而充其数"[③]，"一亩之主过于五六，一年之租收之八九"[④]。同时，从前的"私田"主只有食租权（收租权），其土地上的庸、调则归国家所有，然而这时期田主借各种理由拒绝缴纳庸、调，所谓"权贵多聚民谓之'处干'[⑤]，以逋三税"正是这种现象的真实写照。如此，昔日"私田"上的收租权逐渐演变为所有权，在"私田"是进行着事实上的地主式经营，形成相对独立于中央的新的土地支配关系。[⑥]上文所谓"反同"、"互市"、"和买"、"抑买"、"抑卖"等强买强卖的交易体制正是以土地为媒介得以被更好地推行。

> 兼并之家、收租之徒……自秋至夏，成群横行，纵暴侵掠，倍于盗贼，外方由此凋弊。及其入佃户，则人厌酒食，马厌谷粟。新米先纳，绵麻脚钱，榛栗枣脩，至于抑卖之敛，十倍其租，租未纳而产已空矣。[⑦]
> 势力之家，互相兼并，一人所耕之田，其主或至于七八。而当输租之时，人马之供亿，求请抑买之物，行脚之钱，漕运之价，固亦不啻倍蓰于其租之数。[⑧]

以上史料反映了在"私田"耕作中，田主除了向佃户征收田租以外，还以其他名义对佃户的其他物品进行"抑买"、"抑卖"，其剥削、压榨的程度要远大于田租本身。在"私田"经营模式里，田主无偿从佃户获得田租、谷草、输纳价等，除此以外其他物品的交换名义上是通过买卖的方式进行的。然而，由于田主与佃户之间不平等的关系，使得这种买卖以一种不公平的、强制性的方式进行，即所谓"抑买"、"抑卖"、"和买"、"强市"。换句话说，在高丽时代（尤其是后期），田主与佃户之间不仅存在着土地关系的对立，而且存在着交易关系的矛盾。农民无法轻易突破被支配的隶属性交易体制，进而在相对独立的、自由的市场机制下进行交易活动，农村商品经济自然停滞不前。[⑨]

---

① 〔朝鲜朝〕郑麟趾：《高丽史》卷85《刑法二·禁令》。
② （宋）徐兢：《宣和奉使高丽图经》卷16《官府·仓廪》："内外见任受禄官三千余员，散官同正无禄给田者又一万四千余员，其田皆在外州，佃军耕莳，及时输纳而均给之。"
③ 〔朝鲜朝〕郑麟趾：《高丽史》卷78《食货一·田制》。
④ 〔朝鲜朝〕郑麟趾：《高丽史》卷78《食货一·田制》。
⑤ 〔朝鲜朝〕郑麟趾：《高丽史》卷28《世家·忠烈王一》："处干耕人之田，归租其主，庸调于官，即佃户也。"
⑥ 李春虎等编著：《朝鲜通史》（第二卷），延边大学出版社2006年版，第256—257页。
⑦ 〔朝鲜朝〕郑麟趾：《高丽史》卷78《食货一·田制》。
⑧ 〔朝鲜朝〕郑道传：《三峰集》卷7《朝鲜经国典》上，《赋典·经理》。
⑨ 〔韩〕李景植：《16世纪场市的成立与其基础》，《韩国史研究》第57辑，1987年。

当然，影响高丽社会经济的发展的还有其更深层的原因，即当时的特定社会制度与社会结构问题。特定的社会制度是特定时期生产力下的产物，但是特定的社会制度本身一旦确立后会在特定时期惯性地制约着社会生产力的进一步发展。新罗末期，中央集权的政治体制逐渐弱化，中央对地方的支配力渐渐丧失，地方势力趁机开始摆脱中央政府的影响，他们拥有自己的武装力量，对一定范围内的地方社会行使政治、经济和军事控制权，具有独立或半独立性，因此逐渐出现了割据一方的趋势。这些地方割据势力被学者称为"豪族"势力。新王朝高丽建立后，统治者希望通过对豪族赐予姓氏并将其现居住地当作本贯（又叫籍贯、乡贯等）的所谓"土（本贯）姓（姓氏）分定"的政策，在承认其既得利益的前提下获得其归附与支持，进而将其纳入到新王朝统治秩序下，同时也对因长久战乱而分裂的地域和民心进行统合。[①] 可见，高丽中央政府是通过对地方豪族的安抚，来实现对其所在乡村社会进行间接统治。换言之，是通过地域社会内部的自体性秩序来稳固乡村社会的统治，即利用既存的地域共同体关系，将百姓限制在其本贯地之内，进而达到维持安定的乡村社会秩序的目的。这种逐渐被普及化、制度化的政策被学者称为"本贯制"[②]。高丽前期，中央政府正是通过"本贯制"、郡县制等来实现对地方的治理。这种地方统治秩序下的社会特点首先是封闭性，百姓被制度性强制束缚于所在本贯以内，除了入仕、行军等情况外，无法自由向他地移动与迁徙。其次是阶序性，本贯之间存在等级化，郡县有主、属之分[③]，另外还同时存在乡、部曲[④]、所、或庄、处[⑤]等各种特殊行政组织。这些特殊行政地区的居民身份地位要比一般郡县居民的低[⑥]，却要承担更繁重的赋役，一般被看成贱民；他们的活动也被强制限制在本区域（本贯）内，并世袭其身份、职业。据韩国学者研究[⑦]，高丽时期普通的郡县才500余个，而上述特殊行政组织却高达900余个，当时的社会构造情况可见一斑。

在此尤其要强调的是，在当时特定的社会经济条件下，高丽中央政权为了实行对特定物资的有效控制，特别实行了所谓"所"的制度。居住在"所"的居民，主要是从事纳贡物品生产的手工作坊劳动者，如开采并加工金、银、铜、铁等矿物资源的匠人，生产丝、纸、瓦、墨、瓷器等手工制品的匠人，经营耕植盐、鱼、姜、茶等产品作物的劳动者等[⑧]。这些手工作坊工人、匠人等每年除了向国家缴纳"常贡"之外，也常被以"别贡"的名义受到盘剥[⑨]，有时还要向中央或地方官厅上番立役。如此，他们被束缚在特定的地区，身份上受到差别对待，承担着繁重的赋役，所以，这样以直接生产者为中心的流通经济被制度性制约着。同时，国家将"所"与其他地区进行分离管理，对其特产进行结构性掠夺，这样的国家垄断，也阻碍了区域之间的物品交换，限制了社会流动性和工商业的发展，故"商无远近"[⑩]，"商贾不远行，唯日中则赴都市，各以其所有，易其所无，熙熙如也"[⑪]。

可见，"本贯制"下因地域内的封闭性，以及地域间的阶序性，导致了当时分割性的社会缺乏流动性和开

---

① 〔韩〕朴宗基：《高丽史的再发现》，humanist，2015年。
② 〔韩〕蔡雄锡：《高丽前期货币流通的基础》，《韩国文化》第9辑，1988年；朴宗基：《高丽史的再发现》，humanist，2015年。
③ 一般以地方官派遣与否为基准，将郡县分为主郡、属郡、主县、属县。
④ 乡、部曲或是郡县在叛逆或投敌后被降格所致，其居民主要从事农业生产。
⑤ 庄、处为王室和寺院所属的庄园，其居民同样主要从事农业生产。
⑥ 如被禁止参加科举考试、不可出家为僧、不可与其他身份的人通婚等。
⑦ 〔韩〕朴宗基：《高丽史的再发现》，humanist，2015年。
⑧ 《新增东国舆地胜览》卷7载："高丽时又有称所者，有金所、银所、铜所、铁所、丝所、绸所、纸所、瓦所、炭所、盐所、墨所、藿所、瓷器所、鱼梁所、姜所之别，而各贡其物。……右诸所皆有土姓吏民焉。"
⑨ 〔朝鲜朝〕郑麟趾：《高丽史》卷78《食货一·田制·贡赋》："铜、铁、瓷器，纸墨杂所别贡物色，征求过极，匠人艰苦而逃避。仰所司以其各所别常贡物多少，酌定奏裁。"
⑩ （宋）徐兢：《宣和奉使高丽图经》卷19《农商》。
⑪ （宋）徐兢：《宣和奉使高丽图经》卷19《民庶》。

放性，阻碍了交换经济的发展。同时，"本贯制"是中央与地方妥协的产物，中央通过承认原来割据一方的豪族势力的既得利益，实现对乡村社会的间接统治，因此豪族出身的他们摇身一变成为国家行政末端的乡吏，以他们为中心的封闭性、自律性的地域共同体秩序被维持下来，他们与下层民众的阶层秩序通过世袭的乡役（职役）被制度化。[①] 这些乡吏中有的营私罔利，"未识国风，为营家产，只见今朝之利，不思他日之荣"[②]；有的以权谋私，"伪造公牒，斜用贡物"[③]，鱼肉百姓。上文所言那些以所谓"和买"、"反同"、"互市"等方式挟权入市盘剥百姓的所谓"豪势之家"、"权势之家"中应该就包含了这些乡吏，他们在一定程度上使得以直接生产者为中心的流通经济（农村市场）的发展停留在较低的水平。换言之，在上述"本贯制"下的地域社会，即在没有打破原先以豪族为中心的封闭性、自律性的地域共同体秩序的前提下，通过货币流通政策建立新的经济秩序的目的难以顺利实现。[④]

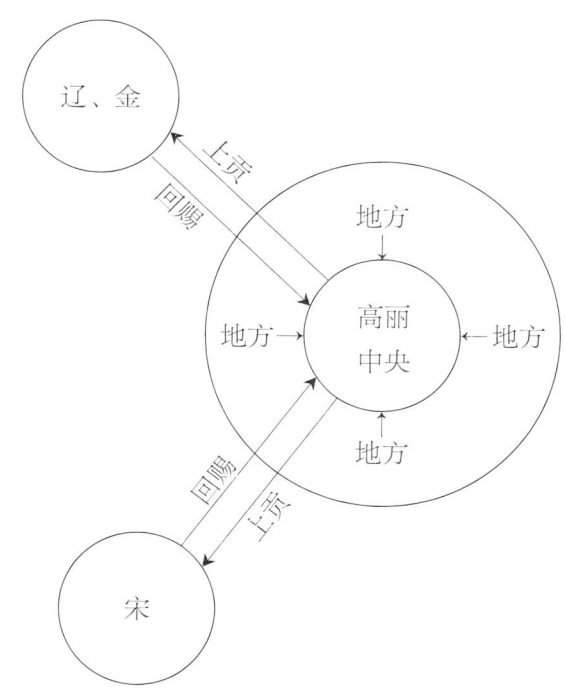

对外关系与高丽物资流向示意图[⑩]

上文重点探讨了高丽国内市场、制度的相关问题，接下来将视角转向高丽外部。高丽百姓向中央上贡之物，一部分满足于统治者的消费，一部分则作为贡品要进贡宗主国。高丽先后与古代中国各政权（五代、宋、辽、金、元、明等）建立了宗藩贡赐的关系，进行着密切的政治、经济往来。频繁的外交往来需要巨额的经费[⑤]和大量的贡品[⑥]，经费必然来自于国内的税收，而贡品亦盘剥于民。尤其是贡品除了依靠地方农民、家庭手工业者外，还有赖政府主导的官营手工业者。"高丽工技至巧，其绝艺悉归于公"[⑦]，水平高超的手工业者受国家直接管理与束缚，而"山林至多，地鲜平旷，故耕作之农，不迨工技"[⑧]，地方农民则忙于农事而缺乏能工巧匠，如此一来，地方手工业的发展也必然受到阻碍。

高丽除了与中国大陆各政权进行贡赐往来（所谓"朝贡贸易"或官方贸易）之外，还有多种形式的贸易活动，其中宋朝是最主要的贸易对象。宋朝使节在高丽的时候，高丽朝廷专门组织商人"聚为大市，罗列百货。丹漆缯帛，皆务华好，而金银器用，悉王府之物，及时铺陈，盖非其俗然也"[⑨]。此外，高丽政府在开京

---

① 原来割据一方的豪族势力获得"土姓"者成为新王朝的统治阶层，其中一部分成为中央官僚贵族，大部分则留在地方成为地方的乡吏。这些乡吏被中央授予职号，负责治理地方，其主要职责是辅佐地方官征收租税和征发徭役等世袭的乡役。乡吏虽然不属于国家正式官员，但是有着较高的权力和地位，由于精通地方事务，从事和百姓有密切接触的行政工作，所以比起州、府、郡、县的地方官有更大的影响力，而在属郡、属县里乡吏实际上担当了地方守令的角色。总之，作为国家行政统治的末端，乡吏具有重要的影响力。
② 〔朝鲜朝〕郑麟趾：《高丽史》卷3《世家·成宗》。
③ 《崔士威墓志铭》，载〔韩〕李兰暎：《韩国金石文追补》，亚细亚文化社1968年版。
④ 〔韩〕蔡雄锡：《高丽前期货币流通的基础》，《韩国文化》第9辑，1988年。
⑤ （元）脱脱：《宋史》卷296《吕祐之传》："使高丽，假内库钱五十万以办装。"《宋史》卷487《外国三·高丽》："初，高丽入使，明、越困于供给，朝廷馆燕赍赐予之费以巨万计，馈其主者不在焉。我使之行，每乘二神舟，费亦不赀。"
⑥ 日本学者奥村周司认为银瓶的出现与贡品有关，并残留着实物货币的痕迹。见奥村周司：《高麗の貨幣流通について——朝貢との關連性》，《研究纪要》第10号，1975年。
⑦ （宋）徐兢：《宣和奉使高丽图经》卷19《工技》。
⑧ （宋）徐兢：《宣和奉使高丽图经》卷19《民庶》。
⑨ （宋）徐兢：《宣和奉使高丽图经》卷3《贸易》。
⑩ 〔日〕奥村周司：《高麗の貨幣流通について——朝貢との關連性》，《研究纪要》第10号，1975年。

还特设"清州"、"忠州"、"四店"、"利宾"等客馆,"以待中国之商旅"①,当时高丽"王城有华人数百,多闽人,因贾船而至者"②。然而高丽这样的对外贸易主要满足的是贵族、上流社会奢侈生活的需要③,对于高丽国内的流通经济影响并不大。同时,宋朝海外贸易非常发达,宋钱在东亚、东南亚等区域里拥有很大的影响力,高丽人与宋商进行贸易时应以宋钱作为结算手段④,而高丽自己铸造的铜钱则未能在这样的国际贸易中发挥作用。正如洪遵引孙穆《鸡林类事》所言:"高丽仿本朝铸钱,以钱交易,但其国人与海贾未以为便。"⑤高丽民众以谷、布为货币,久安其俗,而海商所进行的国际贸易则以宋钱来结算,故未以高丽钱为便。尤其从国力、铸造量等各个方面来看,高丽铸币也显然无法充当"国际货币"。总之,正如下表所示,高丽铸币的尴尬在于其无法在当时流通领域里找到适合自己存在的位置,因此无法流通自然不可避免。

高丽前中期主要货币使用情况表

社会群体		货币使用情况
上层社会	国内贸易	谷物、布帛、银(瓶)、宋钱?……
	国际贸易	宋钱、银(瓶)、部分土特产……
下层社会		谷物、布帛……

在此要注意的是,在高丽的朝贡或对外贸易中,铜或铜制品占有一定的比重。⑥这是因为铜在当时高丽周边国家有着很大的需求,是周边国家的主要币材。尤其是宋朝当时大量铸造铜钱,面临着严重的"铜荒"问题。上一章在论及成宗为何弃铜而铸铁钱时,我们就关注到了高丽光宗时期高丽曾向后周进贡大量铜的记载,而此后高丽对外输铜的记载也存在。

(天圣八年)十二月十三日,高丽国王询遣御事民官侍郎元颖奉表贡金器……进奉使献马、铜器……⑦

(熙宁四年)八月一日,高丽国遣使金悌奉表贡御衣……金器、弓、刀、鞍辔马、铜器……⑧

(熙宁九年)十一月二十一日,高丽国遣使工部侍郎崔思训奉表来贡御衣……铜器……⑨

(毅宗十八年)春三月,遣借内殿崇班赵冬曦、借右侍禁朴光通如宋献鍮铜器。⑩

福建市舶司常到诸国舶船……高丽国则有人参、铜、银、水银。⑪

---

① (宋)徐兢:《宣和奉使高丽图经》卷27《客馆》。
② (元)脱脱:《宋史》卷487《外国三·高丽》。
③ 见〔韩〕李元淳等著、詹卓颖译:《韩国史》,幼狮文化事业股份有限公司1987年版,第111—112页。《宣和奉使高丽图经》卷22《杂俗一·乡饮》还记载:"国中少麦,皆贾人贩自京东道来,故面价颇贵,非盛礼不用。"从这个角度讲,通过酒食店推行铸币难以成功的原因之一同样归根于"民贫"。
④ 下文将论及,宋钱长时间不断流入高丽,流入的方式包括民间贸易。宋钱有作为商品的可能性,同时也更有作为国际贸易结算手段的可能性。韩国学者金柄夏也认为宋钱成为高丽对宋贸易的结算手段。(见金柄夏:《高丽时代的货币流通》,《庆熙史学》第3辑,1972年,第35页)当然,从当时整个时代的趋势来看,银应该也是国际贸易中重要的支付手段。此外,双方应该还有物物交换形式的贸易。
⑤ (宋)洪遵:《泉志》卷11《外国品中》。
⑥ 〔韩〕蔡雄锡:《高丽前期货币流通的基础》,《韩国文化》第9辑,1988年;〔韩〕任兑京:《高丽时代中国铜钱的输入与活用——兼论青铜佛教具制作》,庆尚大学硕士学位论文,2009年。
⑦ (清)徐松:《宋会要辑稿》,历代朝贡·蕃夷七之二四。
⑧ (清)徐松:《宋会要辑稿》,历代朝贡·蕃夷七之三二。
⑨ (清)徐松:《宋会要辑稿》,历代朝贡·蕃夷七之三三。
⑩ 〔朝鲜朝〕金宗瑞:《高丽史节要》卷11,毅宗十八年春三月。
⑪ (宋)赵彦卫:《云麓漫钞》卷5。

（绍兴二十九年八月戊午）两浙市舶司言："高丽贾人贩到铜器，乞收税出卖。"诏付铸钱司。①

可见，铜或铜器以作为贡品或商品等不同方式从高丽输出到宋朝。在这里尤其值得注意的是空间性和时间性，在目前有限的这些史料中，从空间上来看，除去朝贡的，高丽人并不是将铜（器）直接卖给前往高丽的宋商，而是专门前来宋朝通过市舶司贩卖。当时宋朝市舶司会按规定价格收买入港船舶运来的某些货物，目前无法得知高丽人此举是因为价格问题，还是因为当时宋朝实施"铜禁"，对铜实行专卖政策，此问题有待进一步探讨。再从时间上来看，北宋时期高丽的三次进献铜器皆发生于高丽铸行铜钱之前；而南宋时期与铜或铜器相关的三条史料中，只有《云麓漫钞》这一条没有具体时间，但《云麓漫钞》的相关记载还是可以从大体上判断出其时间，该书作者赵彦卫约生于1140年，卒于1210年左右，主要活动在1163—1205年间，该书最早刊于1202年左右。②换言之，上述史料记载的事件大约都是发生于高丽铸行钱币之前，或12世纪中叶以后的，对于这点下文将进一步探讨。另外，除了宋朝，高丽也有向辽、金等国输铜，但目前相关记载有限，且有韩国学者的研究也指出，铜器并不是高丽与金之间贸易的主要商品。③

作为当时包括高丽在内的各国铸币币材的铜，被作为贡品或商品输出到中国，这与高丽铸币的命运或多或少有着某种关系。宋朝当时大量铸造铜钱，面临着严重的"铜荒"问题，以至于"钱贱铜贵"，"销钱为器，售利数倍"。对此，韩国研究者金度燕认为，掌握了这一情况的高丽政府也许会从经济考量上减少乃至停止本国铸币的流通，因为在当时铜价高涨的状况下，相比独立铸行货币来获得财政收入，通过向宋朝输出铜这样的国际贸易反而能够获得更大的利润。而且，高丽政府还有可能将退出流通领域的高丽钱一起输出到国外。在日本，高丽钱的出土地点分布较为广泛，高丽钱的不同种类也均有出土。金度燕指出，这不但说明高丽钱对日本的输出并非短暂而是较长时间持续进行的，而且也表明高丽钱有可能与宋钱等一起在日本国内流通。④笔者认为，从经济角度来看，在经济规模小、地方市场不发达、依然处于物物交换阶段的高丽难以推行铸币，尤其是受铸造金属货币的成本和技术之制约，每次铸造会耗费大量资源，高丽朝廷是有可能因所获收益小甚至是得不偿失而放弃独自铸行货币进而转向对外输铜的。上述高丽铜向外输出的记载可以在一定程度上支持这种推断，但其时间点值得注意。高丽睿宗（1105—1122年在位）时期货币铸行事业已遭到重挫，到高丽仁宗（1122—1146年在位）时期，尽管如《宣和奉使高丽图经》等史料所反映的，虽然本国钱币仍在铸行，但已经仅限于药物交易等少数领域，几近消亡。而上述史料记载的高丽对宋输铜（器）大约都是发生于12世纪中叶以后，即高丽铸币已经逐渐退出本国流通领域以后。从时间上来说，两者的时间刚好是可以衔接起来的。换言之，对外输铜可能是高丽铸币在本国停止流通的结果，或者说加速了高丽铸币退出本国流通领域，却不是导致高丽铸币在本国流通失败的根源所在。下文还将从另一个角度试图证明这个问题。

可能由于铜的对外（尤其宋、辽、金）输出，到高丽末期国内的铜储备量有所减少，以至于时人有"铜非本国所产"的看法。

银铜既非本国所产，钱瓶之货，卒难复行。⑤

---

① （宋）李心传：《建炎以来系年要录》卷183，绍兴二十九年八月戊午。
② 李丽静：《〈云麓漫钞〉研究》，上海师范大学硕士学位论文，2010年。
③ 〔韩〕李贞信：《高丽时代铜的使用现况与铜所》，《韩国史学报》第25辑，2006年；朴汉男：《关于12世纪丽金贸易的检讨》，《大东文化研究》31，1996年。
④ 〔韩〕金度燕：《高丽时代货币流通研究》，高丽大学博士学位论文，2018年。
⑤ 〔朝鲜朝〕郑麟趾：《高丽史》卷79《食货二·货币》。

鍮铜，本土不产之物也，愿自今禁铜铁器，专用瓷木，以革习俗。①

高丽末期，铸币废行已久，高丽大臣在建议国王发行纸币时将铜钱难以再次推行的原因归结于铜的不足，甚至有人以鍮铜（黄铜）不是本国所产为由建议改变习俗禁用铜器。与此相关，有些学者还认为，铜的持续输出导致高丽国内铜供给不足，进而使高丽难于铸行铜钱。②然而，笔者并不这样认为，因为一方面，从上述史料看，光宗以后已经很难再见到高丽大量向外输出铜的记载；与此同时，高丽的产铜量达到了一定的规模，用于民用，而且民用的传统应该较长，以至于成为所谓"习俗"。另一方面，高丽铜虽然向外输出，但高丽国内并不会因此缺铜，因为宋钱的大量流入可以维持高丽国内铜的供给。

尽管朝鲜半岛铜矿储藏量并非像铁矿那样富余，但是从相关史料分析，其产量仍然可观。

民家器皿，悉铜为之。③
地少金银，而多铜器用。④
地产铜，不知铸钱。⑤
五金莫究所产，最多者铜。地产铜最坚而赤，食器匙箸皆以此为之，即华所谓"高丽铜"也。⑥

从史料可知，铜被广泛用于生产各种民用生活器具。铜制品在高丽得到广泛运用，徐兢的《宣和奉使高丽图经》所记高丽器皿中，铜器占了相当大的比重。⑦当时铜的产量应该达到一定的程度，才足以被广泛用以民用，成为所谓"习俗"。同时，在当时的邻国人——宋人眼里，高丽不是因为缺铜而铸不了铜钱，反而是盛产铜却不懂得铸钱。这是当时饱受"铜荒"、"钱荒"之苦的宋人的感叹。再者，铜能像人参等土特产一样，作为商品输出到宋朝，也说明了当时铜产量应该达到了一定的程度。总之，从当时铜被广泛用于民用和出口等情况来看，铜是足够能被用于铸造钱币的。

另一方面，宋钱流入高丽也是有史可征，有迹可循的。

元丰二年，贾人入高丽，赀及五千缗者，明州籍其名，岁责保给引发船，无引者如盗贩法。先是，禁人私贩，然不能绝。至是，复通中国，故明立是法。⑧

（元丰二年春正月）丙子，诏："旧明州括索自来入高丽商人财本及五千缗以上者，令明州籍其姓名，召保识，岁许出引发船二只，往交易非违禁物，仍次年即回；其发无引船者，依盗贩法。"先是，禁私贩高丽者，然不能绝。至是，复与中国通，故立是法。⑨

绍圣元年闰四月二十五日三省枢密院言："商贾于海道兴贩，并具人船、物货、名数、所诣处，经州

---

① 〔朝鲜朝〕金宗瑞：《高丽史节要》卷35，恭让王三年三月。
② 〔韩〕元裕汉：《韩国货币史》，韩国银行发券局，2006年；蔡雄锡：《高丽前期货币流通的基础》，《韩国文化》第9辑，1988年。
③ （元）脱脱：《宋史》卷487《外国三·高丽》所载高丽人郭元之言。
④ （宋）徐兢：《宣和奉使高丽图经》卷23《土产》。
⑤ （元）脱脱：《宋史》卷487《外国三·高丽》。
⑥ （明）董越：《朝鲜赋》。
⑦ （宋）徐兢：《宣和奉使高丽图经》卷30《器皿一》、卷31《器皿二》。
⑧ （元）脱脱：《宋史》卷186《食货》。
⑨ （宋）李焘：《续资治通鉴长编》卷296，神宗元丰二年。

投状往高丽者，财本必及三千万贯，船不许过两只，仍限次年回。"①

庆元间，诏："禁商人博易铜钱入高丽，朝廷亦绝之也。"②

庆元间，诏："禁商人持铜钱入高丽，盖绝之也。"③

庆元五年，宁宗下诏："禁高丽、日本商人博易铜钱。"④

海外之郡如高丽、交趾之国，一器一皿，皆铜为之。彼以铜非己地所出，乃聚奇产无名之货，来鬻于中国。中国之人受其异而贪其宝，争以泉货而市之，彼得钱以归，则铸为铜器以便其俗。⑤

可见，北宋初期曾全面禁止私贩高丽，这主要是由宋朝收缩的外交政策决定的，同时也为防止铜钱外流。⑥然而，北宋政府并没有办法完全禁绝海商前往高丽贸易，禁令之下，走私依然盛行。因为宋钱在当时包括高丽在内的周边国家有很大的需求⑦，且宋钱在国外市场购买力强大⑧，所以商人才会不顾禁令，甘愿冒着风险进行走私贸易。由于禁令收效不大，加上两国外交关系改善，北宋政府改变了全面禁断与高丽贸易的政策，虽允许民间商人与高丽贸易，但颁布了诸多限制法令，其中就包括了前往高丽贸易的财本的相关规定，这虽然有其他主要目的，但与限制铜钱大量外流抑或不无关系。宋朝政府各种禁令限制铜钱外流，但收效甚微。到南宋时期，铜钱外流高丽的问题更加严重，所以开始颁布各种法令明确禁止宋钱外流高丽。由此可知，从北宋到南宋，宋钱一直源源不断地流入到高丽，而且越到后来，尤其是高丽钱逐渐退出高丽国内流通领域后，这种情况似乎更加严重。同时，从考古情况来看，宋钱的确在朝鲜半岛（高丽）境内广范围、大批量出土。⑨

当然，这并不意味着宋钱像在日本那样，在高丽国内也作为法定货币流通。目前没有任何史料能够证明宋钱进入高丽国内流通领域，尤其是在高丽的民间贸易中被广泛使用。正如上文所分析的那样，高丽经济规模小，地方市场不发达，民间的商品经济处于物物交换的稚嫩阶段，农民以使用实物货币为便，高丽钱由此无法流通，则宋钱亦无法摆脱这样的困境。尤其是，宋钱的流入⑩既有官方的途径，即贡赐贸易，然而"（宋）朝廷赐予钱宝，今皆藏之府库，时出以示官属传玩焉"⑪；也有非官方途径，即民间贸易，亦掌握在豪商大贾手里。从目前考古的情况来看，宋钱主要出土于交通便利的区域中心地。因此，即使宋钱在高丽国内流通，使用人群也主要以上层阶级以及包含商人在内的"良人"和乡吏为中心⑫，其流通程度难以与国际贸易相提并论。⑬另一方面，上述最后一则史料为宋钱在高丽的用途提供了其他可能性，即销钱为器。高丽日常生活中多用铜器，铜制品在高丽得到广泛运用，这一习俗使其对铜的需求量很大，而本地"缺铜"，故而用各种特产与

---

① （清）徐松：《宋会要辑稿》，食货三八·和市。
② （宋）马端临：《文献通考》卷325《四裔考二》。
③ （元）脱脱：《宋史》卷487《外国三·高丽》。
④ （元）脱脱：《宋史》卷37《宁宗纪一》。
⑤ （宋）曾巩：《曾子固集》卷10《钱议》。
⑥ 钟兴龙：《略论宋代铜钱外流高丽问题》，《北华大学学报（社会科学版）》2014年第6期。
⑦ （宋）马端临：《文献通考·钱币》："本朝每岁铸钱以百万计，而所在常患钱少，盖散入四夷，势当尔也。"
⑧ （宋）包恢：《敝帚稿略》卷1《禁铜钱申省状》记载了宋代铜币的海外增值现象："每是一贯之数，可以易番货百贯之物，百贯之数，可以易番货千贯之物，以是为常也。"
⑨ 见〔韩〕李胜一（音）：《高丽时代出土中国钱的用途之研究》，《石堂论丛》第37辑，2006年。
⑩ 钟兴龙：《略论宋代铜钱外流高丽问题》，《北华大学学报（社会科学版）》2014年第6期。
⑪ 徐兢：《宣和奉使高丽图经》卷3，贸易条。
⑫ 〔韩〕李胜一（音）：《高丽时代出土中国钱的用途之研究》，《石堂论丛》第37辑，2006年。此外，据说高丽时期还从中国输入了宋朝的会子和元朝的宝钞等纸币，但仅在贸易商人和权贵阶层中流通，与一般市民关系不大。见金柄夏：《高丽时代的货币流通》，《庆熙史学》第3辑，1972年。
⑬ 当然，由此也可以看出，尽管宋钱的流入不是导致高丽铸币难以推行的根本原因，但是宋钱作为世界货币，凭借其较高的信用度等原因，获得这部分阶层的高丽人的青睐，使得高丽铸币进一步受到排挤。换言之，高丽铸币不只在广大的农村市场流通不起来，就是在商业相对发达的都市里，也因宋钱和银瓶的排挤等原因而难以推行。

宋人交易，获得宋朝铜钱后再销钱为器以便其俗。这与其他史料记载的高丽"民家器皿，悉铜为之"、"多铜器用"的情况可以互相印证。此外，当时销钱为器的"器"应该不只是生活器具，还包括各种佛教法器。正如柳馨远所言："深山穷谷草屋之人酒食器外，如盆椀之属，无不以铜；大小寺寺刹或一县数十余区，而一寺钟磬不知其几何。"[1] 高丽时代佛教受到国家到个人上下一致的推崇，几乎渗透到高丽人生活的每个角落当中，各地寺院众多、佛事频繁，大量的佛像、钟磬等佛教器物的制作同样需要大量的铜，因此有研究认为，流入高丽的大部分宋钱都投入到了佛教器具的制作中。[2]

其实，朝鲜王朝的柳馨远对于高丽"缺铜"的论调有着很好的思考，他说：

> 或又以铜锡非本国所产为难，是尤不然。铜锡虽非本国之产，而贸之其价不甚高。故深山穷谷草屋之人酒食器外，如盆椀之属，无不以铜；大小寺寺刹或一县数十余区，而一寺钟磬不知其几何。况贸以一国之力，而未足于钱货乎？国无铜山，故民之盗铸者小，是则便于行钱，非不便也。[3]

在柳馨远看来，尽管朝鲜半岛不产铜锡，但是铜锡之价并不甚贵，所以连生活在深山穷谷之人都能够使用铜质的生活器具；由于各地寺刹众多，因此其钟磬之数亦众，用铜自然也多。既然这些民众或寺院都能广泛使用铜，那么以一国之力，更加不存在因铜不足而无法铸行钱币的问题。尤其是，如果本国无铜山不产铜，则民众就无法盗铸钱币，扰乱市场，这实际上更加有利于钱币的推行。在笔者看来，柳馨远的论断大致上是说得通的。值得注意的是，后世朝鲜王朝也铸行了朝鲜通宝、常平通宝等铸币，尤其是常平通宝流通了较长的时间。相比高丽时期，当时朝鲜半岛的铜产量也没有质的飞跃，这就说明币材不足并不是高丽铜钱难以推行的主要原因。

与币材相关，韩国研究者金度燕还关注到铸币的信用问题。[4] 他认为，在物物交换阶段的经济结构下，货币开始流通时，货币本身要有一定的实质价值才能获得信用。而高丽朝廷所铸铁钱、铜钱皆因币材本身实质价值不足以获得作为货币的信用，由此无法维持公众对铁钱、铜钱的信任，最终使得铁钱、铜钱皆退出国内的流通领域。就铁钱而言，尽管朝鲜半岛在高丽王朝以前有将铁作为交易媒介的传统，但是随着制铁技术的发展，铁的使用得到了普及，铁的稀有性逐渐减弱。原来铁质货币作为高值货币的地位逐渐弱化，最终被金、银等金属所取代。到了高丽时期，虽然铁是各种生活必需品不可或缺的材料，但不具备金、银那样的稀有性，与其他物品以实际价值开始充当货币的情况相比，铁充当物品交换媒介的价值不足。换言之，在铁盛产的高丽时期，铁的实质价值不足以获得作为货币的信用。在这种情况下，国家应该为铁钱提供和保证价值的信用度，或者贮备一定量的财富作为货币发行准备，维持公众对铁钱的信任。然而，当时朝廷并没有为铁钱提供价值的信用度，亦没有实施货币发行准备制度，所以铁钱的流通最终走向失败。铜钱同样是如此，金度燕同样认为高丽并不缺乏铸钱的铜，相反，正是因为铜的产量多，使铜充当物品交换媒介的价值不足。尽管铜比铁贵重，但地位仍然无法与金、银相比，所以跟铁钱一样，铜钱作为货币的信用也不足，最后导致流通的失败。而宋朝铜钱凭借宋朝的国力和政府信用成为当时东亚的国际货币被大量输出到周边各国，日本甚至放弃本国铸币而流通宋钱。同样对于高丽政府来说，行用宋钱或改变货币政策比独立铸行钱币能够更加有效地控制国内的商品流通。

---

[1] 〔朝鲜朝〕柳馨远：《磻溪随录》卷8《田制后录考说·本国钱货说附》。
[2] 〔韩〕任兑京：《高丽时代中国铜钱的输入与活用——兼论青铜佛教具制作》，庆尚大学硕士学位论文，2009年。此外，高丽人也有将宋钱作为商品转卖到日本的可能。
[3] 〔朝鲜朝〕柳馨远：《磻溪随录》卷8《田制后录考说·本国钱货说附》。
[4] 〔韩〕金度燕：《高丽时代货币流通研究》，高丽大学博士学位论文，2018年。

金度燕的论述给我们认识高丽铸币的流通问题提供了很好的视角，然而其中也有值得进一步探讨的地方。一方面，他强调币材的实际价值与信用问题，当时高丽周边的国家（尤其是辽、金等游牧民族），以及高丽王朝之后长时间推行铸币的朝鲜王朝同样面临着这一问题；在强调币材价值的同时，还应该看到，货币与国家是紧密联系在一起的，是货币发行当局的权力决定了其流通的程度。一种物品成为货币并不在于其材质是金银还是纸张，而是在于其上面印刻的国家主权的标记，货币背后是国家的信用和权威。与此相关，他还认为高丽朝廷在政策上没有通过俸禄、税收等财政收支，即投放与回笼措施来推行铸币，没有以此来为作为名目货币的铁钱、铜钱提供和保证信用度。然而如上所述，高丽朝廷事实上曾经对此进行过尝试，只不过很快就失败了；而所谓贮备一定量的财富作为发行准备这样的货币发行准备制度在当时其他各国似乎同样难以寻觅。另一方面，正如上述所言，没有任何证据能够证明高丽像日本那样将宋钱作为法定货币推行，事实上即使那样，在当时条件下的高丽也同样会面临失败的。

同样，论及币材问题，还要考虑到当时同样作为法定货币，某种程度上说也是高丽"铸币"的银瓶。朝鲜王朝的朴容大（1849—1927年）在《增补文献备考》中作过如下的按语：

> 臣谨按：是时（肃宗六年）虽以用钱告于宗庙，而是年又以阔口银瓶为货，则可见通用两货，银瓶遂盛行，而钱则格而不行也。①

可见在朴容大看来，由于银、铜两种货币并行，导致了"银瓶"盛行而铜钱停止流通。这样的论断是不完全正确的。中国古代也实行过双轨货币制，白银和铜钱并行不悖，即使是在白银成为主导性流通货币的明朝某时期，铜钱亦没有因此退出流通领域。在古代社会条件下，为封建上层统治者服务的商业，与一般平民日常交换中对充作一般等价物的货币的要求有显著差异，这就使得多种币材同时流通，成为人们生活中的习见现象。② 于是乎，有了秦始皇时期币为二等（金铜本位）、汉武帝时期金银铜并存的货币制度，以及之后两千年间多品位货币并行流通的历史。在相当长时间里，金银等与封建上层消费相契合，铜钱与小农经济相匹配，从而呈现贵金属货币与铜本位币并行发展的历史现象。当然，在当时高丽的特定历史阶段和经济环境下，"银瓶"是有可能在某种程度上排挤高丽的铜制铸币。上文我们提到，在"银瓶"作为法定货币前，银已经在一定范围内充当了流通手段。然而从上文所分析的当时高丽的经济发展水平看，银的流通肯定是局限于特定地区和特定人群。"银瓶"同样如此，正如当时高丽人所言："一银瓶其重一斤，其直布百余匹。今民家蓄一匹布者尚寡，若用银瓶，则民何以贸易哉？"③ 由于"银瓶"价值昂贵，并非"平民货币"，民间无法广泛流通，而多流通于上流社会④。日本学者加藤繁认为："在公私经济方面，主要是商人和官吏用银最多。其中，特别是商人用得最多。因此，银和村落的关系比较疏远，主要流通于都市，辗转从都市流到都市……于是银在商人和政府之间、在中央和地方之间循环着。"⑤ 加藤氏虽然是在说南宋，但这种状况同样适合描述高丽。换言之，"银瓶"对于民间流通领域的影响实际上极为有限，由此也不应该是导致铜钱停止流通的最主要原因。不过，高丽政府将"银瓶"定为法定货币后，"银瓶"的使用人群势必会在原来使用银的特定地区、特定人群的基础

---

① 〔朝鲜朝〕朴容大等：《增补文献备考》卷159《财用考六》。
② 萧清：《中国古代货币史》，人民出版社1984年版，第43页。
③ 〔朝鲜朝〕郑麟趾：《高丽史》卷79《食货二·货币》。
④ 尤其是当时高丽政府在铸行银瓶、铜钱的同时，并没有禁止原来在部分区域、部分人群中已经在流通的银块、碎银等，它们以小额货币的形态存在，是对作为高额货币的"银瓶"的补充，这无疑会在一定程度上进一步排挤铜钱的流通。
⑤ 〔日〕加藤繁著，吴杰译：《中国经济史考证》，商务印书馆1963年版，第137—138页。

上得到一定程度的扩大。正如马克思所言，"货币天然不是金银，但金银天然是货币"，有政府的规范与推动，再加上作为贵金属的银的价值和信用，以及作为价值尺度、贮藏手段、世界货币等方面的优势，使其备受青睐是理所当然的事情。

另外，目前没有任何史料可供了解当时"银瓶"与铜钱之间的进位关系，也无法得知当时实行的是平行本位制[①]，还是复本位制（双本位制）[②]。在复本位制下，当两种金属的市场比价与法定比价不一致时，市场价格较高的金属货币将减少，而市场价格较低的金属货币则会增加，即所谓"劣币驱逐良币"的现象。也就是说，即使市场上有两种材质的货币，也不是必然会发生"劣币驱逐良币"的现象，如在两种货币的法定比价与实际比价相等时就不会发生这一现象。但高丽却是另一番境况，当时政府同时发行银瓶和铜钱作为法定货币，作为贵金属货币的"银瓶"在一定范围内一直流通到高丽末期，而作为贱金属货币的铜钱却在流通不久便退出历史舞台。正如有些论者指出："劣币驱逐良币"的根源在于国家和法律关于货币制度的强制规定以及市场套利机制本身。[③] 因此，高丽这种"良币"驱逐"劣币"的现象在一定程度上说明当时政府同时发行两种金属货币时，可能没有规定法定的固定比价，而是任其按各自的实际价值流通的，即银铜平行本位制。在这种平行本位制下，同时流通的两种金属货币相互之间没有一定的法定价值联系，导致同一种商品有两种价格——银瓶价格和铜钱价格。两种价格所造成价值尺度二重化同价值尺度职能的矛盾，使市场各种交易容易处于混乱和困难境地，货币的价值尺度职能难以正常发挥。同时，金属的实际价值随劳动生产率的变化而变化[④]，由此引起商品双重价值的比例相应波动，造成价值杂乱，使商品交换和信用事业难以正常进行，不利于经济的发展。因此，这种平行本位制实行的结果，自然会走到银和铜交替充当本位币的局面。但在商品经济的发展中，只有一种金属作为通货，又往往因该种金属为数有限而不能满足社会对货币的更多需求。反过来，在"银非本国所产"且同时要应对朝贡的高丽还能在一定时间内以一种金属货币作为通货，从某种程度上也反映了当时高丽的经济规模和货币需求量还有拓展的空间。当然，针对这个问题还要对"银瓶"的相关情况进行更深入的研究，在此仅仅是单纯借用相关经济理论抛砖引玉。

[①] 即两种金属货币按各自的实际价值流通。
[②] 即两种金属货币同时按国家法定的固定比价流通。
[③] 谢桂英：《关于格雷欣法则的再认识》，《时代金融》2012年第3期。
[④] 尤其是由于当时"银瓶"一开始就以银铜合铸，到后来所铸"银瓶"中铜的比例越来越高，其价值自然每况愈下，作为货币逐渐受到质疑。"银瓶日变，而至于铜。"（《高丽史》卷79，《食货志二·货币》）"时铸银瓶杂以铜，银少铜多，故官虽定价，人皆不从。"（《高丽史》卷79《食货志二·市估》）

参考文献

一、原始文献

《国语》
《尚书》
《管子》
（西汉）司马迁：《史记》
（东汉）班固：《汉书》
（三国·魏）鱼豢：《魏略》
（三国·吴）谢承：《后汉书》
（西晋）陈寿：《三国志》
（南朝·宋）沈约：《宋书》
（南朝·宋）范晔：《后汉书》
（南朝·梁）萧统：《文选》
（唐）张楚金：《翰苑》
（唐）玄奘：《大唐西域记》
（唐）杜佑：《通典》
（唐）白居易：《白居易集》
（五代·后晋）刘昫等：《旧唐书》
（五代·吴越）释延寿：《宗镜录》
（五代·南唐）静、筠二禅僧：《祖堂集》
（宋）司马光：《资治通鉴》
（宋）欧阳修等：《新唐书》
（宋）李觏：《直讲李先生文集》
（宋）李昉：《太平御览》
（宋）王溥：《五代会要》
（宋）欧阳修：《新五代史》
（宋）徐兢：《宣和奉使高丽图经》
（宋）孙穆：《鸡林类事》

（宋）张方平：《乐全集》
（元）脱脱：《宋史》
（元）脱脱：《辽史》
（清）阿桂：《钦定满洲源流考》
〔高丽〕金富轼：《三国史记》
〔高丽〕一然：《三国遗事》
〔高丽〕义天：《大觉国师文集》
〔朝鲜朝〕郑麟趾：《高丽史》
〔朝鲜朝〕金宗瑞：《高丽史节要》
〔朝鲜朝〕《朝鲜王朝实录》
〔朝鲜朝〕韩致奫：《海东绎史》
〔朝鲜朝〕柳寿垣：《迂书》
〔朝鲜朝〕姜斅锡：《典故大方》
〔朝鲜朝〕柳馨远：《磻溪随录》
〔朝鲜朝〕李瀷：《星湖先生僿说》
〔朝鲜朝〕朴容大等：《增补文献备考》
〔韩〕许兴植编：《韩国金石全文》，首尔：亚细亚文化社，1984年
〔韩〕金龙善：《高丽墓志铭集成》，翰林大学校亚细亚文化研究所，1997年
杨渭生编：《十至十四世纪中韩关系史料汇编》，上册，北京：学苑出版社，1999年
姜孟山等主编：《中国正史中的朝鲜史料》（一），延吉：延边大学出版社，1996年

二、现代论著

1. 中文

高丽大学韩国史研究室著，孙科志译：《新编韩国史》，济南：山东大学出版社，2010年
李基白著，厉旭译：《韩国史新论》，北京：国际文化出版公司，1994年
李元淳等著，詹卓颖译：《韩国史》，台北：幼狮文化事业股份有限公司，1987年
简江作：《韩国历史》，台北：五南图书出版股份有限公司，2001年
朱立熙编著：《韩国史：悲剧的循环与宿命》，台北：三民书局股份有限公司，2004年
（韩国）全国历史教师聚会：《通俗易懂的韩国史》，韩国学中央研究院，2005年
李春虎等编著：《朝鲜通史》（第二卷），延吉：延边大学出版社，2006年
朴真奭等编著：《朝鲜简史》，延吉：延边大学出版社，1998年
彭信威：《中国货币史》，上海：上海人民出版社，2007年
韩国哲学会编，白锐译：《韩国哲学史》，北京：社会科学文献出版社，1996年
高汉铭：《简明古钱词典》，南京：江苏古籍出版社，1990年
孙仲汇、施新彪、周祥、胡薇、黄锡明编著：《简明钱币词典》，上海：上海古籍出版社，1991年

刘文林、吴振强、王贵箴编：《朝鲜半岛钱谱》，沈阳：辽宁人民出版社，1994年

黑龙江省文物考古研究所：《渤海上京宫城内房址发掘简报》，《北方文物》1987年第1期

陈家槐：《吉林省永吉杨屯大海猛古遗址三次考古发掘概况》，《吉林省考古学会通讯》1982年第2期

黑龙江省文物考古研究所：《宁安虹鳟鱼场：1992—1995年度渤海墓地考古发掘报告》，北京：文物出版社，2009年

黑龙江省文物考古研究所：《渤海上京城：1998—2007年度考古发掘报告》，北京：文物出版社，2009年

游彪：《宋代寺院经济史稿》，保定：河北大学出版社，2003年

蒙文通：《周秦少数民族研究》，上海：龙门联合书局，1958年

加藤繁著，吴杰译：《中国经济史考证》，北京：商务印书馆，1959年

魏志江：《辽金与高丽关系考》，香港：香港天马图书有限公司，2001年

凯瑟琳·伊格尔顿著，徐剑译：《钱的历史》，北京：中央编译出版社，2011年

崔凤春：《海东高僧义天研究》，桂林：广西师范大学出版社，2005年

张春海：《高丽王朝的"华化"与"土俗"之争》，《安徽史学》2008年第1期

金禹彤：《高丽朝圜丘祭天礼考述》，《东岳论丛》2013年第6期

刘玉峰：《唐代货币思想述论》，《学习与探索》2002年第4期

赵承：《"乾元重宝·东国"钱是高丽钱吗？》，《收藏》2012年第3期

王冠仁：《渤海国铸币历史研究》，《江苏钱币》2012年第2期

牛达生、任永训：《从宁夏盐池县萌城乡西夏窖藏钱币谈西夏文"福圣宝钱"和高丽"三韩通宝"》，《中国钱币》1988年第2期

刘晓东、孙秀仁：《渤海货币研究二题——"新史料"辨伪与"自铸币"考实》，《北方文物》1995年第1期

刘晓东：《渤海"振国"、"震国"名源考察》，《北方文物》2007年第1期

张碧波：《渤海早期国号考索》，《黑龙江民族丛刊》2002年第1期

罗继祖：《辰国三韩考》，《北方文物》1995年第1期

刘子敏：《关于古"辰国"与"三韩"的探讨》，《社会科学战线》2003年第3期

王邦维：《东国公主与蚕种西传：一个丝绸之路上的传说》，《文史知识》2015年第4期

2. 韩文

韩国国史编撰委员会编著：《韩国史》，国史编撰委员会，1981年

韩荣达：《韩国的古钱》，首尔：图书出版"善"，2002年

李丙焘：《韩国古代史研究》，首尔：博英社，1976年

元裕汉：《韩国货币史》，韩国银行发券局，2006年

金仁植：《韩国货币价格图录》，首尔：五星K&C，2011年

韩国银行货币博物馆：《我们的货币 世界的货币》，首尔：韩国银行，2013年

申虎澈：《豪族势力的成长与后三国的鼎立》，《韩国古代史研究》第7辑，1994年

南在佑：《罗末丽初豪族的经济基础》，《History & the Boundaries》第4辑，1987年

严成镕：《高丽初期王权与地方豪族的身份变化——关于"豪族联合政权说"的检讨》，载边太燮编：《高丽史的诸问题》，首尔：三英社，1986年

全海宗：《中世韩中贸易形态小考》，《大丘史学》第12·13合辑，1977年

许银哲（音）：《高丽初期法定货币政策》，韩国教员大学硕士学位论文，2013 年

李胜一（音）：《高丽时代出土中国钱的用途之研究》，《石堂论丛》第 37 辑，2006 年

金荣济：《10—13 世纪宋钱与东亚细亚的货币经济》，《中国史研究》第 28 辑，2004 年

金柄夏：《高丽时代的货币流通》，《庆熙史学》第 3 辑，1972 年

东潮：《辰弁与伽耶的铁》，《伽耶诸国的铁》，首尔：新书苑，1995 年

金度燕：《高丽时代银货流通的一研究》，《韩国史学报》第 10 辑，2001 年

金光植：《高丽肃宗代的王权与寺院势力——以铸钱政策的背景为中心》，《白山学报》第 36 号

李智冠编：《校勘译注历代高僧碑文》高丽篇 3，伽山佛教文化研究院，1996 年

蔡雄锡：《高丽前期货币流通的基础》，《韩国文化》第 9 辑，1988 年

崔孟植：《关于高丽铜钱的效用性——以遗址出土遗物为中心》，《中斋张忠植博士华甲纪念论丛》，1992 年

3. 日文

藤间治郎：《朝鲜钱史》，《京城日报》社代理部，1918 年

奥平昌洪：《东亚钱志》，东京：岩波书店，1937 年

原田淑人等：《東京城：渤海国上京龍泉府址の発掘調査》，《東方考古学叢刊》甲種第 5 冊，1939 年

宫崎市定：《五代宋初の通貨問題》，星野書店，1943 年

秋浦秀雄：《高麗肅宗朝に於ける鑄錢動機に就て》上・中・下，《青丘學叢》7・8・9，1932 年

田村專之助：《高麗の貨幣銀瓶の形態及び性質について》，《浮田和民博士紀念 史學論文集》，六甲書房，1943 年

田村專之助：《高麗末期に於ける楮貨制採用問題》，《歷史學研究》7-3，1937 年

小葉田淳：《高麗朝貨幣史考》，《經濟史研究》20，1931 年

奥村周司：《高麗の貨幣流通について—朝貢との關聯性—》，《早稻田實業學校研究紀要》10，1975 年

井上正夫：《高麗朝の貨幣—中世 東アジア通貨圏を背景にして》，《青丘學術論集》2，1992 年

附录 1　朝鲜半岛历史演变与货币变迁

第一节　高丽中期以前朝鲜半岛的历史演变

朝鲜半岛具有悠久的人文历史，其有文字记载的历史最早可以追溯到"古朝鲜"。"古朝鲜"包括传说中的檀君朝鲜、有学术争议的箕子朝鲜和卫满朝鲜。关于檀君朝鲜，直到13世纪才见诸文字记载，即高丽时期僧人一然（1206—1289年）所撰《三国遗事》。载于该书的檀君神话所记述的檀君时代被视为朝鲜民族的开端，檀君也被尊为朝鲜民族的人文始祖。尽管缺乏可靠的文献材料和考古材料来证明其存在，但近现代朝鲜半岛学者依然多倾向于把檀君朝鲜当作信史；而中国和许多国家的学者则大多认为檀君朝鲜只是神话，而非历史。关于箕子朝鲜的记载，最早见诸《史记》、《尚书大传》、《汉书》等中国典籍。据载，箕子系商末贵族，为商纣王的叔父，因劝谏纣王的虐行而被囚禁。商朝灭亡后，箕子因不愿事周而东迁朝鲜，由此把商代的礼仪和制度带到了朝鲜半岛。箕子在古代朝鲜半岛受到尊崇，而近代以来朝鲜半岛学者出于民族意识却越来越倾向于否定"箕子东来"说。中国秦汉交替之际，燕人卫满率领千余人到达朝鲜，此后推翻箕子朝鲜而自立，是为"卫满朝鲜"。这也是朝鲜半岛历史中最早得到文献及考古证明的国家。公元前108年汉朝灭卫满朝鲜，并先后在其地设真番、临屯、乐浪、玄菟四郡，史称"汉四郡"。

公元前2世纪到公元3世纪朝鲜半岛中南部出现了一些政治集团——三韩，即马韩、辰韩和弁韩。关于三韩的记载最早见于三国时期鱼豢所撰《魏略》和同时期谢承所撰《后汉书》。据载马韩有54国，辰韩有12国，弁韩有12国。由于这些所谓的国家规模都比较小，因此被研究者称为邑落国家、部族国家或城邑国家。三韩在文化上落后于朝鲜半岛北部的古朝鲜。

在辰韩12国中，有斯卢国，据说后来的新罗王国是由其脱胎而来的。新罗据传由朴赫居世于公元前57年建立，最初国号为"徐那伐"，公元6世纪初正式定国号为"新罗"[①]。在马韩54国中，有伯济国，一说后来的百济王国与其有继承关系。据说大约在公元前18年，沸流和温祚分别在滨海的迷邹忽和汉江以南的慰礼城建立了国家。温祚定国号为"十济"，后来因为沸流并入，而改国号为"百济"[②]。而弁韩后来则逐渐发展为伽耶[③]。伽耶也是由若干小国组成的联盟国家，伽耶联盟的历史大体可分为两个时期，前期（公元1—5世纪中

[①]〔高丽〕金富轼：《三国史记》卷4《新罗本纪第四》，智证麻立干四年十月："四年冬十月，群臣上言：'始祖创业已来，国名未定，或称斯罗，或称斯卢，或言新罗。臣等以为新者德业日新，罗者网罗四方之义，则其为国号宜矣。'"

[②]（唐）杜佑：《通典》卷185《边防·东夷上·百济》："以百家济海，因号百济。"

[③]在不同的文献里，也称作伽倻、加耶、加罗、驾洛、狗邪等。《南齐书·东南夷传》："加罗国，三韩种也。"

期）是以位于今釜山、金海地区的驾洛国为中心的伽耶联盟，后期（公元5世纪末以后）是以位于今庆尚北道高灵郡及其西部山岳地带的大伽耶为首组成伽耶王国。① 伽耶始终未能实现完全统一，因而后来在与新罗和百济等的竞争中处于劣势，最终为新罗所吞并。

另外，朝鲜半岛中南部出现新罗、百济和伽耶等政权的前后，在现今中国东北至朝鲜民主主义人民共和国的鸭绿江中游一带高句丽②也开始崛起。公元前107年汉朝在鸭绿江中游一带设立了玄菟郡，玄菟郡下设有高句丽县。③ 汉朝直接统治之下，伴随着中原先进文化的影响，朝鲜半岛北部取得了较快发展，高句丽逐渐蚕食、兼并汉朝郡县，并南下扩张。

随着新罗、百济、伽耶的发展，以及高句丽的南下，到了5世纪，朝鲜半岛形成了列国纷争的局势。伽耶被新罗吞并后，朝鲜半岛又进入了长达百年的三国鼎立的时代。最终新罗联合唐朝先后灭掉了百济与高句丽，统一了朝鲜半岛。

新罗能从原本相比最弱小的国家逐渐强大起来并成为最终胜利者，其原因可以从多个角度去寻找，自身的制度优势或许正是其中之一。新罗的官等制在三国中相比较为发达，其有京位制和外位制两套系统，前者是以一种独特的身份制度——骨品制为基础的。研究者认为，新罗的母体斯卢国在逐步建立国家统治体制以及吞并周围其他辰韩小国过程中，统治集团为了巩固其特权地位，制定了等级制度，进而逐渐发展为这样的一种制度，而6世纪新罗法兴王颁布律令是该制度最终形成的标志。在骨品制下，各骨品都自我封闭，互不通婚；不同骨品的人所能享有的政治和社会地位，以及相应的经济利益和发展机会各不相同。随着新罗统治疆域的扩大和社会的发展，这种制度逐渐显示出其局限性。在此制度影响下，社会阶级属性被固化，特别是其原则上阻断了地方势力进入中央政界的可能，一些地方势力因为出身而在政治上受到限制，只能致力于封地庄园的经营或从事海上贸易。然而正是这种无奈之下的转型，反而使得这些地方势力的经济和军事力量不断得到加强，进而也使得他们有了打破骨品制的意愿和基础。尤其是到了新罗后期，对中央不满的一些地方势力，凭借其累积的实力，将摆脱骨品制限制、打破既有政治秩序的诉求付诸行动，这也成为新罗分裂并最终走向灭亡的重要原因之一。

另外，新罗后期政散人离、日趋没落，王室内部争夺王权的斗争异常激烈，至政权灭亡的大约150年间共更替了20位君王，其中大多数均在叛乱中丧命，由此可知当时政局之混乱。王室贵族的分裂与互相对立，导致中央集权的政治体制逐渐弱化，中央对地方的支配力渐渐丧失，这也为地方势力的成长提供了机会。这股势力拥有自己的武装力量，趁乱开始摆脱中央政权的影响，对一定范围内的地方社会行使政治、经济和军事控制权，具有独立或半独立性，因此逐渐出现了割据一方的趋势。一方面，他们是城邑的建设者，自称或被称为"城主"或"城帅"；另一方面，他们又是以城邑为中心，募集形成私兵组织的指挥者，所以也自称或被称为"将军"。④ 史书也称之为"豪杰"、"雄豪"、"贼帅"等，后代学者习惯上将之统称为"豪族"⑤。这股势力

---

① 曹中屏：《驾洛国史研究与其意义》，《韩国研究论丛》第25辑，2013年。
② 关于"高句丽"这一名称的由来，学界至今仍未达成共识。
③ （东汉）班固：《汉书》卷28《地理·玄菟郡》。
④ 〔韩〕高丽大学韩国史研究室著，孙科志译：《新编韩国史》，山东大学出版社2010年版，第60页。
⑤ 然而《三国史记》和《三国遗事》均未出现"豪族"一词，《高丽史》中也仅仅出现过一次，并且已经与罗末丽初的地方势力没有关系。（〔朝鲜朝〕郑麟趾：《高丽史》卷21《世家·神宗》："金州杂族人群聚谋乱，杀豪族人，豪族奔避城外，乃以兵围副使衙。副使李迪儒登屋射，首谋者应弦而倒，其党四散。已而还告曰：'我等欲除强暴贪污者，以清我邑，何故射我？'迪儒阳惊曰：'吾未尝料此，误谓外贼耳。'乃密谕城外豪族，夹击尽杀之。"）事实上，"豪族"一词最早来源于中国典籍。朝鲜半岛的学者白云东于20世纪30年代首次使用"豪族"来指称上述罗末丽初的地方统治势力，此后朝鲜半岛以及日本的学者在做相关研究时大都采用了这样的称谓，尽管也有部分学者对此提出质疑（见〔韩〕李纯根：《关于罗末丽初"豪族"用语研究史的检讨》，《圣心女大论文集》第19辑，1987年），但至今韩、朝、日学界还是习惯上采用这样的称谓，因此笔者在此也同样沿袭这样的做法。

在新罗末期、高丽初期的王朝更替和社会变动中发挥着承先启后甚至是主导性的作用，因此也有学者把这个时代称之为"豪族时代"[1]。

这些豪族的来源各不相同，就其出身的类型来看可以分为村主、落乡贵族、地方官、海上势力、军镇势力等。

豪族的出身类别[2]

出身		代表
地方土著出身	村主、吏佐、富裕自耕农	阿慈介、甄萱等
	海上势力、军镇势力	张保皋、浿江镇势力、王建等
中央贵族出身	落乡贵族	弓裔、金顺式等
	地方官	善弼、异才等

新罗到真圣女王（888—897年在位）时，整个社会陷于极度混乱之中。首先在尚州地方发生了元宗、哀奴的叛乱，此后引起连锁反应，各地方豪族纷纷起兵叛乱。豪族们在互相斗争与离合集散过程中，甄萱（867—936年）与弓裔（？—918年）脱颖而出，剪除了其他地方势力，形成与新罗王室平分天下的鼎立之势。

甄萱之父阿慈介为一方豪族，其自身又以新罗西南海防军裨将的武将身份趁新罗末期西南地区发生农民起义的机会发动兵变，加入农民起义军，并逐渐控制了这些地区的起义武装。他为使自己的政权名正言顺，企图利用原百济旧地即西南地区民众对新罗统治的不满，宣扬和标榜要复兴百济。[3] 在打着为前百济义慈王申冤的旗号下，于新罗真圣女王六年（892年）自称"后百济王"，设官分职，建立政权，定都完山州（今全州），史称"后百济"。相传弓裔是新罗的王子，很可能是作为一场政治斗争的牺牲品而落乡[4]，在新罗陷入骚乱之时，加入了农民起义军，并最终夺取了领导权。他广招人才，松岳郡豪族王建父子以及大同江下游地区的豪族纷纷加入到他领导的队伍中。新罗孝恭王五年（901年）弓裔也自称为王，立国号"高丽"[5]，定都松岳郡（今开城），史称"后高句丽"。至此，朝鲜半岛又形成了三国鼎立的局面，学者称之为"后三国时代"。

后百济建立之后，甄萱无论是在外交关系上还是在政治策略上都很机敏，但是却没有摸索出与地方豪族联合之路[6]，甚至因为家族失和而被逐下权位，进而投靠对手。作为新罗政治斗争下的牺牲者，弓裔心存怨恨，执着于报仇，仅满足于对新罗的打击，而势力稳固以后，不仅日益奢侈，而且残暴多疑，肆意屠杀部下甚至妻子，"将相遇害者，十有八九"[7]，其倒行逆施终于激起了其部下的强烈不满，诸多投靠他的豪族势力开始转变为反对势力。在这种情况下，新罗景明王二年（918年），以洪儒、裴玄庆、申崇谦、卜智谦和桓宣吉等为中心的反弓裔势力密谋发动政变，废除弓裔，推举出身松岳郡豪族的王建为王。[8] 王建即位后，又改国号为"高

---

[1] 〔韩〕李基白著，厉帆译：《韩国史新论》，国际文化出版公司1994年版，第98页。
[2] 〔韩〕申虎澈：《豪族势力的成长与后三国的鼎立》，《韩国古代史研究》第7辑，1994年。
[3] 李春虎等编著：《朝鲜通史》（第二卷），延边大学出版社2006年版，第8页。
[4] 见〔韩〕李基白著，厉帆译：《韩国史新论》，国际文化出版公司1994年版，第106页。
[5] 〔高丽〕一然：《三国遗事》卷1《王历第一》。之后，弓裔又先后改国号为"摩震"和"泰封"。
[6] 〔韩〕高丽大学校韩国史研究室著，孙科志译：《新编韩国史》，山东大学出版社2010年版，第60—61页。
[7] 〔朝鲜朝〕郑麟趾：《高丽史》卷1《世家·太祖一》。
[8] 据研究，王建家族起身于开城西面的礼成江下游的礼成港。这里在八九世纪时是一个水陆交通的枢纽，也是一个商贾云集的都会。一般认为王氏原本是依靠贸易起家的巨商，其后逐渐壮大成为开城地方颇有势力的豪强。见〔韩〕朴汉卨：《关于王建世系的贸易活动》，《史丛》第10辑，1965年。

丽"①，改元"天授"②，开创了新的高丽王朝（918—1396年）。③ 翌年（919年），王建将都城迁回松岳。那里不仅是王建的家乡，亦为水陆交通的枢纽，成为其巩固政治、军事的基础。王建本身是松岳豪族出身，具有坚实的经济与军事基础，较容易与其他豪族结盟，尤其是他生长于教养良好的家庭，所以很容易收揽人心。作为地方豪族的头面人物，他同其他地方豪族建立了牢固的联系。正是具备了这些重要条件，使王建日后得以统一后三国。④

在外交上与弓裔不同，王建采取了与新罗友好的政策。他与新罗建立紧密联系，一来是为了利用对方来消灭对手后百济；二来是试图用这种办法来巩固他作为新罗传统和权威继承者的地位，因为新罗悠久的历史和权威，在部分地主、城主、将军中仍有一定的影响。⑤ 新罗也响应了王建的"友好"，然而新罗的亲丽政策引起后百济的不满，招致了甄萱的进攻。对此，王建亲自率兵相助，博得新罗人的好感，新罗民心逐渐归向王建。王建受新罗王之邀前往新罗王京庆州时，新罗百姓见到其麾下"军士肃正，不犯秋毫"，对比甄萱而感叹曰"昔甄氏之来也，如逢豺虎，今王公之至也，如见父母"⑥。新罗敬顺王于九年（935年）十一月率臣僚离开庆州，归降王建，新罗彻底为高丽所并。敬顺王被安置在高丽王宫的东边，敬顺王将伯父金亿廉之女嫁给王建为妻，王建将长女嫁给敬顺王，缔结了姻亲关系。十二月，王建封敬顺王为正承公，位于太子之上，给禄一千石，对于侍从员将也皆加以录用，许多新罗的旧臣僚得以进入高丽的官僚集团。次年（936年），后百济也在内部分裂、战争失利中走向灭亡。至此，王建完成了后三国的统一。

然而，尽管王建统一了后三国，但只能说把对立的政权消灭罢了，此时的统一仅标志着王朝竞争的结束，可是中央依然无法将地方豪族势力纳入中央集权的统治体制，新罗末期以来形成的豪族并立的问题并未得到实质性的解决，故此时的高丽还不能说是一个真正的统一国家。王建即位之后，即主动向各豪族示好，以期获得他们的支持。

（王建）谕群臣曰："朕虑诸道寇贼闻朕初即位，或构边患。分遣单使，重币卑辞，以示惠和之意。"归附者果众。⑦

可见，在新罗末期地方豪族蜂起中高丽通过"重币卑辞"的方式获得一些其他地方豪族势力的支持。此时，这些豪族尽管名义上归附了王建，但是他们不仅保有了自己的原有利益，而且还能从王建那里获得相关经济利益。⑧ 因为他们依然与之前混乱时期一样，保有独立的武装和一定的经济基础，维持着独立或半独立的状态，所以中央无法派遣地方官。另外，那些于王建登基有功的人、在战场上与王建曾经同甘共苦的地方豪族出身的将帅们，亦在战争中占有了大量的俘虏和掠获物，并且养有私兵，拥有自己的势力。⑨ 在地方豪族势力支

---

① 弓裔先后把后高句丽的国号由"高丽"改为"摩震"和"泰封"，并把都城从松岳迁到铁圆（铁原）。
② 弓裔先后用过"武泰"、"圣册"、"水德万岁"、"政开"等年号。
③ 今天朝鲜、韩国的英文国名"Korea"，正是来源于"高丽（고려）"。
④ 〔韩〕李基白著，厉帆译：《韩国史新论》，国际文化出版公司1994年版，第107页；简江作：《韩国历史》，五南图书出版股份有限公司2001年版，第166页。
⑤ 〔韩〕李基白著，厉帆译：《韩国史新论》，国际文化出版公司1994年版，第107页；朴真奭等编著：《朝鲜简史》，延边大学出版社1998年版，第115页。
⑥ 〔高丽〕金富轼：《三国史记》卷12《新罗本纪》，敬顺王五年二月。
⑦ 〔朝鲜朝〕郑麟趾：《高丽史》卷1《世家·太祖一》。
⑧ "王建不但对前来归附的豪族们之于自身根据地的支配给予默认，而且还赐予新的经济回偿——禄邑。"见〔韩〕南在佑：《罗末丽初豪族的经济基础》，《History & the Boundaries》第4辑，1987年。
⑨ 〔韩〕李基白著，厉帆译：《韩国史新论》，国际文化出版公司1994年版，第109—110页。

高丽太祖王建像
（朝鲜民主主义人民共和国开城市
王建王陵——显陵祭堂藏）

持下建立政权同时自己也是豪族出身的王建，在很大程度上不得不以妥协、联合的方式，依靠这些豪族来维护新政权的统治，因此也有学者将高丽初期的政权称之为"豪族联合政权"[1]。为了安抚这些地方豪族，并将他们有机地纳入统治体系，王建采取了一系列措施[2]来加强与豪族的联合。

首先，与各地豪强建立广泛的姻亲关系，使其与王室结成亲密的血缘关系，并把自己的政权利益与地方豪族势力的利益紧密联系在一起，巩固与他们的联合。据统计，王建一共有6位王后和23位夫人，基本上都是政治联姻，这些后妃大部分是全国各地方有势力的豪族或豪族出身的官僚的女儿，王建的良苦用心，由此可见一斑。如上述王建通过与新罗王室的联姻，使得自己进入新罗王室之列，打着新罗传统和权威继承者的名号，对地方豪族的支配也就变得名正言顺。王建有子嗣34名，25男9女，他把这些子女通过赐婚方式与地方豪族缔结婚姻关系，企图进一步控制这些地方豪族势力。其次，设立事审官制和其人制。王建任命中央的功臣为其出身地的事审官，通过承认地方豪族的既得权力，来稳定和统治他们，中央政府以此实现对地方的间接控制。另一方面，王建还将地方豪族子弟选拔到京城作为人质，担任其出身地方事务的顾问角色，这些人被称为"其人"。再次，实行赐姓制度，向有势力的豪族和归顺自己的有功之人赐姓"王氏"，以建立"拟制家族"关系，进而巩固与豪族的联盟。

王建的一系列举措虽然使新政权有了一个相对稳定的基础，但实际上其收服地方豪族的构思只在当时产生了一定的效果，而未能从根本上解决豪族问题，进而为后世建立长久、稳固的统治基础。在当时的条件下，豪族为了自身的利害关系，随时都有不遵从王权的可能。尤其是王建的联姻政策，同时也在豪族们确保地位和扩张权力的心态下被滥用，不少豪族在这种政策之下与王室缔结了重叠的姻亲关系，而为此后王位继承的纷争埋下了隐患。[3] 王建实际上不过是所谓"豪族联合政权"的代表者[4]，他在位时尚且能够凭借个人威望维系与豪族们的稳定关系，但其死后原先各种潜在的矛盾就再也无人能够控驭，以至于不久便爆发了因王位继承纷争而引起的豪族叛乱（即"王规之乱"），他的两个儿子即惠宗（943—945年在位）和定宗（945—949年在位）都面临着豪强势力的严重威胁，先后都短命而亡，高丽王室陷入动荡的险境之中，这时期豪族势力甚至凌驾于王权之上。

强化王权成为当时朝廷的当务之急，这项历史性重任落在第四代国王光宗（949—975年在位）肩上。由于目睹了建国以来豪族的跋扈与王室的衰微，同为王建之子的光宗雄才大略，即位以来通过一系列措施强化王权。对于那些不满改革、阻碍强化王权的势力，光宗进行了残酷肃清。光宗雷厉风行的改革可以说在一定程度上取得了成效。然而暴力手段纵然能起一时的威慑作用，却无法令朝廷长治久安。光宗之子景宗（975—981年在位）缓和了光宗统治后期以来紧张的政治氛围，却因"生于深宫之中，长于妇人之手，门外之事，不

---

[1] 〔韩〕严成镕：《高丽初期王权与地方豪族的身份变化——关于"豪族联合政权说"的检讨》，载边太燮编：《高丽史的诸问题》，三英社1986年版。
[2] 综合参考自上述征引《新编韩国史》、《韩国史新论》、《朝鲜通史》、《韩国历史》，以及〔韩〕李元淳等著、詹卓颖译《韩国史》（幼狮文化事业股份有限公司1987年版）和朱立熙编著《韩国史：悲剧的循环与宿命》（三民书局股份有限公司2004年版）等书籍，在此不一一注明。
[3] 简江作：《韩国历史》，五南图书出版股份有限公司2001年版，第171页。
[4] 〔韩〕国史编撰委员会编著：《韩国史》第4册，国史编撰委员会1981年版，第58页。

曾见知","以不谙政体"重新安抚旧臣,因此不少之前被流配或关押者纷纷被赦免释放,而以开国功臣为主的一些勋旧势力又重新掌握了政权,以致"专任权豪,害及宗亲"。[1] 景宗在位数年后便死去,继位的是光宗的侄子成宗(981—997年在位)。

成宗继位后,总结了建国以来历代施政得失,在崔承老、金审言等新罗六头品出身的儒学者的支持下进行了改革。崔承老与一般豪族不同,他本身不具有地方根基,而自己又是中央官僚出身。因此他的政治主张自然偏向中央集权,不过他反对专制王权的膨胀,厌恶罔顾贵族意见的独裁君主,而希望建立以贵族为中心来运作政治的贵族社会。[2] 他认为"行儒教者,理国之源"[3],积极推崇儒家政治理念。他向成宗提出了《时务策二十八条》,其内容的核心就是主张以儒家的政治思想为基础,实现中央集权的贵族政治。这些内容大部分被成宗所接受,在这种思想指导下,成宗一朝进行了一系列包括内外关系在内的统治体制的整顿。

成宗时代伴随着内外官制的建立和完备,使王权与贵族达到政权统一,形成封建贵族体制的构架[4]。与新罗以王族即圣骨、真骨为中心的政治形态不同,高丽的政治由带有地方传统的各个异姓贵族所形成的政治势力所主导。这些异姓贵族把自己的出身地称为"本贯",以区别其他家门,因此"本贯"成为他们势力的象征,重视门阀与家门的社会风气大为兴盛。这些门阀贵族之间彼此维持闭塞的婚姻关系,为了扩张自己家门的势力通常设法与家门较高的贵族联姻,这自然会使自己家门的地位提升,也是让自己官位擢升的最佳途径。高丽最高的家门就是王室,能与王室通婚不但是一种荣耀,更是掌握政治实权的捷径。[5] 高丽前中期,掌握政权的门阀贵族代表者是安山金氏与庆源李氏。前者自金殷傅(?—1017年)将其三个女儿全部嫁给高丽显宗(1009—1031年在位)为妃以后,到文宗(1046—1082年在位)时共4代50余年间一直掌握着高丽的政权;后者自李许谦(生卒不详)时与安山金氏联姻而攀登贵族的行列,后来李许谦之孙李子渊(1003—1061年)将其三个女儿全部嫁给文宗为妃,至此庆源李氏开始取代安山金氏家族的地位,之后到仁宗(1122—1146年在位)为止共7代80余年间一直垄断着政权。这时期的高丽王室几乎到了无不是庆源李氏的外孙或是外甥侄的程度,而且庆源李氏不仅与王室有重叠的姻戚关系,还注重与其他门阀贵族联姻,其势力几乎凌驾王室,成为高丽贵族政治时代王室以外势力最强大的阀族。[6] 当时有名的门阀贵族还有海州崔氏、庆州金氏、坡平尹氏、平山朴氏等。如此一来,尽管新罗时代的骨品制被摧毁了,但是高丽又形成了以新的贵族为中心的贵族政治社会。

第二节 高丽王朝以前朝鲜半岛的货币变迁

《汉书》中记载有乐浪朝鲜民"犯禁八条",其中有一条曰:"相盗者男没入为其家奴,女子为婢,欲自赎

---

[1] 〔朝鲜朝〕郑麟趾:《高丽史》卷93《崔承老传》。
[2] 〔韩〕李基白著,厉帆译:《韩国史新论》,国际文化出版公司1994年版,第117页;简江作:《韩国历史》,五南图书出版股份有限公司2001年版,第173页。
[3] 〔朝鲜朝〕郑麟趾:《高丽史》卷93《崔承老传》。
[4] 李春虎等编著:《朝鲜通史》(第二卷),延边大学出版社2006年版,第28页。
[5] 〔韩〕李元淳等著,詹卓颖译:《韩国史》,幼狮文化事业股份有限公司1987年版,第112页;简江作:《韩国历史》,五南图书出版股份有限公司2001年版,第173—174页。
[6] 〔韩〕李元淳等著,詹卓颖译:《韩国史》,幼狮文化事业股份有限公司1987年版,第112—113页;简江作:《韩国历史》,五南图书出版股份有限公司2001年版,第174页。

者，人五十万。"① 这是关于朝鲜半岛使用货币的最早记载，然而"五十万"钱是何种货币、由谁铸造皆无从考证，亦无相关实物出土。另外，朝鲜王朝末期的玄采于1906年所编《东国史略》还记载公元前957年箕子朝鲜的兴平王铸造了"子母钱"②，由于该记载史料来源无从考，作者又距离所载年代甚远，加上至今无出土实物可供佐证，故其真实性有待进一步考证，或为作者的臆想。

在三韩时期的朝鲜半岛中南部，铁曾作为重要的交换手段进行流通。《三国志·魏志·东夷传》引《魏略》曰：

（辰韩）国出铁，韩、濊、倭皆从取之。诸市买皆用铁，如中国用钱，又以供给二郡。③

《后汉书·东夷列传》亦载：

（辰韩）国出铁，濊、倭、马韩并从市之。凡诸货贸易，皆以铁为货。④

可见，辰韩因为盛产铁而成为马韩、濊、倭以及乐浪、带方二郡等周边各地的供铁基地。当时，辰韩在相当广泛的区域内建立了贸易关系，铁被作为商品供给到那些地方。而在辰韩的国内市场，铁被作为货币来使用，就如同中国使用圆形方孔钱一样。关于此处所指被流通的铁是何种形态，日本学者认为并非铁钱，而是铁块，属于称量货币、实物货币的范畴⑤；而韩国钱币学者韩荣达则主张其为铁钱，即所谓"铁铤钱"。

至今在朝鲜半岛中南部的三韩时期以及后来伽耶、新罗、百济时期的数十处古墓里面均有这种"铁铤"出土，出土的情况少则1个，最多的达1000来个。出土的"铁铤"长度从15—50厘米不等，宽度从3.1—15.4厘米不等，厚度从0.7—3厘米不等，重量从0.7—2.5千克不等。⑥ 关于这些"铁铤"的用途，目前学界有用于制作铁器的"中间材料（中间产品）说"、象征身份与权力的"威信财说"、随葬时所用的"买地券说"以及作为通货使用的"货币说"等各种推测⑦，至今仍未有定论。铁作为武器、农具等的材料成为国家和个人武力及经济的基础，自然受到重视。有不同用途的推测，证明了当时铁的价值很高；而未能下定结论，也说明了所谓"铁铤"还未完全从商品世界中分离出来作为纯粹的货币或者说一般等价物。以金属的价值为基准进行流通的基础称量货币，在货币发展史上可以说处于实物货币和铸造货币之间的阶段。朝鲜半岛出土的这种具有一定形制的"铁铤"应该是从普通的无特定形制的铁块演变而来的，其是否已经完全过渡到铸造货币的阶段，还值得探讨。如日本的村上英之助、韩国的林孝泽等考古学者即对所谓"铁铤"持实物货币的主张。⑧ 此外，对于目前出土的铸造于不同时代的"铁铤"，关于其具体铸造时期（时代区分）、规格、单位、价值、制造方法等，也都有待进一步深入研究。

此外，朝鲜王朝末期的崔景焕于1906年所著的《大东历史》还记载马韩安王二十一年（109年）首次铸

---

① （东汉）班固：《汉书》卷28《地理志下》。
② 〔朝鲜朝〕玄采：《东国史略》卷1《太古史·箕王历代》。该书大部分内容翻译自日本学者林泰辅所作《朝鲜史》，然而出版于1892年的《朝鲜史》中并未有相关内容。
③ （西晋）陈寿：《三国志》卷30《魏书·乌丸鲜卑东夷传》。
④ （南朝·宋）范晔：《后汉书》卷85《东夷列传》。
⑤ 转引自〔韩〕韩荣达：《韩国的古钱》，图书出版"善"2002年版，第19页。
⑥ 〔韩〕韩荣达：《韩国的古钱》，图书出版"善"2002年版，第19页。
⑦ 〔韩〕仁济大学校伽倻文化研究所编：《伽倻诸国的铁》，新书苑1995年版。
⑧ 转引自〔韩〕韩荣达：《韩国的古钱》，图书出版"善"2002年版，第20—21页。

附录1 朝鲜半岛历史演变与货币变迁

造了铜钱①，然而作者所征引的主要是朝鲜王朝以来的文献以及中日的部分典籍，故此记载的可信度较低。

宋人洪遵（1120—1174年）所著《泉志》录有"新罗国钱"，书中载"右新罗国钱。《传灯录》曰：城于洪州开元寺，受新罗僧金大悲钱二十千，令取六祖大师首归海东供养"。②可见，洪遵并没有对所谓"新罗国钱"本身作过多描述，只是引用了其他典籍中关于新罗人使用"钱二十千"的记载。仅凭这样的记录，难以判断这是具体何种钱，由谁铸造。《泉志》在"新罗国钱"之前还录有"东沃沮国钱"，载："右东沃沮国钱。⋯⋯《魏略》曰：其国嫁娶之法，女家责钱，钱毕乃复还婿。"③关于所谓"东沃沮国钱"，书中同样没有细节的描述，若按《魏略》所云，当时"钱"的使用已经达到一定的程度，然而其是由谁所造何种钱并无法知晓。

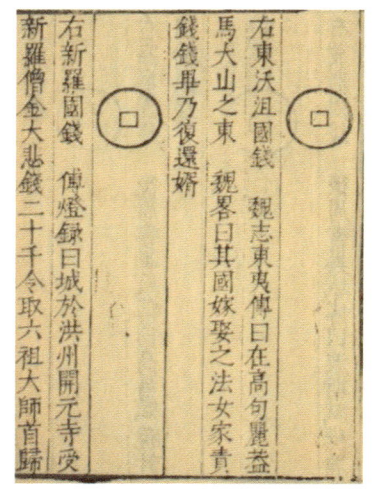

《泉志》所载所谓"新罗国钱"、"东沃沮国钱"

另外，朝鲜王朝韩致奫（1765—1814年）所著《海东绎史》④亦记载了所谓"新罗国钱"、"东沃沮国钱"，然而其史料来源本身就是《泉志》，因此该书参考价值并不大。不过有趣的一点是，韩氏在引述《泉志》相关记载时，作"新罗国钱，无文"、"东沃沮国钱，无文"⑤，所谓"无文"应当并非韩氏见到钱币实物后所做的补充，而是基于其所见《泉志》而做出的判断。

《泉志》在南宋成书以后，最初以抄本形式流传，抄本众多。流传至今的最早刊本是明代毛晋、胡震亨所刊，徐象梅摹图的《秘册汇函》本，刊于明万历三十一年（1603年），此后三百多年又有别的刊本出现，但都本于万历此祖本。不少研究者认为，《泉志》最初或有绘图，而多数抄本应是只抄文字而省略其图的，至明朝万历年间，历经四百多年，到徐象梅手中的很可能是辗转传抄的没有钱图的抄本。⑥传世的刻本所附钱图多为后来研究者所诟病，如清代的鲍康在《洪氏泉志抄本书后》即有言"图出徐氏参补，多以意为之，或概作无文圆泉"。⑦另一方面，也有研究者认为徐氏所画钱图应是有所本的，即今本钱图失真和图像画错之处，可能所依据的底本就是如此。⑧

不管现在传世的刊本所附钱图是原来洪氏所画，亦或是徐氏后来所补，可以明确的是，书中所录不少钱币应该是洪氏乃至徐氏都未曾亲眼见过的，属于记录旧闻的性质，抑或是一种想当然的臆想。而书中所附毫无特征的方孔圆圈，很可能是从他种钱谱照样描画过来，或者是留作待后备访的标志。后世将

《海东绎史》所载所谓"新罗国钱"、"东沃沮国钱"

---

① 〔朝鲜朝〕崔景焕：《大东历史》卷4。
② （宋）洪遵：《泉志》卷12《外国品下》。
③ （宋）洪遵：《泉志》卷12《外国品下》。
④ 《海东绎史》主要是从中国、日本和朝鲜半岛各类古籍文献中摘录有关朝鲜的资料分类辑成的，所引典籍皆为常见之书，从史料上而言并无独特价值。
⑤ 〔朝鲜朝〕韩致奫：《海东绎史》卷25《钱货》。
⑥ 牛达生：《西夏钱币中西夏文钱的发现与认识——兼论洪遵〈泉志〉的钱图问题》，《中国钱币》1985年第4期。
⑦ 转引自丁福保：《古钱大辞典》，总论，中华书局1982年版，第295页。
⑧ 王贵忱：《洪遵〈泉志〉的学术价值——兼谈古代钱币文献存佚情况》，《中国钱币》2000年第3期。

这些方孔圆圈一律看作钱币本身，是对原书的误解。① 所谓"新罗国钱"、"东沃沮国钱"的情况可能就是如此。洪氏生活的年代和位置离新罗和东沃沮较为久远，很有可能未见过实物，仅通过上述其他典籍中有新罗和东沃沮的人使用钱的记载，便臆想有所谓"新罗国钱"、"东沃沮国钱"，在没有实物可供参考的情况下置以空白图方孔圆圈。换言之，《泉志》所附名为"新罗国钱"、"东沃沮国钱"的钱形方孔圆圈并非作者亲眼所见钱币，而仅为留作待后备访的标志。因此，凭此图就断定新罗和东沃沮铸造了无文钱，是对《泉志》的一个误解。韩致奫之所以在引述《泉志》时，多加"无文"的说明，或许正因为如此。当然，钱形方孔圆圈也有可能只是洪氏参照其他钱谱依样描画过来而已，但根据现有考古的情况来看，那些被洪氏所引钱谱中的钱形方孔圆圈也有可能是前人臆想出来或留作待后备访的标志而已。再退一步讲，若书中所录钱图皆依实物，那么如附图所示，所谓"新罗国钱"、"东沃沮国钱"确为无文钱。问题在于，书中所录无文钱除了新

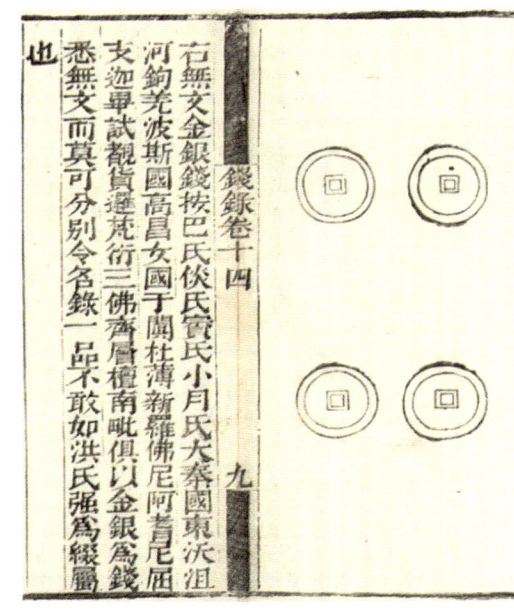

《钦定钱录》所载各国无文钱

罗、东沃沮的，还有十几个国家的也如此，这些无文钱都呈毫无特征的方孔圆形，那么在当时条件下，如何对这些极为相似的无文钱作归属与定性，而洪氏或其他人所作定论是否准确，也是值得思考的问题。清代的梁诗正等人亦面临着这样的疑问而不得其解，因此其在《钦定钱录》中做出了模糊化的处理。他们在编撰《钦定钱录》时，参考了《泉志》，然而却未像洪遵一样，进行"强为缀属"，说明当时他们在未见到实物的情况下，"莫不可分"，只能引述略作简介。

值得注意的是，梁诗正称包括新罗、东沃沮在内的多国"俱以金银为钱，悉无文"，其原始依据同样是《泉志》。然而实际上《泉志》在列举这些国家的所谓钱币时，并未断定它们都是金银钱，新罗和东沃沮刚好就没有关于材质的记载。因此，梁诗正等人在对这些不甚明朗的钱币做模糊化处理时，不够严谨，未作细分。本是为了避免洪氏的弊端，却因为一概而论而产生了另外的问题。换言之，依据目前所见《泉志》、《钦定钱录》、《海东绎史》等书，无法判定新罗和东沃沮的铸钱情况。也就是说，新罗和东沃沮不一定真有铸钱，有铸钱也不一定是无文钱，其材质也不一定是金银质的，这些问题有待今后考古发现来做进一步印证。

关于高句丽的货币情况，《三国志·魏书·高句丽传》记载：

（高句丽）……名婿屋……女父母乃听使就小屋中宿，傍顿钱帛，至生子已长大，乃将妇归家。其俗淫，男女已嫁娶，便稍作送终之衣，厚葬金银财币，尽于送死。②

这段史料中有两处对货币的记载。其一是女儿女婿同屋后须"傍顿钱帛"，也就是积蓄钱财，然而此处的"钱帛"是对金属货币（或者谷物）以及布帛的合称，还是单指其中某项，目前无法判断；另一处是发表时要"厚葬金银财币"，以作为陪葬，而"金银财币"是指金银块等称量货币，抑或是由谁所造的铸造货币，亦未可知，这些问题只能期待实物的出现才能做进一步深入的探讨。

---

① 王贵忱：《洪遵〈泉志〉的学术价值——兼谈古代钱币文献存佚情况》，《中国钱币》2000年第3期。
② （西晋）陈寿：《三国志》卷30《魏书·高句丽传》。

到目前为止，还未发现有关百济铸造货币的记载与相关遗物。另一方面，1971 年发掘的百济武宁王陵中发现了百济国王和王妃的墓志，在王妃墓志文的背面刻有如下内容："钱一万文右一件 / 乙巳年八月十二日宁东大将军 / 百济斯麻王以前件钱讼土王 / 土伯土父母上下众官二千石 / 买申地为墓故立券为明 / 不从律令。"从文义推知，这是一篇死者购买阴宅冢地的契约，即买地券，立券人即武宁王本人。武宁王买地券文中用于购买阴宅冢地的"钱一万文"被认为只是一个蓄意夸大的数目，是仿效中国汉魏以来买地券文中动辄数十万甚至上百万的虚拟土地价格而来，不足凭信。[①] 尽管可能是虚指，但可以断定的是，这里所指的"钱"并非百济自己所铸。因为墓中志石上还同时发现了随葬的由中国萧梁政权铸造的铁五铢钱约 90 枚。有研究者指出，武宁王买地券文中"钱一万文"后的"右一件"及"百济斯麻王以前件钱讼土王……"等为实指，指的正是志石之上的陪葬品铁五铢钱。[②] 除此之外，在包括武宁王陵在内的百济故地还发现了不少带有钱文图案的砖石，即所谓"五铢钱文砖"，可见中国的五铢钱对于百济的影响。此外，《日本书纪》还有关于百济肖古王赠送倭国斯摩宿祢的随从尔波移铁铤四十件[③]、苏我虾夷赐予百济王子翘岐铁二十铤[④] 的记载。正如上文所言，所谓"铁铤"是否应该视为铸造货币，还有待研究。

武宁王陵出土铁五铢钱
（韩国公州国立博物馆藏）

百济故地出土"五铢钱文砖"
（韩国国立中央博物馆藏）

通过对高丽王朝以前朝鲜半岛货币史的回顾可知，尽管铁等金属已经在一定时期、一定范围内作为价值尺度和流通手段被流通，但关于其形态以及性质至今还未有定论，有待进一步探讨。而且，尽管有如《泉志》、《钦定钱录》、《海东绎史》等一些文献提及朝鲜半岛某时某地使用"钱"，但在没有实物印证的情况下，

---

① 邵磊：《韩国百济武宁王陵出土墓志略论》，《苏州文博论丛》2010 年第 1 期。
② 邵磊：《百济武宁王陵随葬萧梁铁五铢钱考察》，《中国钱币》2009 年第 3 期。
③ 〔日〕舍人亲王等：《日本书纪》卷 9。
④ 〔日〕舍人亲王等：《日本书纪》卷 24。

难以断定这些是何种货币，由谁所造。换言之，到目前为止，朝鲜半岛既有文献可征，又有实物可考，且不带争议的货币铸造历史，是从高丽王朝开始的。

同时，如上述百济武宁王陵出土中国钱币一样，自古以来中国历朝诸多钱币如明刀钱、布币、半两钱、五铢钱、货泉、大泉五十、开元通宝等在不同时期通过不同方式流入朝鲜半岛[①]，这些中国货币或是仅仅作为一种财富的象征被贮藏，或是用于像陪葬等特殊场合，至多在某时某地某阶层之间有限地流通，在朝鲜半岛全域范围内作为通货流通的情况显然是不存在的。因为至今没有任何史料可供佐证，同时各种中国货币的出土量也没有多到足以成为全国通货那样的程度。

[①] 〔韩〕朴善美：《古朝鲜与东北亚的古代货币》，学缘文化社2009年版；〔韩〕宋康镐：《古朝鲜的货币与明刀钱的秘密》，图书出版"知识与教养"2012年版；戴建兵等：《中外货币文化交流研究》，中国农业出版社2003年版。

附录2 《高丽史》、《高丽史节要》中与"银瓶"关联记事

时间	内容	出处
睿宗三年三月	并赐军人银鐁锣一面，银瓶四十事。	《高丽史》卷96、《高丽史节要》卷7
睿宗四年二月	阅将军金贤、林佐等军，赐酒及银瓶。	《高丽史》卷13
睿宗四年二月	赐所领将校以上酒及银瓶二事。	《高丽史》卷13
睿宗四年二月	追念朴怀节战死之功，赐妻子银瓶二事，绫罗纱绢十五匹。	《高丽史》卷13
睿宗四年五月	将军良善领兵，赴东界，赐银瓶二事。	《高丽史》卷13
睿宗四年五月	遣左承宣沈侯宣谕东界军士，分赐银瓶四十事。	《高丽史》卷13
仁宗九年八月	诸巫患之，敛财物，贸银瓶百余赂权贵。	《高丽史》卷16
毅宗十四年十月	命造银瓶十口重三十斤，各盛五香五药纳于寺。	《高丽史》卷18
毅宗二十一年一月	命悬黄金十五斤、银瓶二百口于街衢，购捕。	《高丽史》卷18
明宗十一年三月	入奉恩寺鼓噪劫掠，盗太祖铺银瓶三十余口。	《高丽史》卷18
神宗年间	方义胁令视事，多敛邑内银瓶，欲赂朝中权贵。	《高丽史》卷128
熙宗四年	忠献赠随从坊厢银瓶各一事，怡亦赠银瓶。	《高丽史》卷102
熙宗六年三月	益谦尝贷我银瓶二事，积年未偿亡去。	《高丽史》卷129；《高丽史节要》卷14
高宗三年十二月	忠献阅家兵……枪竿悬银瓶，或三或四，夸示国人，以募兵……忠献乐甚，赏以银瓶、紬布。	《高丽史》卷129；《高丽史节要》卷14
高宗四年五月	遣内侍赍诏往慰军中，各赐衣一领、银瓶二口。	《高丽史》卷22
高宗十年九月	爰遣中使出内库银瓶三百口，分付诸道。	《高丽史》卷22
高宗十年	怡修隍罗城，以家兵为役徒，出银瓶三百、米二千余石，以支其费。	《高丽史》卷129
高宗十一年	又有邻妇笥戴银瓶、段帛而去。	《高丽史》卷101；《高丽史节要》卷15
高宗十五年	聘日本，赍和亲牒还，怡给银瓶五事、段子六十匹。	《高丽史》卷129

续表

时间	内容	出处
高宗十八年十二月	以金酒器、大小盏盘各一副,银瓶、水獭皮衣、紬纻布等物赠送于三元帅。	《高丽史》卷23
高宗十八年十二月	遗撒礼塔,又以金四十九斤五两、银三百四十一斤、银酒器重一千八十斤、银瓶一百二十口、细纻布三百匹、獭皮一百六十四领、绫纱襦衣、鞍马等物分赠妻子及麾下将佐十四官人。	《高丽史》卷23
高宗十九年	怡令军器别监李资敬索十品银瓶二十,资敬夺五店公私瓶,以充之。	《高丽史》卷129
高宗三十一年二月	崔怡进假面人杂戏,赐银瓶人一口。	《高丽史》卷23
高宗四十四年七月	赠车罗大银瓶一百。	《高丽史》卷24
高宗四十六年五月	赐十二功臣银瓶各五事、米二十石。	《高丽史》卷24
高宗时	蒙兵之侵,沉欲徙三陟山城,郡人不欲,遗瞰银瓶三十。	《高丽史》卷105
高宗时	蒙兵来侵,将徙三陟山城,郡人重迁,遗千遇银瓶三十。	《高丽史》卷105
元宗十二年二月	拜宋思均摄别将,赐银瓶、罗绢等物。	《高丽史》卷27
忠烈王二年八月	王赐宗悟银瓶十五。	《高丽史》卷28
忠烈王三年五月	辛亥禁官私松檐,每暑月宫阙都监作松棚于寝殿,例赐银瓶二,王曰:"禁官私松棚,而我独为之,可乎?改以编茅。"时人语曰:"都监员失二银瓶矣。"	《高丽史》卷28
忠烈王八年五月	王与公主御凉楼,使忽赤、鹰坊分朋击球,胜者赏以银瓶。	《高丽史》卷29
忠烈王十七年十二月	以米六千九百六十四石换白银一百一十一斤、银瓶五十七口、纻布一千四百五十匹。	《高丽史》卷30
忠烈王二十五年三月	王猎于东郊,遂幸寿康宫,日事宴乐,赐倡妓银八斤,又以二银瓶为的射之,赐中者。	《高丽史》卷31
忠烈王二十七年八月	朱印远恶闻鹊声,常令人操弓矢吓之。一闻其声,辄征银瓶,民甚苦之。	《高丽史》卷123;《高丽史节要》卷22
忠烈王时	尝与辛育才争田,驱杀之,其妻告辨违都监。承绪逃,乃征银瓶。	《高丽史》卷105
忠烈王时	世延托以盗钞十锭,征银瓶十口,柱贷银瓶四口纳之。……籍没成器奴婢、田庄、资产,银瓶至七十余口。	《高丽史》卷122
忠烈王时	妃宴慰甚厚,赐银瓶二十口,令买其父第。	《高丽史》卷122
忠宣王时	忠宣赐银瓶二百、米五百石。	《高丽史》卷109
忠宣王时	忠宣因惟正于巡军,征金二十两、银七十斤、银瓶六百、布千匹。	《高丽史》卷124
忠肃王即位年十月	上王饭僧二千,燃灯二千于延庆宫五日,施佛银瓶一百。	《高丽史》卷34
忠肃王七年九月	塑文宣王像,王出银瓶三十,以助其费,宰枢皆出币助之。	《高丽史》卷34
忠肃王七年九月	王嘉孝修清白,赐银瓶五十、米百石。	《高丽史》卷35、109

附录3 典籍所载高丽铸币

中国典籍（不完全）

出处	种类	备注
（宋）孙穆《鸡林类事》	海东重宝、三韩通宝	现存《泉志》："孙穆《鸡林类事》曰：高丽仿本朝铸钱，以钱交易，但其国人与海贾未以为便。其钱规模与中国同，皆以'海东通宝'或'海东重宝'、'三韩通宝'为记。"然而现存《鸡林类事》皆作："以'海东重宝'、'三韩通宝'为记。"
（宋）董逌《钱谱》	三韩重宝、三韩通宝、东国重宝、东国通宝、海东通宝	（清）梁诗正等《钦定钱录》卷14："右'东国重宝'钱，'董谱''洪志'并谓高丽所铸。"朝鲜《梦经堂日史编》（三）："按宋董逌《钱谱》载海东钱凡四样，曰'三韩重宝'、'三韩通宝'、'东国重宝'、'东国通宝'。"《青庄馆全书》卷53："宋董逌《钱谱》载海东番钱四样，曰'三韩重宝'、'东国通宝'、'东国重宝'、'海东通宝'。"
（宋）洪遵《泉志》	海东通宝、海东重宝、三韩通宝、东国通宝、东国重宝	现存《泉志》卷12："右东国钱。余按此钱径寸，重二铢四参，文曰'东国通宝'"；而（清）梁诗正等《钦定钱录》卷14："右'东国重宝'钱'董谱''洪志'并谓高丽所铸。"（清）倪模《古今钱略》卷17："右高丽'东国重宝'钱径寸，'洪志'曰：此钱径寸重二铢四参，文曰'东国重宝'……按'洪志'此钱大于海东诸品，今所传者

续表

出处	种类	备注
（宋）洪遵《泉志》	海东通宝、海东重宝、三韩通宝、东国通宝、东国重宝	乃小于海东钱而微轻耳，殆与志不相应。"然现存《泉志》所载海东钱为"并径九分重三铢六参"、东国钱为"径寸重二铢四参"。
（元）马端临《文献通考》	海东通宝、海东重宝、三韩通宝	
（元）脱脱《宋史》	海东通宝、海东重宝、三韩通宝	记述与《文献通考》相同。
（明）王圻、王思义《三才图会》	海东通宝、海东重宝、三韩通宝、东国通宝	引自《泉志》。
（明）顾起元《说略》	三韩重宝、东海通宝、东国重宝、海东通宝、海东重宝	三韩重宝楷书一样、东海通宝楷书篆二样、东国重宝、海东通宝、海东重宝、朝鲜通宝真书，以上系东海蕃钱也。
（明）胡我琨《钱通》	海东通宝、海东重宝、三韩通宝、东国通宝	引自《泉志》。
（明）柯维骐《宋史新编》	海东通宝、海东重宝、三韩通宝	记述与《文献通考》、《宋史》相同。
（明）邵经邦《弘简录》	海东通宝、海东重宝、三韩通宝	记述与《文献通考》相同。
（清）陈元龙《格致镜原》	三韩重宝、东国通宝、东国重宝、海东通宝、海东重宝	
（清）宫梦仁《读书纪数略》	海东通宝、海东重宝	引自《鸡林类事》。
（清）梁诗正等《钦定钱录》	海东通宝、海东重宝、三韩通宝、东国重宝	
（清）李世熊《钱神志》	三韩通宝、三韩重宝、东国重宝、海东通宝、海东重宝	
（清）李佐贤《古泉汇》	海东通宝、海东重宝、三韩通宝、三韩重宝、东国通宝、东国重宝	
（清）倪模《古今钱略》	海东通宝、海东重宝、三韩通宝、东国重宝	
（清）倪涛《六艺之一录》	海东通宝、海东重宝、三韩通宝、东国重宝	"《泉志》曰此钱径寸重二铢四参，文曰'东国重宝'……"，现存《泉志》作"东国通宝"。
（清）沈学诗《历代钱法备考》	海东通宝、海东重宝、三韩通宝、三韩重宝、东国通宝、东国重宝	
（清）张崇懿《钱志新编》	东国通宝、东国重宝、海东通宝、海东重宝、三韩通宝	

朝鲜半岛典籍（不完全）

出处	种类	备注
《高丽史》	三韩重宝、东国通宝、东国重宝、海东重宝、东海通宝、海东通宝	
《高丽史节要》	三韩重宝、东国通宝、东国重宝、海东重宝、东海通宝	
《朝鲜王朝实录·中宗实录》	三韩重宝、东国通宝、东国重宝、海东重宝、东海通宝	
《朝鲜王朝实录·仁祖实录》	三韩重宝、东国通宝、海东重宝	
《承政院日记》	东国通宝、东国重宝、海东重宝	……降及后，其用益繁（缺三行）"东国通宝"、"东国重宝"、"海东重宝"，其称不一。
《东史纲目》	三韩重宝、东国通宝、东国重宝、海东重宝、海东通宝	
《青庄馆全书·耳目口心书》	三韩重宝、东国通宝、东国重宝、海东通宝	宋董逌《钱谱》载海东番钱四样，曰"三韩重宝"、"东国通宝"、"东国重宝"、"海东通宝"。
《青庄馆全书·宋史筌高丽列传》	海东通宝、海东重宝、三韩通宝	记述与《宋史》相同。
《梦经堂日史编》	三韩重宝、三韩通宝、东国重宝、东国通宝	按宋董逌《钱谱》载海东钱凡四样，曰"三韩重宝"，"三韩通宝"，"东国重宝"，"东国通宝"。
《星湖先生僿说》	三韩通宝、海东通宝、海东重宝	引《文献通考》、《三才图会》。
《五洲衍文长笺散稿》	三韩重宝、东国通宝、东国重宝、海东通宝、海东重宝	引自《鸡林类事》、宋董逌《钱谱》、《三才图会》等。
《燕岩集·别集·热河日记》	三韩重宝、三韩通宝、东国重宝、东国通宝	引宋董逌《钱谱》。
《研经斋全集外集》	海东通宝、海东重宝、三韩通宝	记述与《宋史》相似。
《和隐集》	三韩通宝、东国元宝	
《芝峯类说》	三韩重宝、东国通宝、东国重宝、海东通宝、海东重宝	引自《钱谱》（著者未详）。
《林下笔记·金薤石墨编》	海东通宝、海东重宝、三韩通宝、东国重宝	出处未详。
《林下笔记·文献指掌编》	三韩重宝、东国通宝、东国重宝、海东通宝、海东重宝	引自《芝峯类说》。

续表

出处	种类	备注
《海东绎史》	三韩通宝、三韩重宝、海东通宝、海东重宝、东国通宝、东国重宝	引自《钱谱》(著者未详)、《鸡林类事》、《泉志》、《三才图会》、《西清古鉴》。
《磻溪随录》	三韩重宝、东国通宝、东国重宝、海东重宝、海东通宝	记述与《高丽史》、《高丽史节要》相同。
《燃藜室记述》	三韩重宝、东国通宝、东国重宝、海东重宝、海东通宝	引自《磻溪随录》。

附录4 高丽王朝世系表（部分）

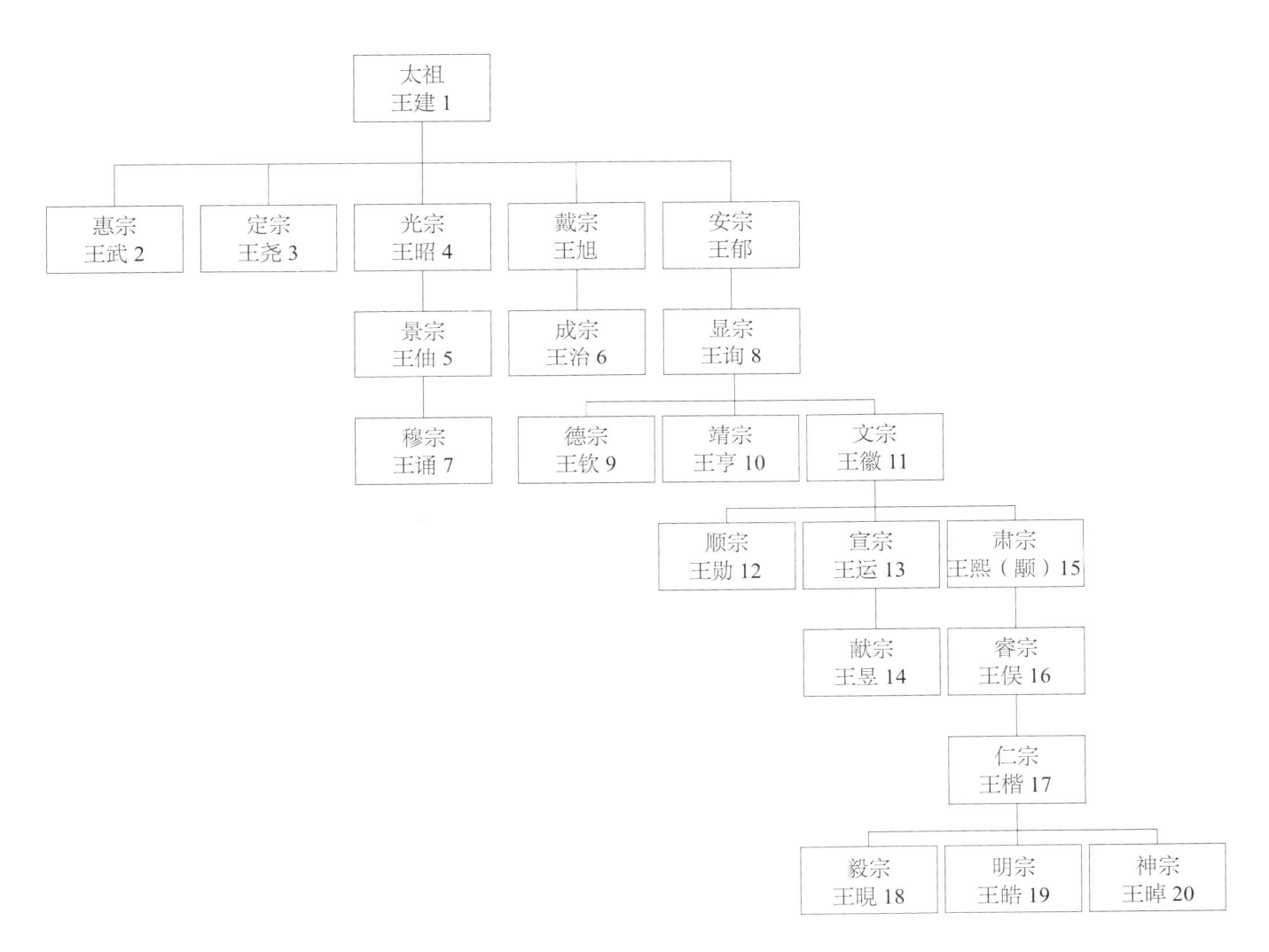

```
                            太祖
                            王建 1
     ┌──────┬──────┼──────┬──────┐
   惠宗    定宗   光宗    戴宗    安宗
   王武 2  王尧 3 王昭 4  王旭    王郁
                   │      │      │
                  景宗    成宗   显宗
                  王伷 5  王治 6 王询 8
                   │             │
                  穆宗     ┌─────┼─────┐
                  王诵 7  德宗   靖宗   文宗
                          王钦 9 王亨 10 王徽 11
                                    ┌────┼────┐
                                  顺宗   宣宗   肃宗
                                  王勋12 王运13 王熙（颙）15
                                          │      │
                                        献宗    睿宗
                                        王昱14  王俣 16
                                                 │
                                                仁宗
                                                王楷 17
                                         ┌───────┼───────┐
                                        毅宗    明宗    神宗
                                        王晛 18 王晧 19 王晫 20
```

下卷

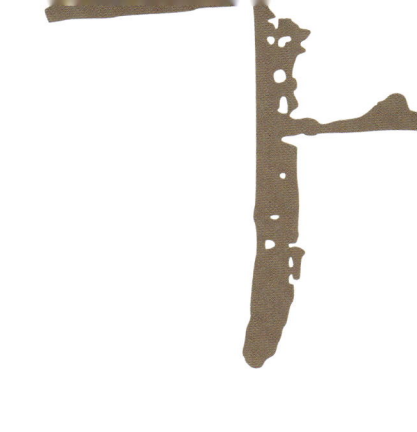

崔劲波

海东青蚨　高丽铸币

下卷

朝鲜半岛高丽王朝铸造货币版别系统概论

公元10世纪，欧洲正值中世纪中期，西亚阿拉伯分裂，东亚伟大的唐帝国落幕，进入自秦统一以来中国第二次大分裂时期，史称五代十国。五代更迭，十国纷争，北部契丹迅速崛起。整个世界似乎都处于动荡不安之中。

在位于欧亚大陆的东北部朝鲜半岛上，一个新兴的政权迅速建立，并很快统一朝鲜半岛，结束了朝鲜半岛的后三国时代，形成一个崭新的政权，高丽王朝。

公元935—936年，后高句丽大将王建于918年建立的高丽政权灭新罗平百济，统一朝鲜半岛，直至1392年，高丽大将李成桂自立为王改国号为朝鲜。其间高丽王朝统治朝鲜半岛达四百余年之久。

在历史的长河中，高丽王朝以前的两千年间，也就是自中国商周以来，半岛和内陆的交流从未中断。商以后，遗臣箕子率五千遗民经辽东，迁至朝鲜半岛北部，联合扶余土著，定都大同江流域，建立箕氏侯国，给半岛带来了商代的礼仪制度，这就是历史上的"箕子朝鲜"（前1122—前194年）。秦时，方士徐福两次东渡日本都途经朝鲜半岛，给日本和朝鲜带去了文字、草药、稻种。在日本的福冈县板付的考古遗址中，发现了碳化米遗存，经碳十四测定，与在朝鲜半岛釜山金海地区发现的碳化米为同一类型。前194年，燕人卫满率千余人进入朝鲜半岛，推翻箕子朝鲜，建立卫满朝鲜。直至前107年为远征朝鲜半岛的汉军所灭。灭卫满后，汉武帝把卫满朝鲜的国土分为四郡（乐浪郡、玄菟郡、真番郡、临屯郡），合称汉四郡（公元前108—公元313年）。中国王朝汉朝、公孙氏、曹魏和西晋对这一地区的先后统治，一直持续到公元四世纪初晋朝陷于内乱，才被高句丽和百济所取代。直至几百年后，高丽王朝终于统一半岛。不管是政权的更迭，还是疆域的争夺，朝鲜半岛与中原的经济贸易和文化交流却如雨水浸润般渗透滋养着这块土地，从未中断。货币作为其媒介，也随之大量流入朝鲜半岛。中国的文化对其影响亦深深地保持了下去，朝鲜半岛的刀布、一化、五铢、开元、两宋钱币的大量出土即证明了当时中原货币文化在朝鲜半岛的存在及不可忽视的影响。

进入高丽王朝后，半岛政权由于政治和经济的需求，参照中国的货币体系逐步建立了自己的货币体系。

高丽王朝的货币体系主要有三类：

（1）楮货：高丽恭让王三年（1391年）设立了资赡楮货库，模仿中国宋代的会子，元代的宝钞，用谷树皮为原料，制作了朝鲜半岛历史上最早的纸币，并流通至李氏朝鲜王朝初期，楮货至今未发现实物。

（2）银瓶：高丽肃宗六年（1101年）用银十二两半和铜二两混合，依照本国地形，制作了银瓶。高丽忠惠王元年（1331年）因银瓶太大，在流通使用中有诸多不便，所以制作了小银瓶。高丽忠烈王十三年（1287年）为了便于流通，制作了可以切取使用的碎银。关于标银，只有记载中说到高丽恭愍王五年（1356年）讨论过关于发行标银一事。

（3）铸造货币：高丽王朝铸造货币可分为早期铸钱和正式铸钱两大类。本文将此部分作为论述重点。

1. 高丽王朝早期铸币

早期铸钱包括无文钱、仿铸中国钱和仿铸加字钱三种。

无文钱史籍未有记载，有铜铁两种材质，奥平昌洪《东亚钱志》载有两品，铜铁各一。均于1910年出土于朝鲜开城附近的高丽古墓。

韩国已故钱币学家金仁植先生在其著作《韩国货币价格图录》中载有无文钱三品，前两枚同《东亚钱志》，后一枚大型铜质无文钱，从拓片来看，轮、郭较前两品精整，钱体虽有严重腐蚀，但精整度依稀可见，风格不同于前两品，有可能为北宋折二型钱币面文腐蚀所致。

对于两枚无文钱的性质，奥平昌洪注为成宗十五年所铸，金仁植则认为"根据铸钱工艺来看，无文钱是只具有方孔圆形的粗制打造钱，应该是民间制作的陪葬品，而非官铸钱"，"成宗十五年铸钱说只是记载了当时铸造了方孔圆形的铁钱，而无法考证其钱文"。根据上述记载推断，金仁植的说法更为合理一些。

中国和朝鲜从古至今一直有着密切的经济联系。从朝鲜出土的古钱币从先秦的刀、布币一直到清朝铸币，都有很多的数量和品种，特别是半岛与唐朝的频繁贸易往来，从武德四年铸造的开元通宝到乾元二年（759）的乾元重宝都有大量流入朝鲜，北宋钱币也作为贸易结算大量流入朝鲜，后来被朝鲜贵族作为外来奢侈品所用。因此，只在特殊阶层流通的中国钱币大部分出土于高丽古坟中。高丽王朝初期模仿唐开元通宝、乾元重宝铸造了高丽开元和乾元重宝，以及乾元重宝背东国钱。

高丽王朝仿铸唐开元通宝，中日古泉界称高丽开元。奥平昌洪《东亚钱志》载有隶书篆书各一品。均制作粗朴，地章浅平，符合高丽铸币风格。20世纪初，活跃于日占朝鲜、日本和中国古泉届的泉学研究组织"朝鲜古泉会"在其会刊《海东》中有文推断，高丽肃宗期间，民众对于铸造钱货的行用方便有了一定的认知度，而大量流入的唐宋钱，其精美的制作更加取悦于民众，并乐于使用。由于睿宗元年铸钱制度废止，而当时钱币的流通信用在民间已经形成，便有用唐宋钱直接作为母钱翻铸使用。

高丽王朝的仿铸北宋钱币，如前文所记，当为一个重要课题。笔者在多年的收藏过程中多次从朝鲜出土的北宋窖藏中发现与北宋铸造风格迥异的北宋钱币数枚。

朝鲜古泉会成员合影

此外，在出土的高丽古钱中还发现有金铸和银铸钱。《海东》将其归纳为庆祝用钱或陪葬品，并刊有金铸开元通宝，政和通宝，银铸东国通宝，三韩通宝，三韩重宝，开元通宝篆书和景佑元宝等拓片。

仿铸加字钱，即乾元重宝背东国钱。此钱有铜铁两种材质，折二大型和当一小型两种形制共四种。此钱面文仿铸唐乾元重宝，所不同的是，元字第二笔无挑，背东国二字隶书直读，铁钱大都字口不清，铜钱折二当一有的制作精美，厚重，文字笔画干净利落，被泉届普遍认为是铁铸乾元背东国之母钱，存世极罕。亦有不作为母钱的铜质铸钱存在。此类钱古籍未有记载，最早著录此钱的是奥平昌洪的《东亚钱志》，注之："铁铸乾元重宝钱，亦成宗十五年（宋太宗至道二年）四月铸，面文用唐乾元重宝钱文，背东国二字。东国，半岛称谓。……重二两九分。高丽成宗十五年，夏四月辛巳铸铁钱，见安鼎福《东史纲目》'丙申十五年夏四月，初铸铁钱令重臣取吉日以行……'此钱大正初开城古坟发掘……"由此，此后的中日韩泉谱皆将此钱定为成宗十五年高丽所铸。

2. 高丽王朝正式铸币

正式铸币，即高丽王朝基本摆脱受中国钱币影响，使用彰显主权的国家别号作为钱文，独立铸造的自铸币。其具有自己独立的铸造风格，可能由于地域的原因，高丽王朝货币的铸造风格更接近于当时毗邻的辽国铸币风格，如面深背浅，风格粗朴，多有移范，钱体较厚，钱轮外缘多不规整，钱缘较细等特点。正如后来的李氏朝鲜王朝的铸币阔缘版八分书朝鲜通宝的铸造风格更接近于其时的后金铸币风格。

正式铸币由"东国"、"三韩"、"海东"三种国家别号作为钱文主体的三类钱币组成，有"东国通宝"、"东国重宝"、"三韩通宝"、"三韩重宝"、"海东通宝"、"海东元宝"、"海东重宝"七种钱文，形制上有折二型和当一型两种，折二型钱币只有东国通宝折二型一种。

有关高丽铸币的版别，在钱币研究史上一直缺乏深入系统的论述，这可能是以前高丽钱币实物缺乏的原因造成。但对高丽钱的研究，一直都有著录。部分记载如下：

（1）《古泉大全》卷三十六载42品。

（2）《东亚钱志》（朝鲜卷）列36品，其中仿铸中国钱9品，无文钱2品。

（3）《历代古钱图说》列28品。

（4）《昭和泉谱》第四卷 列183品，其中仿铸中国钱47品，无文钱1品。

（5）《朝鲜半岛钱谱》列223品，其中仿铸中国钱20品，无文钱3品。

（6）《玩多梦知命高丽钱谱》列102品。

（7）《韩国货币价格图录》列108品，其中仿铸中国钱3品，无文钱3品。

（8）《韩国的古钱》列192品。

从以上著作刊录来看，对于高丽铸币的版别研究，一直未有深入，多属种类和版别的罗列论述。近些年来，随着我国收藏事业的蓬勃发展，有关高丽钱币的收藏队伍也不断扩大起来，实物和新品不断地被发现与研究，流散于民间的高丽钱币也逐渐集中于收藏界，这给进一步深入研究高丽钱币带来了不可多得的机遇。笔者在前辈的研究成果和大量的实物的基础上，对高丽钱币的版别进行了系统深入的研究。以下是我对高丽正式铸币版别分类的基本概况。

东国通宝20类97种；东国重宝8类66种；三韩通宝14类52种；三韩重宝5类25种；海东通宝14类60种；海东元宝1类2种；海东重宝4类14种；全书高丽正式铸币共计316种版别。加上早期仿铸钱币16种，全书一共332种版别。

以下对其版别系统状况做概要论述。

海东青蚨：高丽铸币

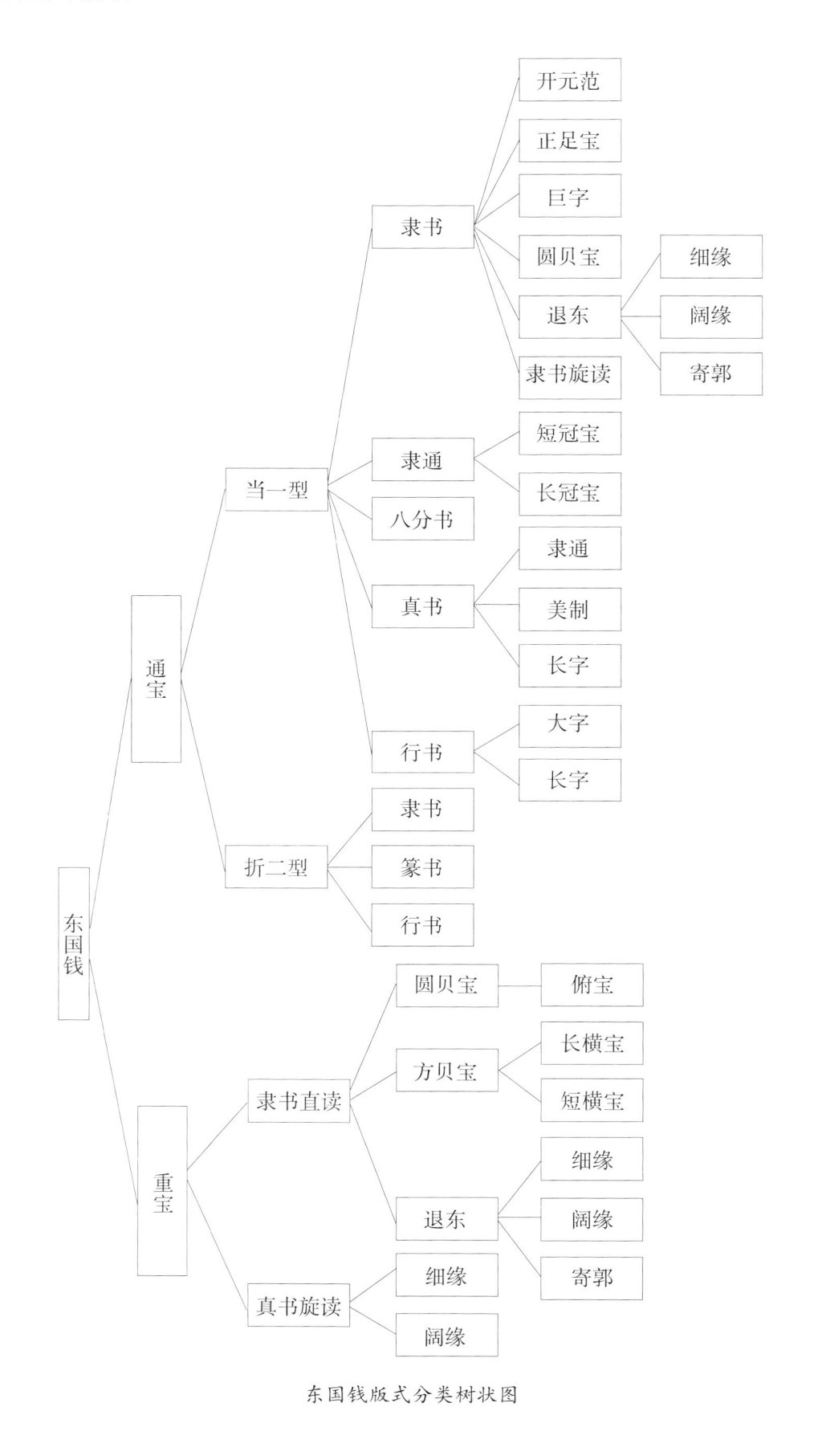

```
东国钱 ─┬─ 通宝 ─┬─ 当一型 ─┬─ 隶书 ─┬─ 开元范
        │        │          │        ├─ 正足宝
        │        │          │        ├─ 巨字
        │        │          │        ├─ 圆贝宝
        │        │          │        ├─ 退东 ─┬─ 细缘
        │        │          │        │       ├─ 阔缘
        │        │          │        │       └─ 寄郭
        │        │          │        └─ 隶书旋读
        │        │          ├─ 隶通 ─┬─ 短冠宝
        │        │          │        └─ 长冠宝
        │        │          ├─ 八分书
        │        │          ├─ 真书 ─┬─ 隶通
        │        │          │        ├─ 美制
        │        │          │        └─ 长字
        │        │          └─ 行书 ─┬─ 大字
        │        │                   └─ 长字
        │        └─ 折二型 ─┬─ 隶书
        │                   ├─ 篆书
        │                   └─ 行书
        └─ 重宝 ─┬─ 隶书直读 ─┬─ 圆贝宝 ── 俯宝
                 │            ├─ 方贝宝 ─┬─ 长横宝
                 │            │          └─ 短横宝
                 │            └─ 退东 ─┬─ 细缘
                 │                     ├─ 阔缘
                 │                     └─ 寄郭
                 └─ 真书旋读 ─┬─ 细缘
                              └─ 阔缘
```

东国钱版式分类树状图

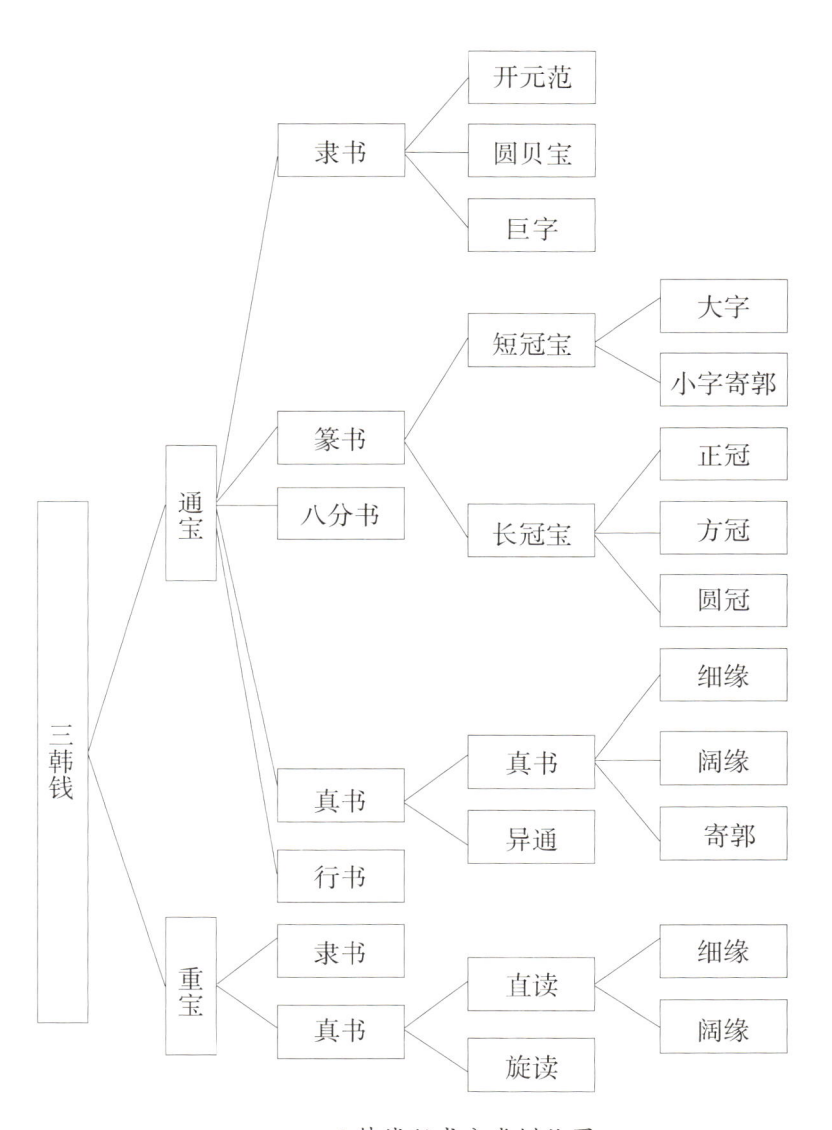

朝鲜半岛高丽王朝铸造货币版别系统概论

```
                                    ┌─ 开元范
                         ┌─ 隶书 ───┼─ 圆贝宝
                         │          └─ 巨字
                         │
                         │                      ┌─ 大字
                         │          ┌─ 短冠宝 ──┤
                         │          │          └─ 小字寄郭
                         │  ┌─ 篆书 ┤
                         │  │       │          ┌─ 正冠
              ┌─ 通宝 ───┤  │       └─ 长冠宝 ─┼─ 方冠
              │          │  └─ 八分书            └─ 圆冠
              │          │
              │          │                      ┌─ 细缘
三韩钱 ───────┤          │          ┌─ 真书 ───┼─ 阔缘
              │          └─ 真书 ───┤           └─ 寄郭
              │             行书    └─ 异通
              │
              │          ┌─ 隶书               ┌─ 细缘
              └─ 重宝 ───┤         ┌─ 直读 ───┤
                         └─ 真书 ──┤           └─ 阔缘
                                   └─ 旋读
```

三韩钱版式分类树状图

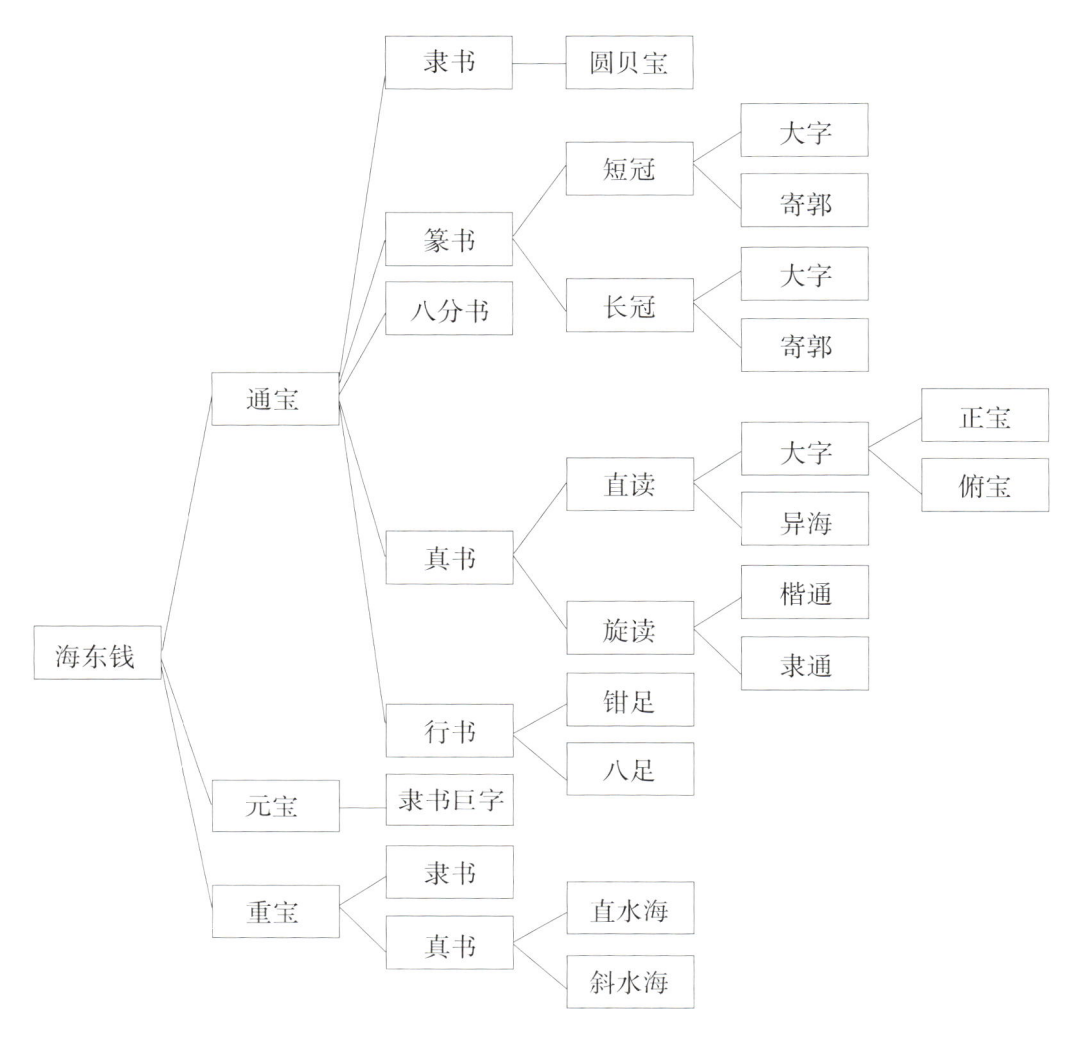

海东钱版式分类树状图

　　高丽王朝正式铸币，以彰显主权意识的三韩、海东、东国三个系统组成，又以通宝、元宝、重宝三种形式分别铸行，其中重宝类铸币，其形制与通宝铸币并无不同，当属模仿中国铸币而为之，形制上同为小平制钱。按其书体风格分为隶书、篆书、八分书、真书、行书五种。其中隶书体铸币应为初期铸币，如上面树状图所示，高丽王朝正式铸币东国、三韩、海东三种，以东国钱版式最为系统完整。

　　（1）隶书开元范版。从铸造风格和书体版别演变规律来看，高丽王朝最初正式铸币应以开元范类为起始，如东国通宝开元范、三韩通宝隶书开元范，海东通宝开元范类尚未发现。此类钱币异常稀少，目前只发现四枚存世。《韩国货币价格图录》、《朝鲜半岛钱谱》与《韩国的古钱》三谱各录一枚东国开元范，用同一枚拓片，出处不明。东国二字扁阔，东字撇捺弯曲，通宝二字同唐开元通宝，背肥郭。笔者在2012年于朝鲜出土北宋钱中拣选出一枚，另外钱币收藏家广东潘迪先生也曾于丹东购得并收藏一枚。《韩国的古钱》载有一枚三韩通宝开元范。此四枚钱币文字风格如出一辙，通宝二字都同唐开元通宝平头通类，其余二字（东国和三韩）皆为隶书，显然是由改开元二字换字而成，整体铸造风格皆属于高丽铸币风格。由此可断定，此类钱币由高丽开元演化而来，为正式铸币之初始。这个版别的存在并不是孤立于高丽铸币体系中的，而是一个承上启下至关重要的节点币，它上承仿铸币高丽开元，下启正足宝类版系。

开元范

东国通宝	三韩通宝	

开元范类钱币应为高丽王朝最早期铸币，发现有东国通宝和三韩通宝，海东钱未有发现。

（2）正足宝版系钱币为高丽王朝铸币的第二种版式。如图，第一枚东国通宝隶书正足宝，显然由东国通宝隶书开元范演化而来。后两种重宝钱币，风格一致，或为同期铸造。隶书正足宝版式只有东国重宝一种大量铸行，其他两种存世稀少，可能由于王朝铸币初期，铸行系统尚不成熟，还处于试铸行阶段。

隶书正足宝

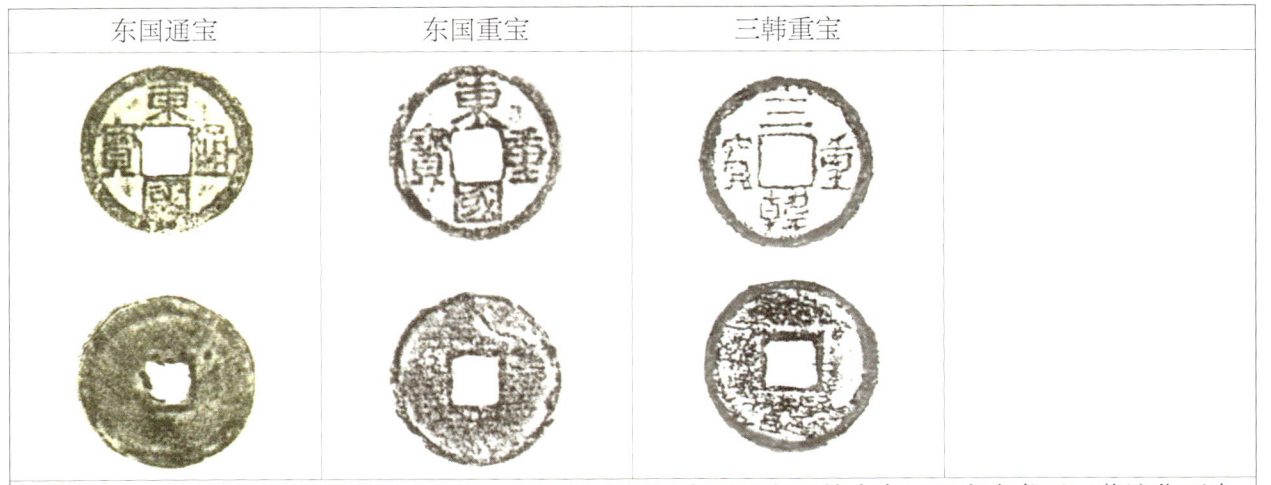

东国通宝	东国重宝	三韩重宝

隶书正足宝类钱币，目前只发现此三种，第一种东国通宝正足宝显然由东国通宝隶书开元范演化而来。后两种重宝钱币，风格一致，或为同期铸造。

（3）隶书巨字版。隶书巨字版，在高丽铸币系统中，达到了一个铸币艺术的小小的高峰，目前，只发现东国通宝、三韩通宝、海东元宝三种版式，三者形制一致，书法风格高度统一，铸造风格一致，存世稀少，尤其是海东元宝，是高丽铸币中唯一一种以元宝方式命名的钱币，且只有这一种版式，被泉届公认为高丽铸币第一名珍。现所见存世三枚，第一枚大字版，为韩国造币公社货币博物馆藏品。另一枚小型版原载于《海东》，现由日本银行收藏。此外日本钱币收藏家吉田昭二先生收藏有一枚大字版。另据泉届传说，20世纪90年代末，开城出土过三枚，其中一枚残缺不全，惜未见拓片和照片。

巨字类

东国通宝	三韩通宝	海东元宝	

形制一致，书法风格高度统一，铸造风格一致，存世稀少。

（4）隶书圆贝宝版。这是在高丽铸币隶书体版体系中又一个稀少版别区域，此版正字类只在东国通宝中有发现，且变化繁多，个体品类数目稀疏。而此版之变化版"隶书圆贝宝俯宝"则在东国通宝、东国重宝、三韩通宝、海东通宝中皆有存在，且存世稀少。此版应为隶书体系中一个短暂的过渡版式。

隶书圆贝宝

东国通宝	东国通宝小型	东国通宝背狭穿	东国通宝背广穿

隶书圆贝宝俯宝

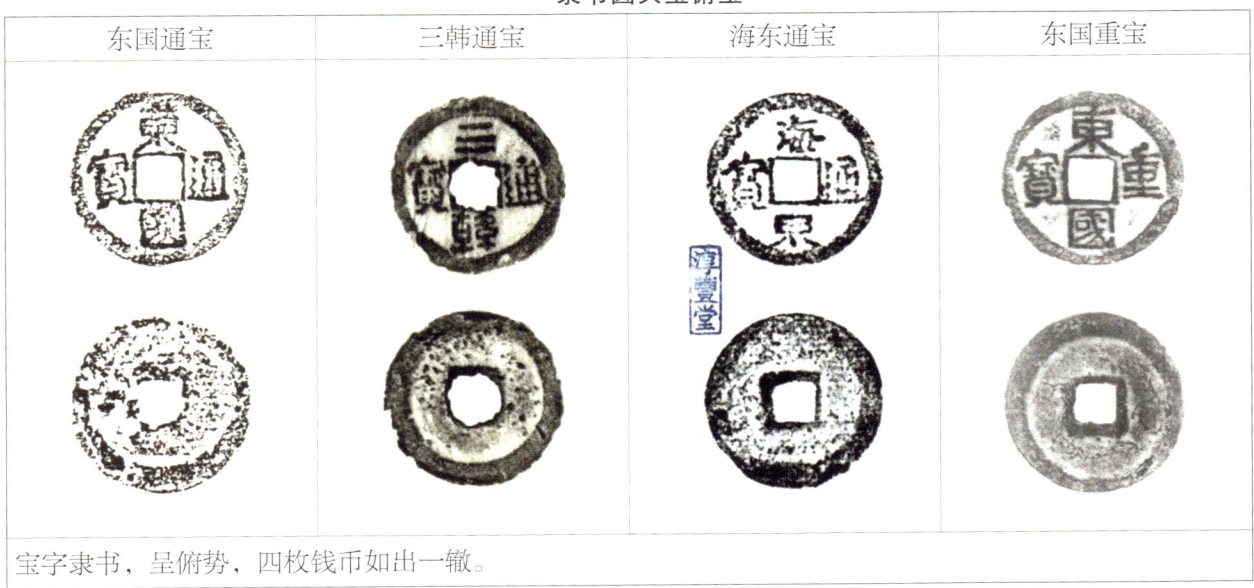

东国通宝	三韩通宝	海东通宝	东国重宝

宝字隶书，呈俯势，四枚钱币如出一辙。

（5）隶书退东版（旧称小字版）。隶书退东版应属于隶书体系中最后一个版系，其铸造量明显加大，版别变化呈有序性、多样性发展。此版系在东国通宝、东国重宝中体现，三韩、海东未有发现，但其变化规律却在三韩通宝真书、三韩重宝真书中完整体现。

纵向来看，版式变化有序，存世量由少及多。横向来看，版式风格一致，书体由隶至真书的演化。

退东类

	东国通宝	东国重宝	三韩通宝	三韩重宝
细缘				

	东国通宝	东国重宝	三韩通宝	三韩重宝
阔缘				
寄郭				

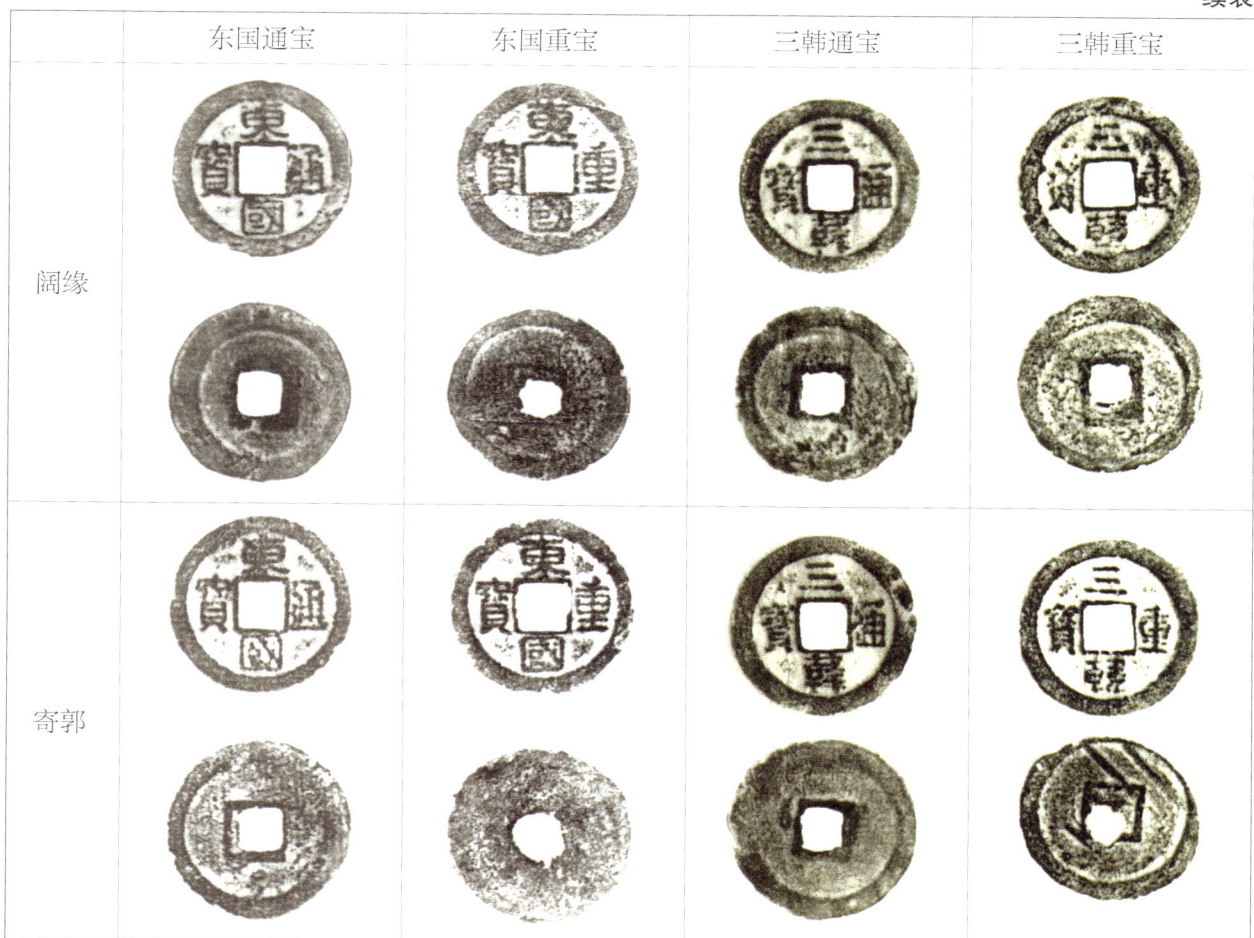

（6）旋读类。隶书体东国钱里，还有一种旋读版式，东国通宝旋读，文字隶书体具楷意。此种版式钱币较为稀少，应为一个过渡性版式。此版式钱币还有东国重宝旋读，三韩重宝旋读，海东重宝旋读三种，后三种则基本演化成真书书体。

隶书旋读 — 真书旋读

东国通宝	东国重宝	三韩重宝	海东重宝

以上为隶书版系之演变的六个阶段，此六种版式也构成了高丽正式铸币的六个阶段性演化过程。

（7）篆书体高丽铸币。篆书体高丽铸币，在整个体系中，铸造量最大，应为高丽铸币成熟期的产物，篆书体出现在东国通宝、三韩通宝、海东通宝三种铸币中，分为短冠宝、长冠宝两种版系。北京的赵程先生曾在丹东得一枚细缘短冠宝海东通宝修穿钱，此钱字口干净利落，应为海东短冠宝之母钱。另外笔者也藏有一枚东国通宝篆书长冠宝母钱。

篆书短冠宝

东国通宝	三韩通宝	海东通宝

篆书长冠宝

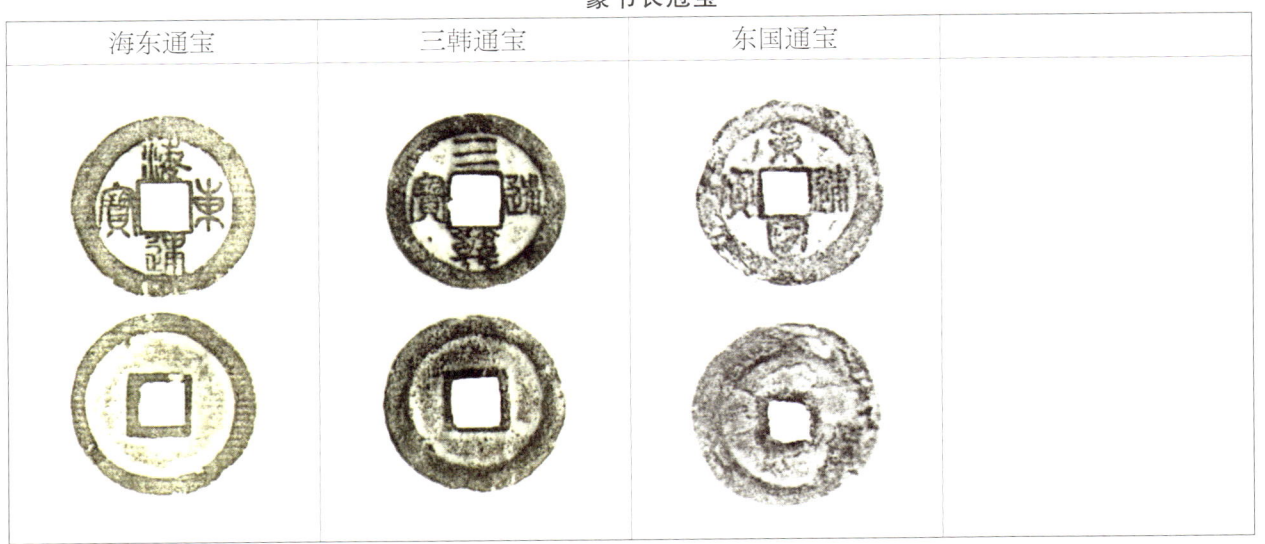

海东通宝	三韩通宝	东国通宝

（8）八分书体。高丽铸币中有一种八分书体的钱币，存世量稀少，一直以来都作为名誉品在泉届流通，它也是出现在东国通宝、三韩通宝、海东通宝三种钱中。

八分书

东国通宝	三韩通宝	海东通宝

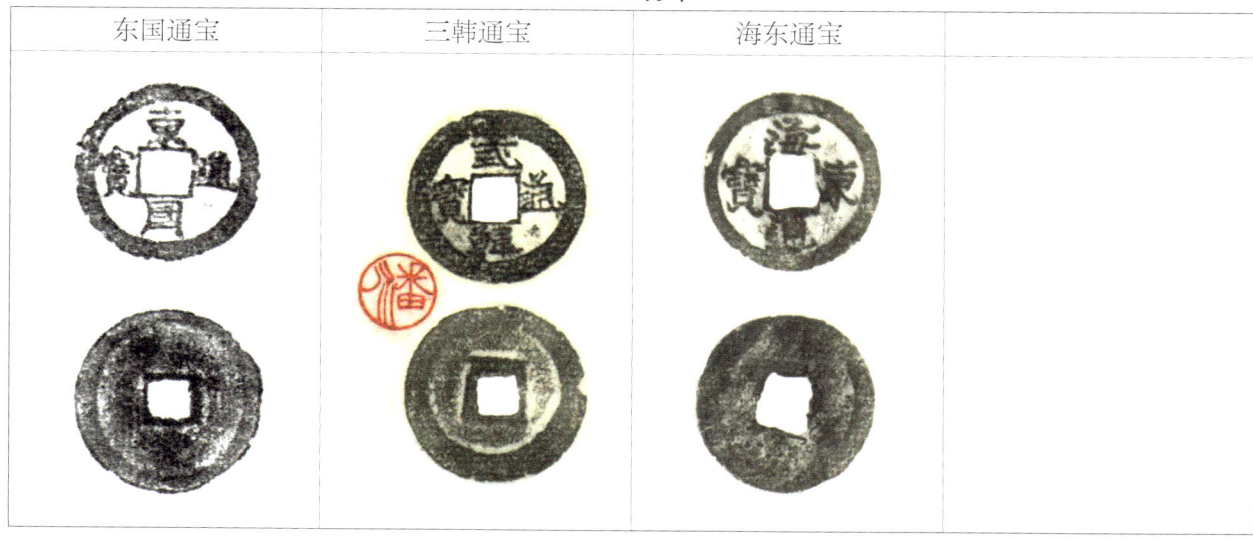

（9）真书体。 真书体钱币在高丽铸币体系中，比较混乱，除上文说过东国重宝旋读、三韩重宝旋读、海东重宝旋读三种之外，还有三个次级版系。一是隶通版系，如图所示，三枚钱币钱文不一，但书体如出一人之手，此三种钱风格统一，互相关联；二是美制版系，如图所示，三枚钱币皆狭穿隔轮，铸造皆良好，不似其他类钱币铸造粗犷；三是真书长字版式，如图所示，此版式钱币书法风格趋于成熟，已摆脱隶书影响，变为成熟的楷书字体。

隶通版

东国通宝	三韩通宝	海东通宝

朝鲜半岛高丽王朝铸造货币版别系统概论　103

美制版

东国通宝	三韩重宝	海东通宝	

真书长字版

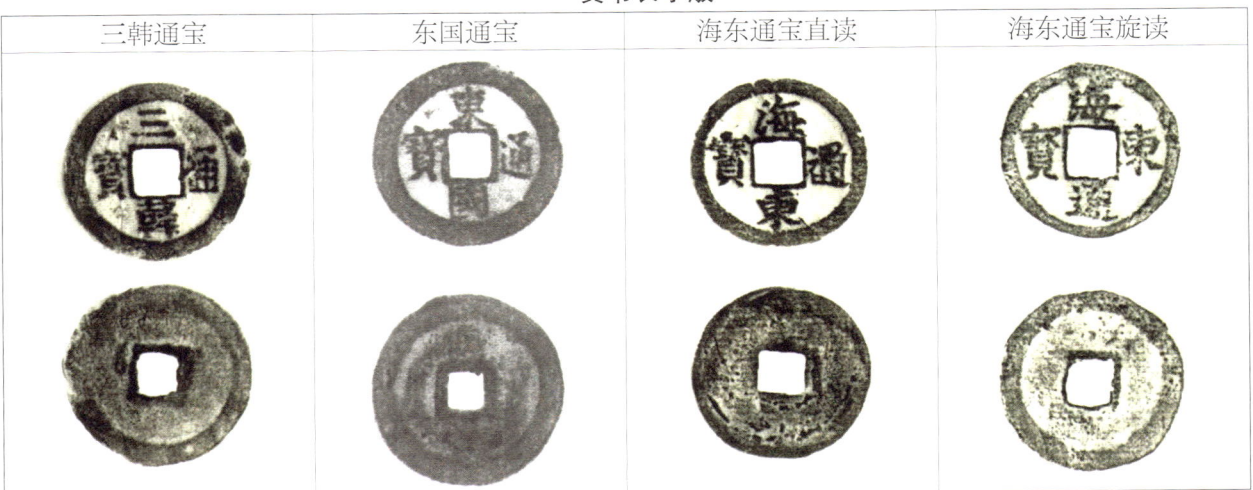

三韩通宝	东国通宝	海东通宝直读	海东通宝旋读

（10）行书体。行书体钱币版式相对简单，只在东国通宝、三韩通宝、海东通宝中产生，其中，三韩通宝行书体非常稀少，为大名誉品。行书体钱币版式有八足宝、钳足宝两种版式。

行书体

东国通宝	三韩通宝	海东通宝八足宝	海东通宝钳足宝

（11）最后一个重要的版系是高丽正式铸币体系中唯一的折二型制东国通宝折二钱。此版式钱币铸造精整，有隶书、篆书、行书三种书体，受中国北宋三体钱影响极大。它是高丽铸币体系中唯一同一形制同一钱文，风格统一的三种字体钱币，为高丽铸币艺术的顶峰之作。此版式钱币应为呈样钱，存世极稀，在高丽铸币中的地位仅次于海东元宝。

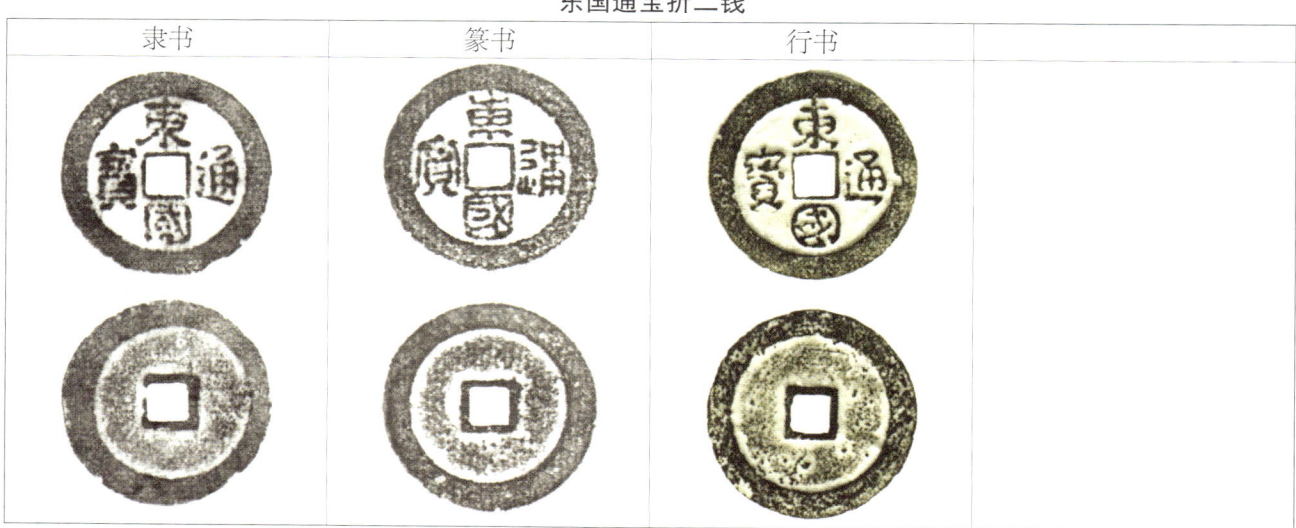

东国通宝折二钱

隶书	篆书	行书

以上是对高丽铸币版式系统的完整概括。

通过对版别的详细分类研究，得出以下几点结论：

（1）高丽王朝铸币是受中国钱币影响，由仿铸、加字，到逐渐摆脱中国钱币钱文特征形成自己独立风格的铸币体系。

（2）高丽王朝正式铸币中最早期铸币，应为隶书开元范类钱币，如东国通宝隶书开元范和三韩通宝隶书开元范。

（3）三种钱文钱币的铸造时期，应为按版别种类的演变，三种钱文平行交叉铸造。如隶书类钱币的铸造顺序应为，开元范类、正足宝类、圆贝宝类、小字细缘类、小字阔缘类、小字寄郭类。

（4）东国通宝折二型三体钱，以及隶书巨字类钱币，应为高丽王朝时期试铸币或精铸样币。如东国通宝巨字，三韩通宝巨字，海东元宝等。

（5）乾元背东国铜铁钱，为高丽王朝所铸造。

（6）高丽铸币是一个具备高丽王朝铸币的独立特性，庞大而有序，内部结构完整，有其内在规律可循的一个完整的钱币体系。

（7）凡是珍稀的钱币，皆是在钱币铸造发展过程中起着重要作用的钱币。

这是一个最好的时代，使收藏和研究朝鲜半岛高丽王朝铸币得以更加深入广阔，本书旨在为当代朝鲜半岛高丽王朝铸造货币收藏和研究抛砖引玉，希望更多的学者和藏家进入到这一领域。由于本人水平有限，错讹难免，希望得以诸位师长斧正！万分感谢！

崔劲波
2018 年 7 月 16 日

第一章　早期铸币

第一节　无文钱

编号	WW1001	WW1002	WW1003
名称	无文钱铁铸	无文钱铜铸	无文钱大型铜铸
图片			
出处	《东亚钱志》	《东亚钱志》	《韩国货币价格图录》
释文	金仁植著《韩国货币价格图录》记载："成宗十五年（996？），平背，开城高丽古坟出土，陪葬品。"	金仁植著《韩国货币价格图录》记载："成宗十五年穆宗十二年（996—1009），平背，开城高丽古坟出土，陪葬品。"	金仁植著《韩国货币价格图录》记载："成宗十五年穆宗十二年（996—1009）。"

韩国已故钱币学家金仁植先生在其著作《韩国货币价格图录》中载此无文钱三品，前两枚同《东亚钱志》，后一枚大型铜质无文钱，从拓片来看，轮、郭较前两品精整，钱体虽有严重腐蚀，但精整度依稀可见，风格不同于前两品，有可能为北宋折二型钱币面文腐蚀所致。

对于两枚无文钱的性质，奥平昌洪注为成宗十五年所铸，金仁植则认为"根据铸钱工艺来看，无文钱是只具有方孔圆形的粗制打造钱，应该是民间制作的陪葬品，而非官铸钱"，"成宗十五年铸钱说只是记载了当时铸造了方孔圆形的铁钱，而无法考证其钱文"。根据上述记载推断，金仁植的说法更为合理一些。

第二节　早期仿铸钱

编号	FZ1001	FZ1002	FZ1003	FZ1004
类型	高丽铸开元通宝	高丽铸开元通宝背记	高丽铸开元通宝背记	高丽铸开元通宝背月
拓片				
直径	25.5毫米	25毫米	25毫米	25.5毫米
级别	八级	七级	七级	四级
照片/拓片				
出处	熊彦	金万寿	金万寿	金万寿
释文	仿铸唐开元通宝，版式属开元通宝平头通类。钱背地章浅平，铸造风格拙朴，常有背移范现象。	同前品，背有印记。高丽仿铸开元版式基本都是开元通宝平头通类。	同前品，背有印记。	同前品，背下仰月，下品与上品同版同模，高丽铸开元通宝目前只发现此一种背月类版式。

编号	FZ1005	FZ1006	FZ1007	FZ1008
类型	高丽铸开元篆书	朝鲜出土铁开元	高丽铸乾元重宝	高丽铸宋元通宝
拓片				
直径	25毫米	27.7毫米	24.8毫米	25毫米
级别	四级		六级	六级
照片/拓片				
出处	《海东》	马忠友	熊彦	马忠友
释文	《海东》、《东亚钱志》均载此品，记"铜质。地章浅平，制作粗朴"。	直径27.7毫米，厚3—3.5毫米，重7.5克。朝鲜出土，疑为高丽铸，待考。	直径24.8毫米，厚1.9毫米，重4.7克。铸造风格同高丽开元，存世稀少。	直径25毫米，厚1.3毫米。铸造风格同高丽开元，存世稀少。

海东青蚨：高丽铸币

编号	FZ1009
类型	高丽铸太平通宝
拓片	
直径	25毫米
级别	六级
照片/拓片	
出处	崔劲波
释文	铸造风格同高丽开元，存世稀少。仿铸唐宋钱类，目前发现均出自于朝鲜窖藏，混杂于北宋钱币之中，我国窖藏尚未有挑出记载。

参考品：吉田昭二藏高丽仿铸唐宋钱。袁林拍摄

第三节　乾元重宝背东国钱

编号	QYD1001	QYD1002	QYD1003	QYD1004
类型	乾元背东国折二型	国字省划	小型	铁钱
拓片				
直径	28毫米	28毫米	26毫米	27毫米
级别	一级中	一级中	一级中	七级
照片/拓片				
出处	曲明	潘迪	窦海	曲明
释文	此品钱型大，钱体厚重，制作粗犷，文字朴拙，元字不同于唐乾元重宝，为无挑元。笔画无粘连，字口干净，应为后者铁钱之母钱。存世极稀少。	同前品，国字省划。	同前品，钱型略小。字口模糊，铸造漫漶。	同前品，铁铸与前品相比，字与钱径略小，应为前品子钱。

编号	QYD1005	QYD1006	QYD007	
类型	乾元背东国当一型	扁国	铁钱	
拓片				
直径	24毫米	24毫米	24毫米	
级别	一级中	一级中	四级	
照片/拓片				
出处	赵程	潘迪	金万寿	
释文	同前品，当一型，存世极稀少。	同前品，国字扁，存世极稀少。	同前品，铁铸，存世稀少。	

关于高丽王朝使用"乾元"年号，吾友李生赠我的《高丽墓志铭集成》(金龙善著)，柳邦宪墓志铭上记载"乾元十年壬申九月五日一举中科"。

八一 ［域期］柳邦憲墓誌

```
太宋高麗國故內史令諡貞簡公墓誌并序

　　粵自質天生德仲尼演廣於人文維嶽降神山甫贊興於王室厥後代弘學校鍾選儒
英棟臣茂盛乎漢唐幹器茹連乎辰卞有若蘯包河海識洞古今擴散漢之才潤成於
讀誥展綸天之路光輔於朝家者於
　　我貞簡公見之矣公姓柳氏諱邦憲字民則全
州人曾祖諱其休性俊直仕至角干　右官租詠法豎少閒虎藝仕百濟至右將軍民父
諱廉岳有識度知百濟　　官租母李氏潭陽郡人外祖
洞謙字受益爲人忠直陵毫爲事仕爲檢務租藏至大監　古母李氏癸卯三月始有娠甲辰正月十五日生
　　公稟祥岳業參欽學究五經及跡義無不精覽年十七丁父憂三年服関明
經不利時　光宗始尚製術以詩賦取人公應鄉貢進士軋元十年壬申九月五日一
舉中科首　勅可攻文博士雍熙四年丁亥　成宗初踐祚命儒臣封策　公又中科首
門博士雍熙四年丁亥　　　　　　　　　　　　　上襃之制可御
```

《高麗墓誌銘集成》所載《柳邦憲墓誌》

　　《韓國金石文集成 28》解，"乾元十年壬申"是光宗二十三年，即公元 972 年。（此距唐肅宗乾元年號已二百余年）。《高麗史》卷 93《柳邦憲傳》載："柳邦憲，全州承化縣人。登第，事成宗為禮部侍郎，穆宗朝授翰林學士、右諫議大夫。十二年拜門下侍郎平章事。"墓誌銘所載高麗光宗時期的確使用過"乾元"年號，特將此分享給廣大泉友同好。

柳邦宪墓志实物图

第二章　正式铸币　东国钱

第一节　东国通宝

参考品：东国通宝开元范　　参考品：东国通宝正足宝中型　　参考品：东国通宝圆贝宝背广郭

一、东国通宝隶书

（一）开元范

此类钱币实物存世极其稀少，形制仿唐开元通宝。"通宝"二字及整体风格与开元通宝钱一脉相承，应为用唐开元通宝钱改范仿铸。为东国通宝类钱币中最初期铸造品，亦为高丽王朝早期铸币。

参考品：三韩通宝开元范

编号	DTL 1001	DTL 1002	DTL 1003
类型	东国通宝开元范	开元范二	开元范三
拓片			
直径	23毫米	23.5毫米	25毫米
级别	一级下	一级下	一级下
照片/拓片			
出处	《韩国货币价格图录》	崔劲波	潘迪
释文	《韩国货币价格图录》、《朝鲜半岛钱谱》与〔韩〕韩荣达《韩国的古钱》三谱用同一枚拓片。东国二字扁阔，东字撇捺弯曲，通宝二字同唐开元通宝。背肥郭。	东国二字较上品稍显方，"通宝"二字同唐开元通宝。宝寄郭，版式趋近下文正足宝。	

（二）正足宝

此类钱币存世稀少，应为高丽王朝早期铸币，书体极具特色，文字工整，制作规范，从文字风格来看与开元范类钱币衍生关系明显。版别变化不多，有背月标版出现。旧谱称"中字"。

版式特征：东字方，撇捺接向郭角，中竖接郭。宝字方贝正足。国字扁阔，内"或"字倾斜。

编号	DTL 2001	DTL 2002	DTL 2003	DTL 2004
类型	正足宝大型	正足宝中型	正足宝小型	正足宝小字
拓片				
直径	24 毫米	23 毫米	21 毫米	22.5 毫米
级别	四级	四级	四级	四级
照片/拓片				
出处	潘迪	赵德龙	《韩国的古钱》	《海东》
释文	"东"字方，撇捺接向郭角，中竖接郭。宝字方贝正足。国字扁阔，内"或"字倾斜。	同前品，径稍小。	同小字小样，背广穿。	同前品，文字略小。

编号	DTL 2005	DTL 2006	DTL 2007	
类型	正足宝右月	正足宝右月磨轮	正足宝右月小字	
拓片				
直径	23.5毫米	22毫米	21.5毫米	
级别	四级	四级	四级	
照片/拓片				
出处	《玩多梦知命泉谱·高丽钱》	金万寿	《昭和泉谱》	
释文	"东"字方，撇捺接向郭角，中竖接郭。宝字方贝正足。国字扁阔，内"或"字倾斜。	同前品，磨轮，径稍小。	同前品，小字。	

（三）圆贝宝

此类钱币存世较少，版式变化较多，整体风格已形成高丽铸币的独有特色，有钱背之穿郭版式变化。旧谱称"大字"。

版式特征：东字撇捺接郭角，中竖下部隐起不接内郭，宝字贝从圆。

编号	DTL 3001	DTL 3002	DTL 3003	DTL 3004
类型	圆贝宝	圆贝宝小型	圆贝宝背狭穿	圆贝宝背广穿
拓片				
直径	25毫米	21毫米	25毫米	24毫米
级别	六级	六级	六级	六级
照片/拓片				
出处	金万寿	崔劲波	《韩国的古钱》	张郁森提供图片
释文	宝字正，东字稍仰。	同前品，径稍小。	宝字正，东字稍仰。背狭穿。	宝字正，东字稍仰，背穿稍广。

编号	DTL 3005	DTL 3006	DTL 3007	DTL 3008
类型	圆贝宝背广郭	圆贝宝离宝	圆贝宝离宝小字小型	圆贝宝离宝背隐郭
拓片				
直径	24毫米	24毫米	23毫米	24毫米
级别	六级	六级	六级	六级
照片/拓片				
出处	崔劲波	《朝鲜半岛钱谱》	吉田昭二	
释文	宝字正，背广穿肥郭。	宝字离内郭，东字稍俯。	同前品，宝离郭，钱径与文字均略小。	同前品，背隐郭。

编号	DTL3009	DTL3010	DTL3011	DTL3012
类型	背隐郭小型	圆贝宝离宝细缘	方字	圆贝宝离宝背上俯月
拓片				
直径	23毫米	22毫米	23毫米	25毫米
级别	六级	六级		五级
照片/拓片				
出处	金万寿	《朝鲜半岛钱谱》	《海东》	于宝华
释文	同前品，背隐郭，钱径与文字略小。	宝字离内郭，东字稍俯。细缘。	原载《海东》，田中启文藏品。文字方形，书法生硬，风格不同于高丽铸币。未发现同版式实物。存疑。	同前品，背隐郭。

海东青蚨：高丽铸币

编号	DTL 3013	DTL 3014	DTL 3015	DTL 3016
类型	圆贝宝离宝短月	圆贝宝离宝细缘	离宝小字背上月	俯宝
拓片				
直径	23毫米	22毫米	23毫米	24毫米
级别	六级	六级	六级	五级
照片/拓片				
出处	金万寿	《朝鲜半岛钱谱》	《韩国的古钱》	《玩多梦知命泉谱·高丽钱》
释文	同前品，背隐郭，钱径与文字略小。	宝字离内郭，东字稍俯。细缘。	字较前品略小。	同前品，背隐郭。

编号	DTL 3017	DTL 3018		
类型	俯宝仰通	俯宝仰通细缘		
拓片				
直径	25毫米	22毫米		
级别	五级	五级		
照片/拓片				
出处	金万寿	《朝鲜半岛钱谱》		
释文	通字仰，宝字俯。	同前品，背隐郭，细缘小型。		

（四）巨字

此类钱币制作规整，文字庄严大气，整体风格明显摆脱中国钱币的影响；版别变化不多；应该是高丽王朝早期官方正式铸币。

版式特征：钱文隶书庄重，东国二字扁阔，制作精美。

高丽时期铸币有一个共同现象，即同版式钱币，文字和直径有从大到小的演变过程；应该是用子钱循环翻铸使然。

编号	DTL4001	DTL4002	DTL4003	DTL4004
类型	巨字阔缘	巨字大型	巨字中型	巨字小型
拓片				
直径	25毫米	24.5毫米	23.5毫米	23毫米
级别	四级	五级	五级	五级
照片/拓片				
出处	金万寿	吉田昭二	曲明	于宝华
释文	缘阔，字大。制作精整。	同前品，中缘，字稍小。	同前品，字稍小，直径稍小。	同前品，小字小样。

（五）退东

此类钱币在东国通宝隶书类中存世量最大，版式繁多复杂，应为东国通宝隶书类后期铸币。旧谱称"小字"。

版式特征：东字退俯。可分细缘、阔缘、寄郭三个子类，每个子类除具共同特征之外，还有其独立的版别特征。

1. 细缘

此小类钱币在东国通宝隶书直读退东类中存世最少。为退东类中最早期铸币。

版别特征：钱文隶书，书体容弱，面细缘，"通"字笔画完整，四字接缘接郭。

编号	DTL5101	DTL5102	DTL5103	DTL5104
类型	退东细缘	退东细缘小型	退东细缘背隐郭	退东细缘背隐郭小型
拓片				
直径	23毫米	22毫米	23.5毫米	23毫米
级别	八级	八级	八级	八级
照片/拓片				
出处			于宝华	宋捷
释文	细缘，背肥郭。	同前品，钱径与文字略小。	细缘背隐郭狭穿。	同前品，钱径与文字略小。

编号	DTL5105	DTL5106		
名称	退东细缘背广穿	退东细缘背广穿小型		
拓片				
直径	23.5毫米	21毫米		
级别	八级	八级		
照片/拓片				
出处	于宝华	《朝鲜半岛钱谱》		
释文	细缘背广穿。	同前品,钱径与文字略小。		

2. 阔缘

此小类钱币在东国通宝隶书直读退东类中存世较少。

版别特征：退东俯东，四字接缘接郭，阔缘。

编号	DTL 5201	DTL 5202	DTL 5203	DTL 5204
类型	退东阔缘	退东阔缘小型	退东阔缘背隐郭	阔缘版母钱
拓片				
直径	25毫米	24毫米	24.5毫米	数据不明
级别	八级	八级	八级	五级
照片/拓片				
出处				张郁森提供图片
释文	阔缘，背肥郭。	同前品，小型。	阔缘背隐郭。	

3. 寄郭

此小类钱币在东国通宝隶书直读退东类中存世最大，也是东国通宝隶书类钱币中存世量最多的品种，版别变化繁多。"宝"字有仰俯之变化，"国"字有方圆之变化。钱背基本无变化，基本为背肥郭。有多种月标版出现。每版钱币从文字和直径有由大至小的明显递次变化。本谱只选具基本特征的大中小三种版式。

版别特征：钱文隶书，东字退俯，通字缺笔，四字寄郭离轮，旧谱称之为"缺用通"。

编号	DTL 5301	DTL 5302	DTL 5303	DTL 5304
类型	寄郭仰宝大型	寄郭仰宝中型	寄郭仰宝小型	寄郭正宝大型
拓片				
直径	24毫米	23.5毫米	22.5毫米	24毫米
级别	九级	九级	九级	九级
照片/拓片				
出处				
释文	宝字仰，寄郭，国字显方形。	同前品，钱径与文字略小。	同前品，钱径与文字略小。	宝字正，国字呈方形。

第二章 正式铸币 东国钱　127

编号	DTL 5305	DTL 5306	DTL 5307	DTL 5308
类型	寄郭正宝中型	寄郭正宝小型	寄郭正宝母钱	仰宝背上月
拓片				
直径	23毫米	22毫米	25毫米	24毫米
级别	九级	九级	五级	七级
照片/拓片				
出处			于宝华	
释文	通字仰，宝字俯。	同前品，背隐郭，细缘小型。		仰宝，背穿上仰月。

编号	DTL 5309	DTL 5310	TL 5311	DTL 5312
类型	正宝背上月	正宝背月接郭	仰宝背下月	正宝通下标背月
拓片				
直径	24毫米	24毫米	23.5毫米	24毫米
级别	七级	七级	七级	七级
照片/拓片				
出处	金万寿	崔劲波	曲明	赵德龙
释文	正宝，背穿上仰月，背月稍降。	同前品，背月接郭。	仰宝，背下俯月。	仰宝，背下俯月。

第二章　正式铸币　东国钱

编号	DTL 5013	DTL 5014	DTL 5315	DTL 5316
类型	正宝通下标背月小型	正宝背左月	正宝背左月小型	正宝背右月
拓片				
直径	25 毫米	22 毫米	23 毫米	24 毫米
级别	七级	七级	七级	七级
照片/拓片				
出处	曲明			
释文	同前品，小型。	正宝，背穿左月纹。	同前品，小型。	正宝，背穿右月纹。

（六）东国通宝隶书旋读

此类钱币存世稀少，文字风格隶书具楷意。

版别特征：钱文旋读，隶书具楷意。

编号	DXL1001	DXL1002		
类型	旋读大字	旋读大字小型		
拓片				
直径	25毫米	23.5毫米		
级别	五级	五级		
照片/拓片				
出处	金万寿			
释文	四字隶书具楷意。	同前品，钱径与文字略小。		

二、东国通宝篆书

此类钱币在东国通宝存世量中占比重较大，版式繁多复杂，应为东国通宝类后期铸币。

版式特征：钱文篆书。可分短冠宝、长冠宝两个子类，每个子类除具共同特征之外，还有其独立的版别特征。

（一）篆书短冠宝

编号	DTZ1101	DTZ1102	DTZ1103	DTZ1104
类型	短冠宝	短冠宝小型背隐郭	短冠宝宝离郭	短冠宝宝离郭小型
拓片				
直径	24毫米	23毫米	24毫米	23毫米
级别	九级	九级	九级	九级
照片/拓片				
出处	金万寿	《朝鲜半岛钱谱》		
释文	宝字接缘接郭。	同前品，背隐郭狭穿。	宝字接缘离内郭。	同前品，钱径与文字略小。

编号	DTZ1105	DTZ1106	DTZ1107	DTZ1108
类型	短冠宝宝离郭小型背隐郭	短冠宝宝寄郭	短冠宝宝寄郭小型	短冠宝宝寄郭背右月文
拓片				
直径	23毫米	22毫米	23毫米	25毫米
级别	九级	九级	九级	七级
照片/拓片				
出处				金万寿
释文	同前品，小型。背隐郭。	同前品，背隐郭，细缘小型。		篆书短冠宝背月文只发现此一种版式。

（二）篆书长冠宝

编号	DTZ2101	DTZ2102	DTZ2103	DTZ2104
类型	篆书长冠宝	篆书长冠宝中型	篆书长冠宝小型	篆书长冠宝背上月
拓片				
直径	25毫米	24毫米	23毫米	24毫米
级别	九级	九级	九级	八级
照片/拓片				
出处	金万寿			
释文	通字仰，宝字俯。	同前品，背隐郭，细缘小型。		

编号	DTZ2105	DTZ2106	DTZ2107	
类型	长冠宝母钱	宝寄郭	宝寄郭小型	
拓片				
直径	25毫米	24毫米	23毫米	
级别	五级	八级	八级	
照片/拓片				
出处	崔劲波		《朝鲜半岛钱谱》	
释文	字口清晰，背郭精整，地章干净，为母钱。	宝字离缘寄郭。	同前品，钱径与文字略小。	

（三）东国通宝八分书

编号	DTB 1001	DTB 1002	DTB 1003
类型	八分书大型	八分书中型	八分书小型
拓片			
直径	25毫米	24毫米	23毫米
级别	五级	五级	五级
照片/拓片			
出处	金万寿	韩国华东拍卖	于宝华
释文	通字仰，宝字俯。	同前品，背隐郭，细缘小型。	

（四）东国通宝真书

编号	DTK 1001	DTK 1002	DTK 1003	DTK 2001
类型	真书隶通大型	真书隶通中型	真书隶通小型	真书美制大型
拓片				
直径	24 毫米	23 毫米	22 毫米	23 毫米
级别	八级	八级	八级	六级
照片/拓片				
出处		吉田昭二		金万寿
释文	通字具隶意，背广穿肥郭。	同前品，钱径与文字略小。	同前品，钱径与文字略小。	制作精美，四字真书隔缘。面背狭穿。

编号	DTL 3017	DTL 3018	DTK 3001	DTK 3002
类型	真书美制小型	真书美制背月	真书长字	真书长字中型
拓片				
直径	22.5毫米	22毫米	25毫米	23毫米
级别	六级	四级	八级	八级
照片/拓片				
出处	韩国华东拍卖	《朝鲜半岛钱谱》		
释文	同前品，钱径与文字略小。	同前品，背下俯月。	四字真书，字稍长。	同前品，钱径与文字略小。

（五）东国通宝行书

编号	DTX 1001	DTX 1002	DTX 1003	DTX 1004
类型	行书大型	行书中型	行书面细缘	行书面细缘小型
拓片				
直径	25毫米	24毫米	24毫米	23毫米
级别	八级	八级	八级	八级
照片/拓片				
出处				
释文	通字仰，宝字俯。	同前品，背隐郭，细缘小型。	同前品，钱径与文字略小。	同前品，小型面细缘。

编号	DTX 1005	DTX 1006	DTX 1007	
类型	行书长字	行书长字中型	行书长字小型	
拓片				
直径	25.5毫米	25毫米	24毫米	
级别	八级	八级	八级	
照片/拓片				
出处	金万寿			
释文	四字行书，字稍长，点足宝，背肥郭。	同前品，钱径与文字略小。	同前品，钱径与文字略小。	

三、东国通宝折二型

此东国通宝折二型钱币,《韩国的古钱》列篆书、行书二品,均原载于《海东》,记:"当二型试铸币。"

《海东》载曰:"珍中之珍,所谓禀议钱,庆祝或副葬用。"

《东亚钱志》亦列此二品曰:"大正初,开城古坟出土,重一两八分,一行书,一篆书,俱对读,制作颇好,此钱旧谱未见。"

编号	DER 1001	DER 1002	DER 1003
类型	隶书	篆书	行书
拓片			
直径	28毫米	28毫米	29毫米
级别	一级中	一级中	一级中
照片/拓片			
出处	曲明	潘迪	崔劲波
释文	四字隶书,阔缘,面背狭穿。	四字篆书,阔缘,面背狭穿。	四字行书,阔缘,面背狭穿。

第二节　东国重宝

一、东国重宝隶书直读

（一）隶书直读大字

东国重宝隶书直读大字圆贝宝存世较稀少，发现只此一种版别。其文字风格、钱型、大小、穿郭等同东国通宝隶书直读圆贝宝俯宝如出一辙，不同之处只在"通""重"之间。应为换字借范。由此可推断东国重宝隶书的铸造时间应较东国通宝隶书的铸造时间滞后一个阶段。旧谱列在大字类里。

编号	DZL 1001	DZL 1002	DZL 1003	DZL 1004
类型	圆贝宝	方贝宝仰重细缘	仰重背肥郭长孔	仰重背广穿
拓片				
直径	24.5毫米	24毫米	24毫米	24毫米
级别	六级	七级	八级	八级
照片/拓片				
出处	金万寿	《海东》		
释文		重字仰，宝字贝部正，细郭背细缘。（《海东》原载）	重字仰，宝字贝部正，背肥郭，长孔。	重字仰，宝字贝部俯，背广穿肥郭。

海东青蚨：高丽铸币

编号	DZL 1005	DZL 1006	DZL 1007	DZL 1008
类型	正重	正重小型	正重背广郭	正重背长孔
拓片				
直径	24毫米	23毫米	24.5毫米	24毫米
级别	六级	七级	八级	八级
照片/拓片				
出处				
释文	重字正，宝字贝部正，面背细郭，小型。	重字正，宝字贝部正，小型。	重字正，宝字贝部正，背肥郭，长穿孔。	重字正，宝字贝部正，背肥郭，长穿孔。

编号	DZL 1009	DZL 1010	DZL 1011	DZL 1012
类型	正重俯贝宝细郭	正重俯贝宝背细缘	正重俯贝宝背肥郭	正重俯贝宝背长孔
拓片				
直径	24.5毫米	24毫米	24毫米	24毫米
级别	八级	八级	八级	八级
照片/拓片				
出处				
释文	重字正，宝字贝部俯，面背细郭，背阔缘。	重字正，宝字贝部俯，细郭背细缘。	重字正，宝字贝部俯，背肥郭。	重字正，宝字贝部俯，背长穿孔。

编号	DZL1013	DZL1014	DZL1015	DZL1016
类型	俯重细郭	俯重背肥郭	俯重背肥郭大型	俯重背肥郭小型
拓片				
直径	24毫米	24毫米	25毫米	23毫米
级别	八级	八级	八级	八级
照片/拓片				
出处				
释文	重字俯，宝字贝部正，面背细郭。	重字俯，宝字贝部正，背肥郭。	同前品，大型。	同前品，小型。

编号	DZL 1017	DZL 1018	DZL 1019	DZL 1020
类型	俯重俯贝宝	俯重俯贝宝细郭合背	俯重俯贝宝背肥郭	短横宝正重
拓片				
直径	25毫米	25毫米	25毫米	24毫米
级别	八级	六级	八级	八级
照片/拓片				
出处		曲明		
释文	重字俯，宝字贝部俯，正郭。	同前品，合背，东国重宝隶书直读方贝宝合背钱，只发现此一种。	重字俯，宝字贝部俯，背肥郭。	宝字贝部内两横短，不接竖，正重，宝字贝部正，背广穿肥郭。

编号	DZL 1021	DZL 1022	DZL 1023	DZL 1024
类型	短横宝正重大型	短横宝正重俯贝宝	短横宝正重俯贝宝大型	短横宝正重俯贝宝背肥郭
拓片				
直径	25毫米	24毫米	25毫米	24毫米
级别	八级	八级	八级	八级
照片/拓片				
出处				
释文	同前品，钱径与文字稍大。	重字正，宝字贝部俯，面背正郭。	同前品，大型。	同前品，背肥郭。

编号	DZL 1025	DZL 1026	DZL 1027	DZL 1028
类型	背肥郭小型	短横宝俯重背肥郭	短横宝俯重背肥郭大型	短横宝俯重俯贝宝大型
拓片				
直径	23毫米	24毫米	25毫米	25毫米
级别	八级	八级	八级	八级
照片/拓片				
出处				
释文	同前品，小字小型。	同前品，背肥郭，移范。	同前品，钱径与文字稍大。	重字稍俯，宝字贝部俯。

编号	DZL 1029	DZL 1030	DZL 1031	DZL 1032
类型	短横宝俯重俯贝宝小型	正重俯贝宝背上月	正重俯贝宝背上月大型	正重俯贝宝背下月
拓片				
直径	23毫米	24毫米	25毫米	24毫米
级别	八级	六级	六级	六级
照片/拓片				
出处			拓片出自《玩多梦知命泉谱·高丽钱》；照片来自韩国华东拍卖，直径25.7毫米	
释文	同前品，小型。	背穿上俯月。	同前品，钱径与文字稍大。	背下仰月。

编号	DZL 1033	DZL 1034	DZL 1035	DZL 1036
类型	正重俯贝宝背左月	俯重背上月	俯重背下月	俯重俯贝宝背右月
拓片				
直径	23毫米	25毫米	25毫米	25毫米
级别	五级	六级	六级	五级
照片/拓片				
出处	潘迪	《昭和泉谱》	《朝鲜半岛钱谱》	潘迪
释文	背左内向月。	背上俯月。	背下仰月。	背右内向月。

编号	DZL 1037	DZL 1038	DZL 1039	DZL 1040
名称	短横宝正重背下月	短横宝正重俯贝宝背上月	短横宝俯重背下月	短横宝俯重背下月细缘
拓片				
直径	25毫米	25毫米	25毫米	24毫米
级别	六级	六级	六级	六级
照片/拓片				
出处				《韩国货币价格图录》
释文	背下仰月。	背上俯月。	背下仰月。	同前品，面细缘。

（二）退东

综述：此类钱币存世量较大，其钱文书体风格与东国通宝隶书直读退东类一致。版式变化以"宝"字"重"字的仰俯变化为主。总体可分细缘、阔缘、隔轮三类，按"重"字的第一笔的弯曲程度，可分弯头重和曲头重两大别。旧谱称此类钱币为"小字"。

弯头重："重"字第一笔呈弯状。旧谱称"曲头重"。

曲头重："重"字第一笔曲中趋直。旧谱称"直头重"。

版别特征：钱币小型，"东"字退俯。

1. 细缘

此类钱币存世量在退东类钱币中相对较稀少。

版别特征：面细缘，四字接缘接郭。

编号	DZL 2001	DZL 2002		
类型	细缘弯头重	细缘曲头重		
拓片/拓片				
直径	23.5毫米	23.5毫米		
级别	八级	八级		
出处				
释文	形制风格同东国通宝隶书退东细缘。重字第一笔呈弯头状。	同前品，重字第一笔呈曲头状。		

2. 阔缘

版式特征：阔缘，四字接缘接郭。此类钱币存世量在退东类钱币中相对较多，版别变化较多。

编号	DZL 2003	DZL 2004	DZL 2005	DZL 2006
类型	阔缘弯头重	阔缘弯头重小型	阔缘曲头重	阔缘曲头重小型
拓片				
直径	24.5 毫米	23 毫米	24.5 毫米	23 毫米
级别	九级	九级	九级	九级
照片/拓片				
出处				
释文	形制风格同东国通宝隶书退东阔缘。重字第一笔呈弯头状。	同前品，文字与钱径略小。	同前品，重字第一笔呈曲头状。	同前品，文字与钱径略小。

3. 寄郭

版式特征：阔缘，四字寄郭。此类钱币存世量在退东类钱币中相对较多，版别变化较多。

编号	DZL 2007	DZL 2008	DZL 2009	DZL 2010
类型	寄郭弯头重	寄郭弯头重小型	寄郭曲头重	寄郭曲头重小型
拓片				
直径	24.5毫米	23毫米	24毫米	23毫米
级别	九级	九级	九级	九级
照片/拓片				
出处				
释文	形制风格同东国通宝隶书退东寄郭。重字第一笔呈弯头状。	同前品，文字与钱径略小。	同前品，重字第一笔呈曲头状。	同前品，文字与钱径略小。

4. 背月类

编号	DZL 2011	DZL 2012	DZL 2013	DZL 2014
类型	弯头重背下月	曲头重背上星	曲头重背左月	曲头重背右月
拓片				
直径	24.5毫米	24毫米	24毫米	24毫米
级别	八级	八级	八级	八级
照片/拓片				
出处		马忠友		
释文	重字仰，宝字俯，背下俯月。	曲头重，宝字俯，背上星。	重字仰，宝字俯，背左月。	重字仰，宝字俯背右偏上外向斜月。

二、东国重宝真书旋读

东国重宝旋读钱币，真书书体，与东国通宝旋读钱币书写风格极其相似。从铸造风格来看，东国重宝旋读钱币显然具有高丽钱币后期的风格。如是，铸造时间东国重宝旋读钱币应在东国通宝旋读钱币之后，并承袭东国通宝旋读钱币。

（一）细缘

编号	DZK 1001	DZK 1002	DZK 1003	
类型	真书细缘	真书细缘小型	真书细缘小型细郭	
拓片				
直径	25毫米	24毫米	23.5毫米	
级别	八级	八级	八级	
照片/拓片				
出处				
释文	真书细缘，钱文旋读。	同前品，字与钱径略小。	同前品，小型，细郭，背穿稍广。	

（二）阔缘

编号	DZK 2001	DZK 2002	DZK 2003	DZK 2004
类型	阔缘正贝宝	阔缘正贝宝小型	阔缘俯贝宝	阔缘俯贝宝小型
拓片				
直径	24毫米	23毫米	24毫米	23毫米
级别	八级	七级	八级	八级
照片/拓片				
出处	张郁森提供图片			
释文	真书阔缘，钱文旋读。宝字贝部正。	同前品，字与钱径略小。	同前品，宝字贝部俯。	同前品，字与钱径略小。

东国通宝分类表

当一型								折二型		
隶书直读				隶书旋读	篆书	八分书	真书	行书	隶书	篆书	行书
开元范	正足宝	巨字	圆贝宝	退东	短冠宝	长冠宝	隶通	美制	长字	大字	长字
			细缘	阔缘	寄郭						

东国重宝分类表

隶书直读												真书旋读	
圆贝宝	方贝宝						退东						细缘	阔缘
	长横宝			短横宝			细缘	阔缘	寄郭					
俯宝昂重	仰重	正重正贝	正重俯贝	俯重俯贝	正重正贝	正重俯贝	俯重俯贝	弯头重	曲头重	弯头重	曲头重	弯头重	曲头重	正贝宝	俯贝宝

第三章　正式铸币　三韩钱

第一节　三韩通宝

参考品：三韩通宝隶书圆贝宝　　参考品：三韩通宝巨字大型　　参考品：三韩通宝篆书小字寄郭大型

参考品：三韩通宝隶书圆贝宝小型　　参考品：三韩通宝巨字中型　　参考品：三韩通宝篆书小字寄郭小型

一、三韩通宝隶书
（一）隶书开元范及圆贝宝

编号	STL 1001	STL 1002	STL 1003	STL 1004
名称	三韩通宝开元范	三韩通宝隶书圆贝宝	圆贝宝俯宝	圆贝宝俯宝小型
拓片				
直径	24毫米	24毫米	24毫米	23.5毫米
级别	一级下	二级	二级	二级
照片/拓片				
出处	《韩国的古钱》	张郁森提供图片	《海东》	金万寿
释文	从拓片来看，其文字风格，铸造风格与东国通宝开元范式极为相似，应为高丽王朝早期铸币。《韩国的古钱》810-1标级：11。 标注：长字	此类钱币存世稀少，版式变化少，整体风格同东国通宝圆贝宝类。	宝字俯，通字稍昂，文字风格与型制同东国通宝隶书圆贝宝俯宝，海东通宝亦有此版式。《韩国的古钱》标注：曲贝宝。	同前品，直径稍小。

（二）巨字

此钱币制作工整，钱文庄重大气，版别变化不多，存世较稀少，应为高丽王朝早期正式铸币。版式特征：钱文隶书，文字扁阔，整体风格同东国通宝巨字类，亦同于海东元宝风格。

编号	STL 3001	STL 3002	STL 3003	STL 3004
类型	三韩通宝巨字大型	巨字中型	巨字小型	巨字异书
拓片				
直径	25.5毫米	24.5毫米	23毫米	24毫米
级别	五级	五级	五级	
照片/拓片				
出处	曲明	袁林	曲明	《海东》
释文	阔缘，字大，制作精整。	同前品，钱径略小。	同前品，钱径略小。	载于《韩国的古钱》，原载《海东》，标级：地，标注：别体、异书。面文较前品明显不同，文字书写拙劣，通字头呈方形，细缘细郭，整体铸造风格略显生硬，未见同版式钱币，需进一步考证。

二、三韩通宝篆书

此类钱币的存世量在三韩通宝类钱币中占比重相对较大，版式繁多复杂，应为三韩通宝后期铸币。

版式特征：钱文篆书。可分短冠宝、长冠宝两个子类，每个子类除具共同特征之外，还有其独立的版别特征。

（一）短冠宝

1. 大字类

编号	DTZ1101	DTZ1102	STZ1103
类型	大字背广郭	大字背广郭中型	大字背广郭小型
拓片			
直径	24毫米	23.5毫米	22.5毫米
级别	七级	七级	七级
照片/拓片			
出处			
释文	钱文篆书冠短宝，面文四字大，接缘接郭，背广穿肥郭。	同前品，中型。	同前品，小型。

2. 小字寄郭类

编号	STZ1201	STZ1202	STZ1203	STZ1204
类型	小字寄郭大型	小字寄郭中型	小字寄郭小型	小字寄郭背上俯月
拓片				
直径	25毫米	23毫米	22毫米	24毫米
级别	八级	八级	八级	六级
照片/拓片				
出处				
释文	篆书，四字寄郭隔缘。	同前品，钱径与文字稍小。	同前品，钱径与文字稍小。	

编号	STZ 1205	STZ 1206	STZ 1207	STZ 1208
类型	小字寄郭背下甲痕	小字寄郭背右内向月	小字寄郭背左肩甲痕	小字寄郭通下星
拓片				
直径	25毫米	22毫米		
级别	七级	六级	六级	六级
照片/拓片				
出处	金万寿	《朝鲜半岛钱谱》		
释文	通字仰，宝字俯。	同前品，背隐郭，细缘小型。		

（二）长冠宝

编号	STZ 2001	STZ 2002	STZ 2003	STZ 2004
类型	正冠宝	正冠宝中型	正冠宝小型	正冠宝背细郭
拓片				
直径	25毫米	23.5毫米	23毫米	24毫米
级别	八级	八级	八级	七级
照片/拓片				
出处				
释文	（特征图1）长冠宝，宝字盖两端呈钝角状，宝盖上平。	同前品，钱径与文字稍小。	同前品，钱径与文字稍小。	同前品，钱径与文字稍小，背细郭。

编号	STZ 2005	STZ 2006	STZ 2007	STZ 2008
类型	方冠宝	方冠宝小型	圆冠宝	圆冠宝小型
拓片				
直径	25毫米	23毫米	24毫米	23毫米
级别	八级	八级	八级	八级
照片/拓片				
出处				
释文	（特征图2）长冠宝，宝字盖，上部平，两肩呈方角形。	同前品，钱径与文字稍小。	（特征图3）长冠宝，宝盖上部呈圆形。	同前品，钱径与文字稍小。

三、三韩通宝八分书

编号	STB 1001	STB 1002	STB 1003
类型	八分书大型	八分书中型	八分书小型
拓片			
直径	25毫米	24毫米	23毫米
级别	四级	四级	四级
照片/拓片			
出处	潘迪		
释文	钱文八分书体。	同前品，钱径与文字稍小。	同前品，钱径与文字稍小。

四、三韩通宝真书

编号	STK 1001	STK 1002	STK 1003	STK 1004
类型	背广郭大型	背广郭中型	背广郭小型	背隐郭大型
拓片				
直径	25毫米	23毫米	22毫米	24毫米
级别	六级	七级	七级	七级
照片/拓片				
出处				
释文	钱文真书，通字头部大。背广穿肥郭。	同前品，钱径与文字略小。	同前品，钱径与文字略小。	同前品，背隐郭狭穿。

编号	STK 1005	STK 1006	STK 1007	STK 1008
类型	背隐郭中型	背隐郭小型	阔缘大型	阔缘小型
拓片				
直径	23毫米	22毫米	24毫米	23毫米
级别	七级	七级	七级	七级
照片/拓片				
出处				
释文	通字仰，宝字俯。	同前品，背隐郭，细缘小型。	钱文楷书，阔缘。	同前品，钱径与文字略小。

编号	STK 1009	STK 1010	STK 1011	STK 1012
类型	阔缘背细郭大型	阔缘小型	寄郭大型	寄郭中型
拓片				
直径	25 毫米	22 毫米	24 毫米	23 毫米
级别	七级	七级	七级	七级
照片/拓片				
出处				
释文	同前品，背细郭。	同前品，钱径与文字略小。	钱文楷书，阔缘，四字寄郭。	同前品，钱径与文字略小。

编号	STK 1013	DSTK 1014	STK 1015	STK 1016
类型	寄郭背细郭大型	寄郭背细郭中型	寄郭背上月	寄郭背左斜月
拓片				
直径	25毫米	23毫米	23.5毫米	24毫米
级别	七级	七级	六级	六级
照片/拓片				
出处				曲明
释文	通字仰，宝字俯。	同前品，背隐郭，细缘小型。	背上俯月。	背左下月。

编号	STK 1017	STK 1018	STK 1019	
类型	寄郭背左月	异通昂宝	异通昂宝小型	
拓片				
直径	24毫米	24毫米	23毫米	
级别	六级	四级	四级	
照片/拓片				
出处		吉田昭二	于宝华	
释文	背左月纹标记。	钱文真书，通字与前品有异。宝字昂。	同前品，钱径与文字略小。	

五、三韩通宝行书直读

编号	STX1001	STX1002		
类型	行书直读	行书阔字		
拓片				
直径	24毫米	23毫米		
级别	一级下	一级下		
照片/拓片				
出处	拓片：潘迪提供；照片：李廷青提供	金万寿		
释文	四字行书直读，存世稀少。	同前品，钱径稍小，三韩二字稍阔。		

第二节　三韩重宝

一、三韩重宝隶书

编号	SZL1001	SZL1002	SZL1003	
类型	隶书直读巨字	隶书直读	隶书直读小型	
拓片				
直径	23.5毫米	24毫米	22.5毫米	
级别	一级下	二级	二级	
照片/拓片				
出处	《韩国的古钱》	潘迪	金万寿	
释文	原载《海东》田中启文氏。钱文隶书，宝字正足。此枚钱币未见实物，待考。	文字书法特别，制作较精美，狭穿，四字隔缘。	同前品，文字与钱径略小。	

二、三韩重宝楷书

编号	SZK 1001	SZK 1002	SZK 1003	SZK 1004
类型	细缘短头重	细缘曲头重	阔缘折头重	阔缘折头重小型
拓片				
直径	23毫米	23毫米	25毫米	23毫米
级别	八级	八级	八级	八级
照片/拓片				
出处				
释文	钱文真书，重字头短。面背细缘。	钱文真书，重字头曲。面背细缘。	（特征图5）钱文真书，重字头弯折。面背阔缘。	同前品，钱径与文字略小。

第三章　正式铸币　三韩钱

编号	SZK 1005	SZK 1006	SZK 1007	SZK 1008
类型	阔缘钩头重	阔缘钩头重小型	阔缘弯头重	阔缘弯头重小型
拓片				
直径	25毫米	22毫米	24毫米	22毫米
级别	八级	八级	八级	八级
照片/拓片				
出处				
释文	（特征图6）重字头呈弯钩状。面背阔缘。	同前品，钱径与文字略小。	（特征图7）重字头呈弯状，面背阔缘。	同前品，钱径与文字略小。

编号	SZK 1009	SZK 1010	SZK 1011	SZK 1012
类型	阔缘曲头重	阔缘曲头重小型	阔缘平头重	阔缘平头重小型
拓片				
直径	24毫米	22毫米	24毫米	22毫米
级别	八级	八级	八级	八级
照片/拓片				
出处				
释文	（特征图8）重字头部呈弯曲状，面背阔缘。	同前品，钱径与文字略小。	（特征图9）重字头呈平直状，面背阔缘。《韩国的古钱》载有一品大字版，直径24毫米，标级：11，未发现同版实物。	同前品，钱径与文字略小。

编号	SZK 1013	SZK 1014	SZK 1015	SZK 1016
类型	阔缘短头重	阔缘短头重小型	背左斜标	背右斜标
拓片				
直径	24 毫米	23 毫米	24 毫米	24 毫米
级别	八级	八级	七级	七级
照片 / 拓片				
出处				
释文	（特征图10）重字头短，面背阔缘。	同前品，钱径与文字略小。		

三、三韩重宝旋读

编号	SZX1001	SZX1002	SZX1003	SZX1004
名称	旋读	旋读中型	旋读小型	旋读背广郭
拓片				
直径	24毫米	23毫米	22毫米	24毫米
级别	六级	六级	六级	六级
照片/拓片				
出处				
释文	四字楷书旋读。	同前品，钱径与文字稍小。	同前品，钱径与文字稍小。	同前品，四字楷书旋读，背广穿肥郭。

编号	SZX1005	SZX1006		
名称	旋读背隐郭小型	旋读背隐郭最小型		
拓片				
直径	25毫米	22毫米		
级别	六级	六级		
照片/拓片				
出处				
释文	同前品，钱径与文字小，背隐郭。	同前品，钱径与文字稍小。		

三韩铸币分类表

三韩通宝							三韩重宝				
隶书		篆书		八分书	真书		行书	直读			旋读
								隶书	别体	真书	真书
		短冠宝	长冠宝	细缘	阔缘					细缘	阔缘
开元范	圆贝宝	巨字	大字类	寄郭类	正贝	方贝	圆贝	大字	大字	寄郭	异通昂宝

第四章　正式铸币　海东钱

第一节　海东通宝

参考品：海东通宝隶书直读
圆贝宝俯宝

参考品：海东通宝篆书
阔缘短冠宝大样

参考品：海东通宝篆书长冠宝

参考品：海东通宝篆书
短冠宝

参考品：海东通宝篆书
短冠宝背上俯月

参考品：海东通宝篆书
长冠宝背广郭

一、海东通宝隶书

编号	HTL1001
类型	直读圆贝宝俯宝
拓片	
直径	24毫米
级别	二级
照片/拓片	
出处	吉田昭二
释文	四字隶书，宝字圆贝。此品旧谱未见，目前只发现一枚。文字风格及形制同东国通宝隶书圆贝宝俯宝、三韩通宝圆贝宝俯宝，与其不同在于宝字略正。

二、海东通宝篆书

此类钱币的存世量在海东通宝类钱币中占比重相对较大，在整个高丽铸币体系中也是存世量最多的一类钱币。版式繁多复杂，应为海东通宝后期铸币。

（一）篆书短冠宝

编号	HTZ1101	HTZ1102	HTZ1103	HTZ1104
类型	阔缘短冠宝大样	短冠宝	短冠宝中型	短冠宝小型
拓片				
直径	25.4毫米	24毫米	23毫米	22毫米
级别	六级	九级	九级	九级
照片/拓片				
出处	熊彦			
释文	篆书短冠宝，仰宝，四字大于常品。	篆书短冠宝。	钱径与文字略小于前品。	同前品，钱径与文字小。

编号	HTZ1105	HTZ1106	HTZ1107	HTZ1108
类型	宝寄郭	宝寄郭中型	宝寄郭小型	背上俯月
拓片				
直径	24毫米	23毫米	22毫米	24毫米
级别	十级	十级	十级	七级
照片/拓片				
出处				
释文	篆书短冠宝，宝字寄郭。	同前品，钱径与文字略小。	同前品，小型，细缘。	背上俯月标。

编号	HTZ 1109	HTZ 1110	HTZ 1111	HTZ 1112
类型	背下仰月	背左纵标	背右纵标	背右斜纵标
拓片				
直径	24毫米	24毫米	24毫米	23毫米
级别	七级	八级	八级	八级
照片/拓片				
出处				
释文	背下仰月标。	背左纵向标记。	背右纵向标记。	背右纵向斜标记。

（二）篆书长冠宝

编号	HTZ 1201	HTZ 1202	HTZ 1203	HTZ 1204
类型	海东通宝篆书长冠宝	长冠宝中型	长冠宝小型	背广郭
拓片				
直径	25毫米	24毫米	23毫米	24毫米
级别	九级	十级	十级	九级
照片/拓片				
出处				
释文	篆书长冠宝阔缘大型。	同前品，钱径与文字略小。	同前品，钱径与文字略小。	面隐郭，背广穿肥郭。

编号	HTZ1205	HTZ1206	HTZ1207	HTZ1208
类型	背广郭小型	背隐郭	背隐郭小型	宝寄郭
拓片				
直径	22毫米	24毫米	22毫米	24毫米
级别	十级	九级	十级	九级
照片/拓片				
出处				
释文	同前品，小字小型。	背郭隐去，钱背趋平。	同前品，小字小型。	宝字寄郭离缘。

编号	HTZ 1209	HTZ 1210	HTZ 1211	HTZ 1212
类型	宝寄郭小型	背上仰月	背右上斜纹	背左上斜纹
拓片				
直径	23 毫米	24 毫米	24 毫米	23 毫米
级别	九级	七级	七级	七级
照片/拓片				
出处				
释文	同前品，钱径稍小。	背穿上仰月文。	背右上斜直标。	背左上斜直标。

三、海东通宝八分书

编号	HTB 1001	HTB 1002	HTB 1003	
类型	八分书大型	八分书中型	八分书小型	
拓片				
直径	24毫米	23毫米	22毫米	
级别	六级	六级	六级	
照片/拓片				
出处				
释文	钱文八分书旋读大型。	同前品，钱径与文字略小。	同前品，钱径与文字略小。	

四、海东通宝真书

（一）真书大字

编号	HTK 1101	HTK 1102	HTK 1103	HTK 1104
类型	真书大字	真书大字小型	真书大字俯宝	真书大字俯宝小型
拓片				
直径	24毫米	23.5毫米	24.5毫米	23.5毫米
级别	三级	三级	三级	三级
照片/拓片				
出处	崔劲波	吉田昭二	金万寿	崔劲波
释文	四字楷书，直读大字，昂宝降通，海字水部倾斜。	同前品，宝足平，钱径与文字略小。	同前品，宝字俯，宝字水部直立。	同俯宝，钱径与文字略小。

（二）真书异海

编号	HTK 1201	HTK 1202	HTK 1203
类型	真书异海大型	真书异海中型	真书异海小型
拓片			
直径	25毫米	24毫米	22毫米
级别	五级	五级	五级
照片/拓片			
出处	吉田昭二	吉田昭二	
释文	钱文楷书直读，四字隔缘，面背狭穿。海字水部写法有异，东字稍俯。	同前品，钱径与文字略小。	同前品，钱径与文字小。

（三）海东通宝真书旋读

1. 分水海

编号	HXK1101	HXK1102	HXK1103	HXK1104
类型	真书旋读三水海	三水海小型	三水海短尾通	三水海长尾通
拓片				
直径	24毫米	23毫米	24毫米	24毫米
级别	九级	九级	九级	九级
照片/拓片				
出处				
释文	四字楷书旋读，海字三点水部断开不连。	同前品，钱径与文字稍小。	同前品，通字短尾。	同前品，通字长尾。

2. 连水海

编号	HXK 1201	HXK 1202	HXK 1203	HXK 1204
类型	二水海	二水海小型	二水海背隐郭	二水海面星
拓片				
直径	24毫米	23毫米	24毫米	24毫米
级别	九级	九级	九级	九级
照片/拓片				
出处				
释文	四字楷书旋读，海字三点水部下两点相连。	同前品，钱径与文字稍小。	同前品，背隐郭。	同前品，钱径与文字稍小。

3. 真书旋读隶通

编号	HXK 1301	HXK 1302	HXK 1303	HXK 1304
类型	隶通	隶通小型	隶通异海	隶通翘尾通
拓片				
直径	24毫米	22.5毫米	23毫米	22毫米
级别	八级	八级	五级	五级
照片/拓片				
出处	陈焕然		崔劲波	金万寿
释文	四字楷书具隶意，旋读。	同前品，钱径与文字稍小。	海字笔法风格近隶书体。	通字书法风格为八分书体，翘尾。

五、海东通宝行书

编号	HTX1001	HTX1002	HTX1003	HTX1004
类型	钳足宝	钳足宝背下月	钳足宝俯宝	钳足宝俯宝小型
拓片				
直径	25毫米	22毫米		
级别	八级	七级	八级	八级
照片/拓片				
出处				
释文	四字行书旋读，宝字正，钳足。	同前品，小字小型，背下月标。	同前品，宝字稍俯。	同前品，钱径与文字略小。

编号	HTX 1005	HTX 1006	HTX 1007	HTX 1008
类型	钳足宝背广郭	钳足宝背广郭小型	钳足宝背广郭俯宝	钳足宝背广郭俯宝小型
拓片				
直径	24毫米	23毫米	24毫米	23毫米
级别	八级	八级	八级	八级
照片/拓片				
出处	韩国华东拍卖			
释文	同前品，行书钳足宝，宝字离郭接缘，背广穿肥郭。	同前品，钱径与文字略小。	同前品，行书钳足宝，宝字离郭接缘，背广穿肥郭，宝字俯。	同前品，小型。

编号	HTX 1009	HTX 1010	HTX 1011	HTX 1012
类型	钳足宝宝寄郭	八足宝	八足宝中型	八足宝小型
拓片				
直径	24 毫米	24 毫米	23 毫米	22 毫米
级别	六级	八级	八级	八级
照片/拓片				
出处	吉田昭二	陈焕然		
释文	同前品，钳足宝，宝字仰寄郭离缘。	四字行书，宝字八足。	同前品，钱径与文字稍小。	同前品，钱径与文字稍小。

第二节　海东元宝

《东亚钱志》记："肃宗二年十二月铸，大正初年开城古坟出土。"《海东》记："高丽钱中第一珍品。"

编号	HYL 1001	HYL 1002	HYL 1003	
类型	海东元宝	海东元宝小型	海东元宝	
拓片				
直径	24 毫米	23 毫米	24 毫米	
级别	一级上	一级上	一级上	
照片/拓片				
出处	韩国造币公社货币博物馆藏	日本银行藏品	吉田昭二	
释文	四字隶书巨字，形制同东国通宝巨字、三韩通宝巨字。阔缘。	原日本田中启文藏品。同前品，东字稍窄。	与 HYL 1001 同。	

第三节　海东重宝

编号	HZL 1001	HZL 1002	HZL 1003	HZL 1004
类型	隶书旋读	真书旋读	真书旋读小型	真书旋读二水海
拓片				
直径	24.5 毫米	24 毫米	23 毫米	24.5 毫米
级别	三级	五级	五级	五级
照片/拓片				
出处	金万寿	于宝华	曲明	李廷青
释文	书体隶书大字。	水部上下垂直，书体真书具隶意。	同前品，小字小型。	直水，水部两笔。

编号	HZL 1005	HZL 1006	HZL 1007	HZL 1008
类型	真书旋读斜水海	真书旋读斜水海中型	真书旋读斜水海小型	真书旋读斜水海最小型
拓片				
直径	25 毫米	24 毫米	23 毫米	22 毫米
级别	九级	九级	九级	九级
照片/拓片				
出处				
释文	真书旋读，海字水部倾斜。	同前品，钱径与文字略小。	同前品，钱径与文字略小。	同前品，钱径与文字略小。

编号	HZL 1009	HZL 1010	HZL 1011	HZL 1012
类型	斜水海离宝	斜水海离宝中型	斜水海离宝小型	离宝细缘
拓片				
直径	25 毫米	24 毫米	23 毫米	24 毫米
级别	九级	九级	九级	八级
照片/拓片				
出处		宋捷		
释文	钱文真书，四字旋读，大字，宝字离内郭。	同前品，钱径与文字略小。	同前品，钱径与文字略小。	四字真书旋读，大字，宝字离郭。面细缘。

表1　海东铸币分类表

海东元宝	海东通宝										海东重宝		
隶书	隶书	真书		行书		篆书		八分书	旋读		
^	^	直读	旋读	钳足宝	八足宝	短冠宝	长冠宝	^	隶书		楷书
巨字	圆贝宝	大字	异海	楷通	隶通	正郭	背广郭	大宝	宝寄郭	大宝	宝寄郭		正足宝	隶楷	大字	离宝

表2　东国三韩海东铸币分类　　　　（*表示有此品种）

		东国		三韩		海东		
		通宝	重宝	通宝	重宝	元宝	通宝	重宝
隶书	开元范	*		*				
^	正足宝	*	*		*			
^	圆贝宝	*	*	*			*	
^	巨字	*		*		*		
^	退东细缘	*	*	*（真书）	*（真书）			
^	退东阔缘	*	*	*（真书）	*（真书）			
^	退东寄郭	*	*	*（真书）	*（真书）			
^	旋读	*	*（真书）		*（真书）		*（真书）	*
篆书	短冠宝	*		*			*	
^	长冠宝	*					*	
八分书		*		*			*	
真书	隶通	*		*			*旋读	
^	美制	*					*	
^	（大）长字	*		*			*	*旋读
行书	钳足宝	*		*			*	
^	八足宝	*					*	
折二	隶书	*						
^	篆书	*						
^	行书	*						
别体				*				

高丽铸币横向对比图

1. 隶书开元范

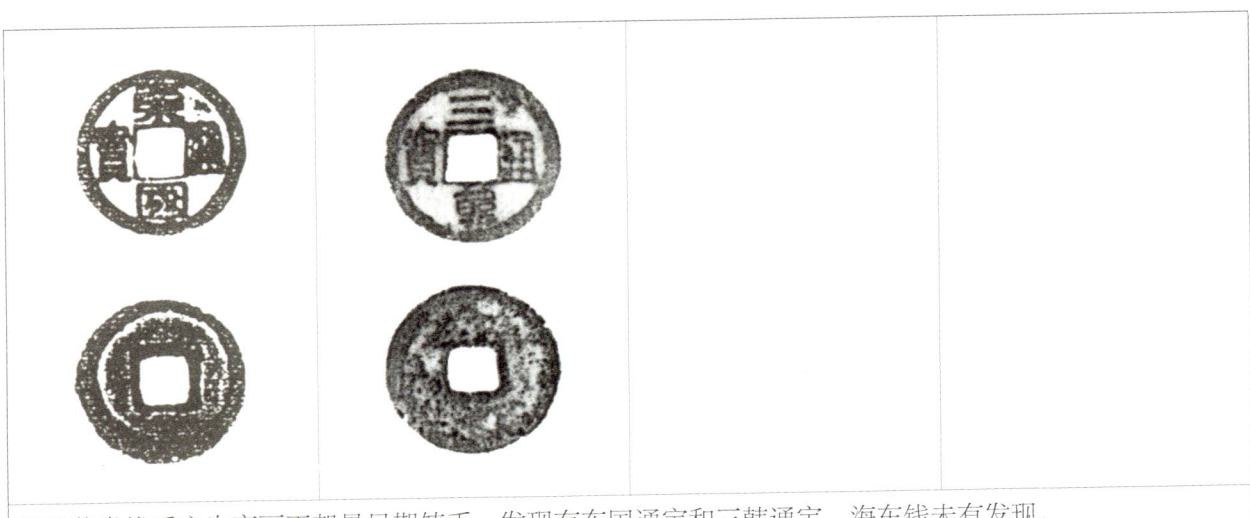

开元范类钱币应为高丽王朝最早期铸币，发现有东国通宝和三韩通宝，海东钱未有发现。

2. 隶书正足宝

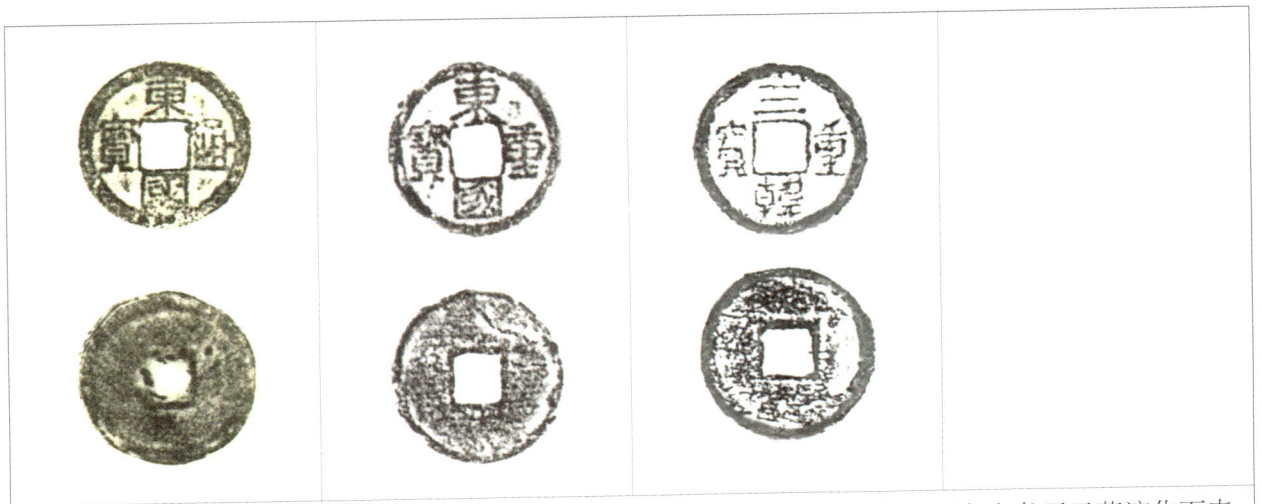

隶书正足宝类钱币，目前只发现此三种，第一种东国通宝正足宝显然由东国通宝隶书开元范演化而来。后两种重宝钱币，风格一致，或为同期铸造。

3. 隶书圆贝宝俯宝

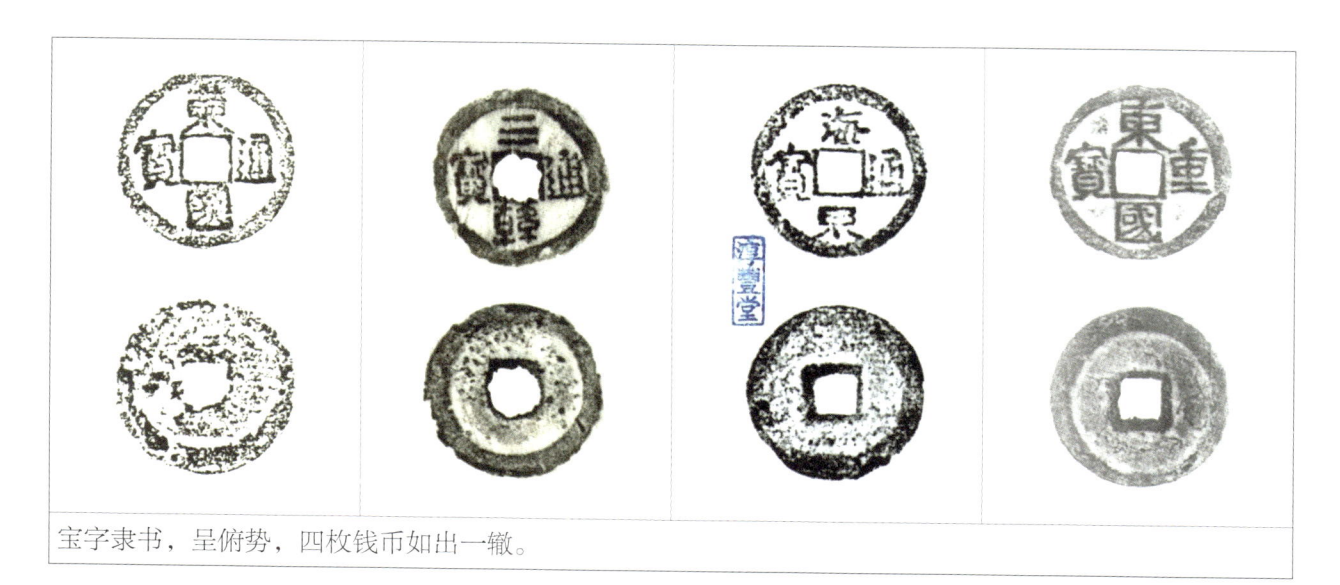

宝字隶书，呈俯势，四枚钱币如出一辙。

4. 隶书巨字

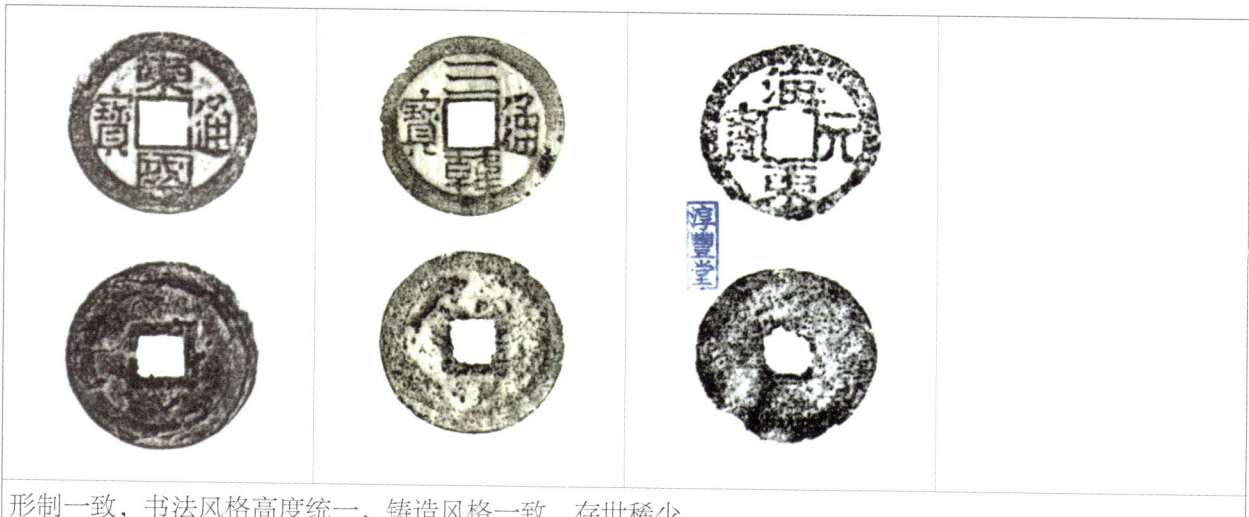

形制一致，书法风格高度统一，铸造风格一致，存世稀少。

5. 东国折二型三体钱

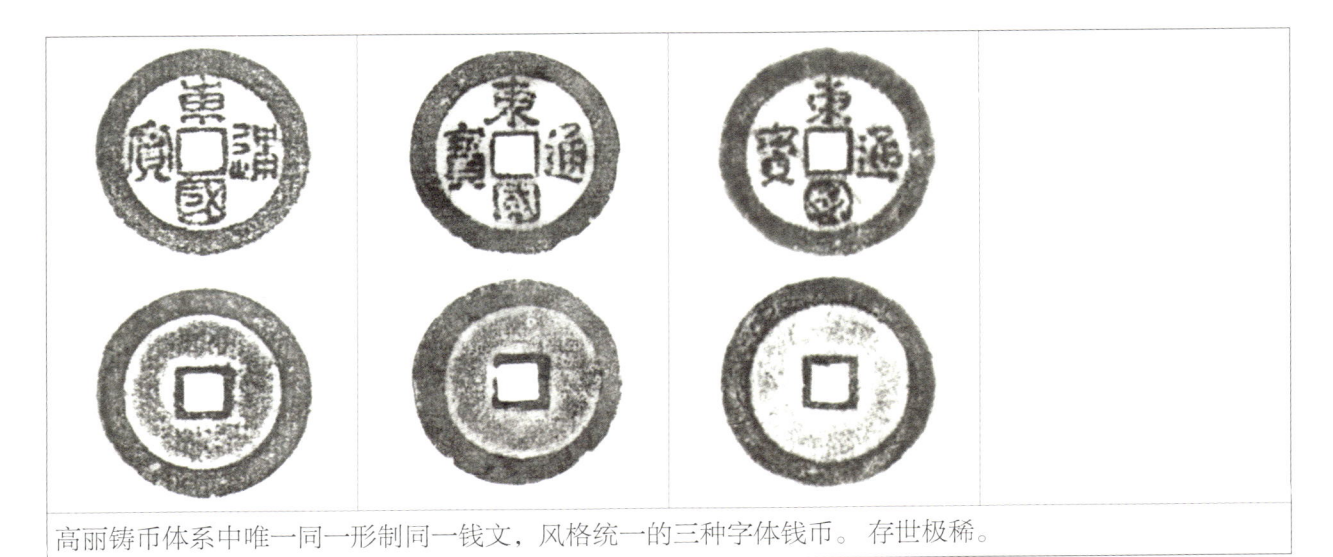

高丽铸币体系中唯一同一形制同一钱文，风格统一的三种字体钱币。存世极稀。

6. 细缘，阔缘，寄郭

纵向来看，版式变化有序，存世量由少及多。横向来看，版式风格一致，书体由隶至楷的演化。

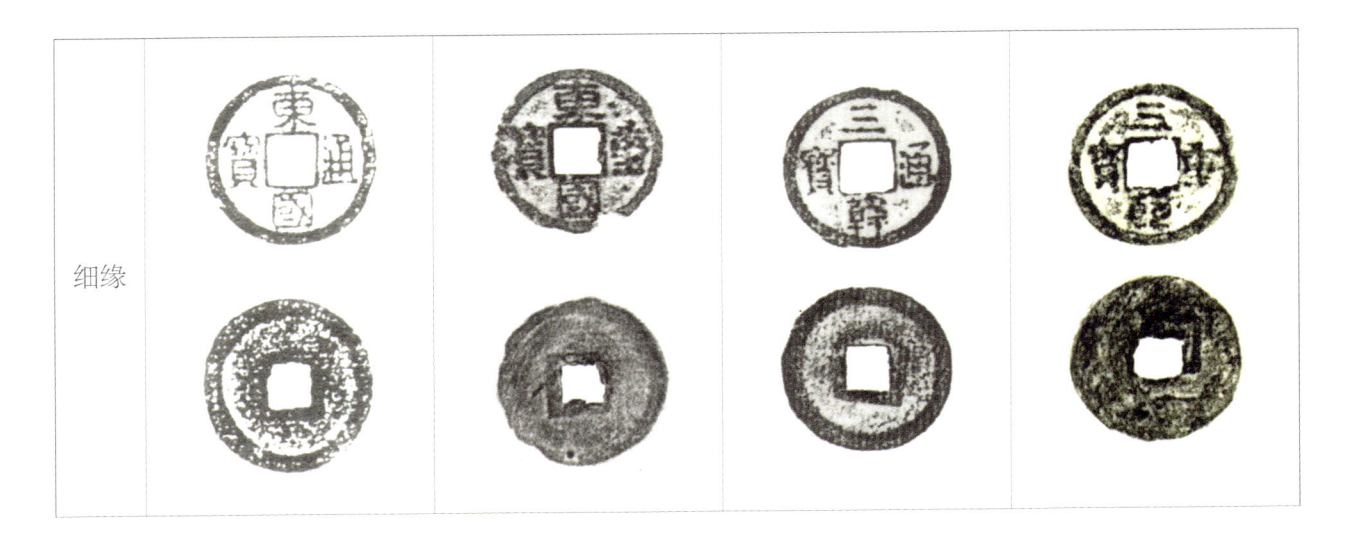

细缘

海东青蚨：高丽铸币

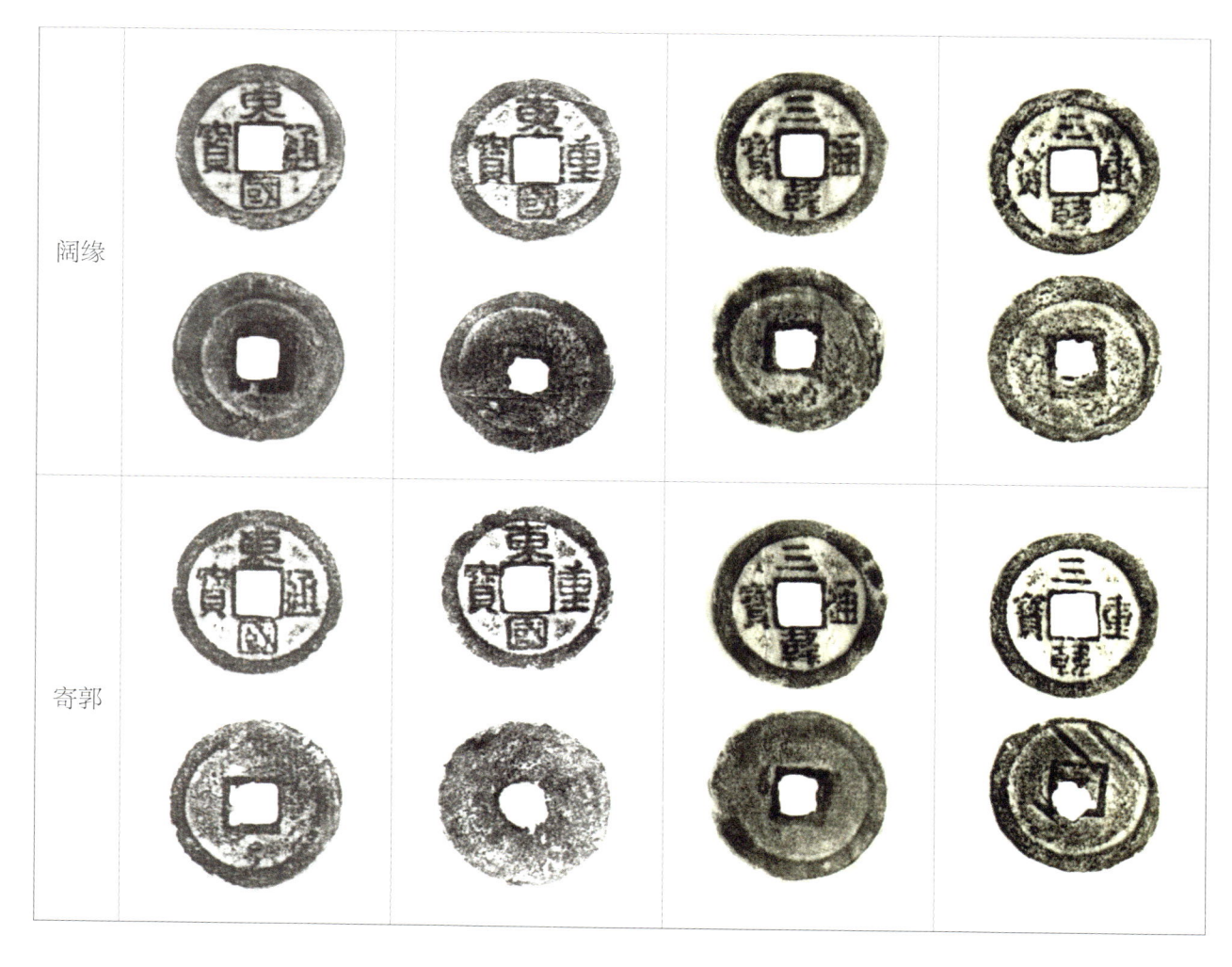

阔缘				
寄郭				

7. 旋读

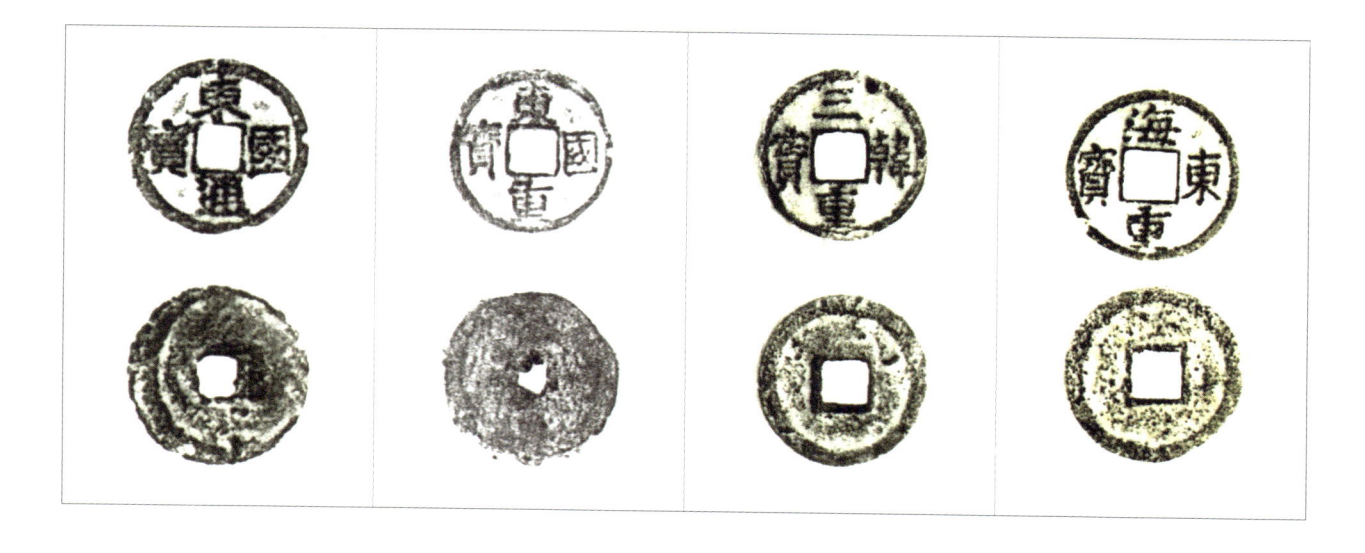

8. 篆书短冠宝

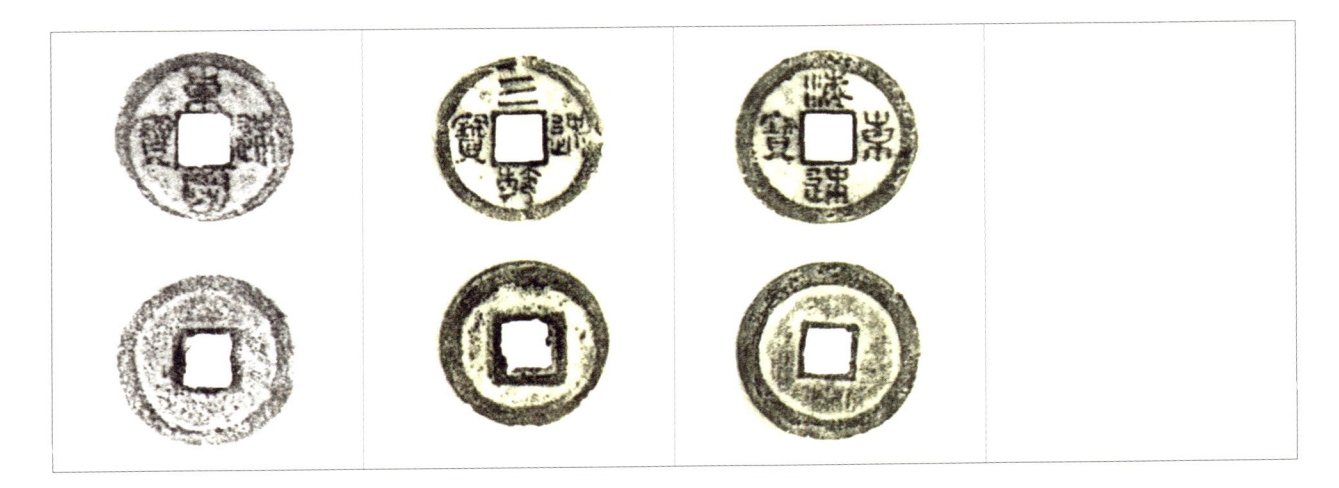

9. 篆书长冠宝

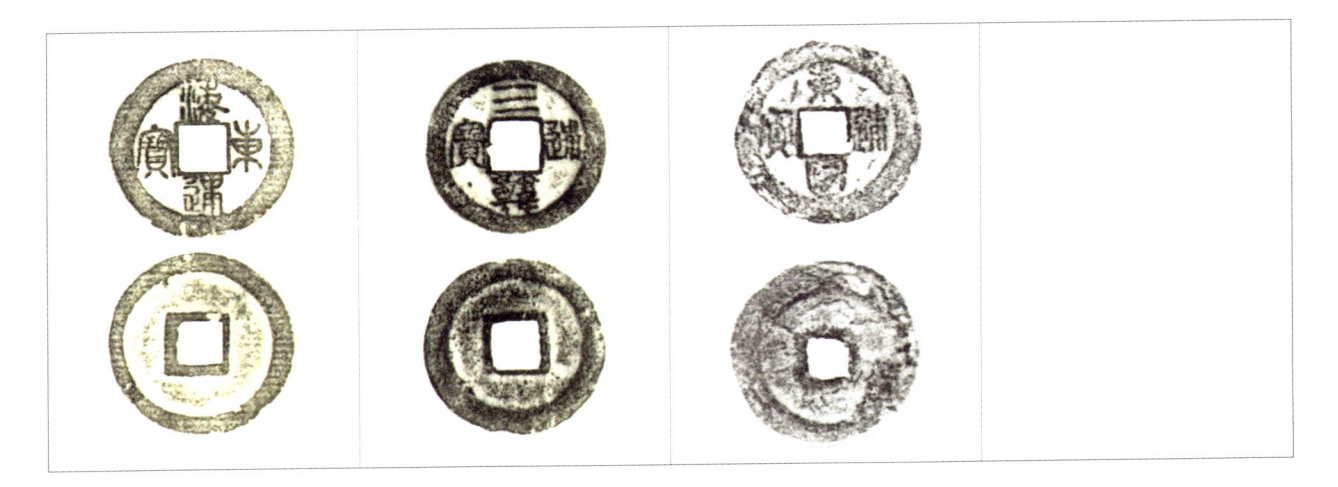

10. 八分书

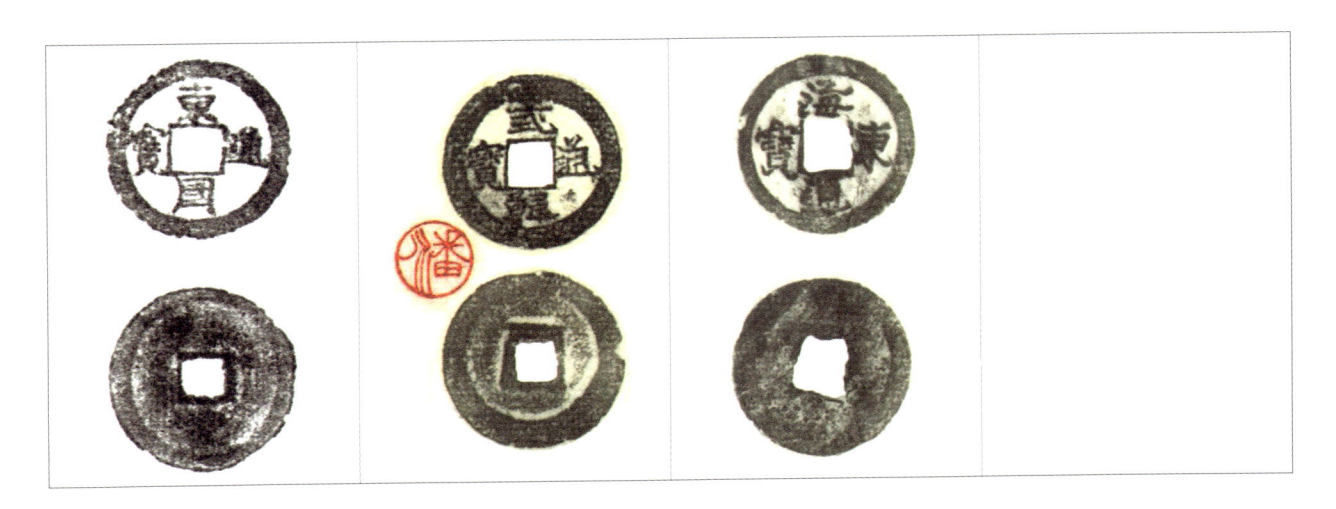

11. 真书一

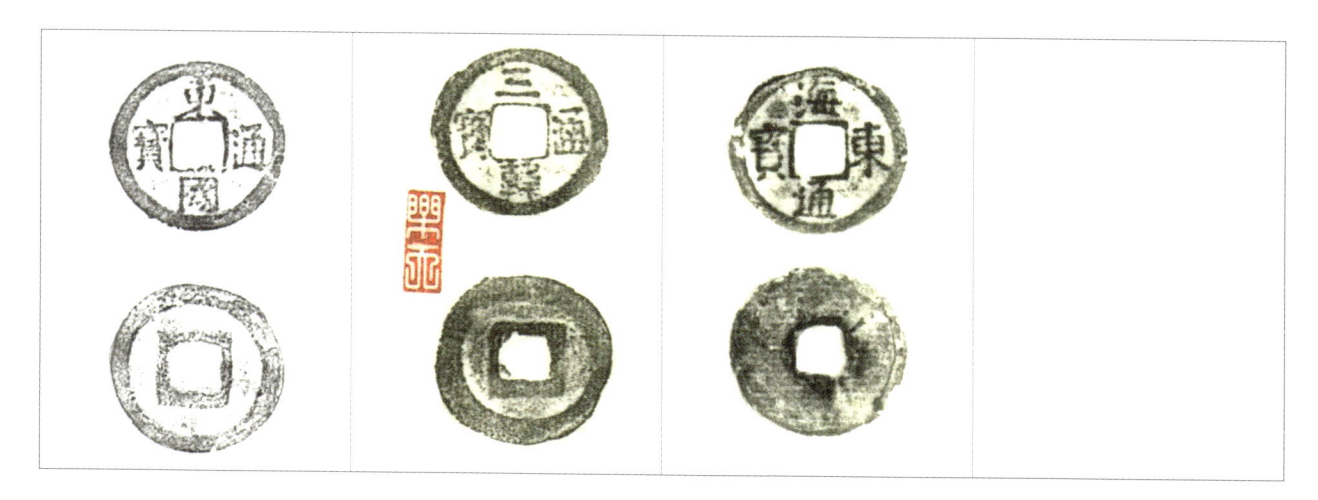

12. 真书二（狭穿美制）

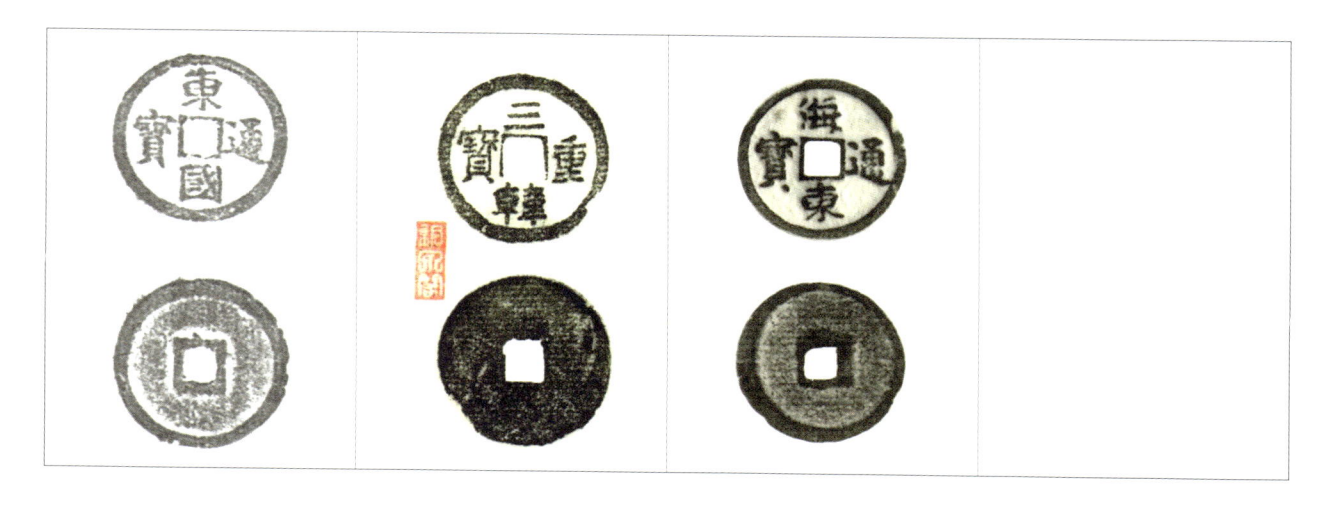

13. 真书三

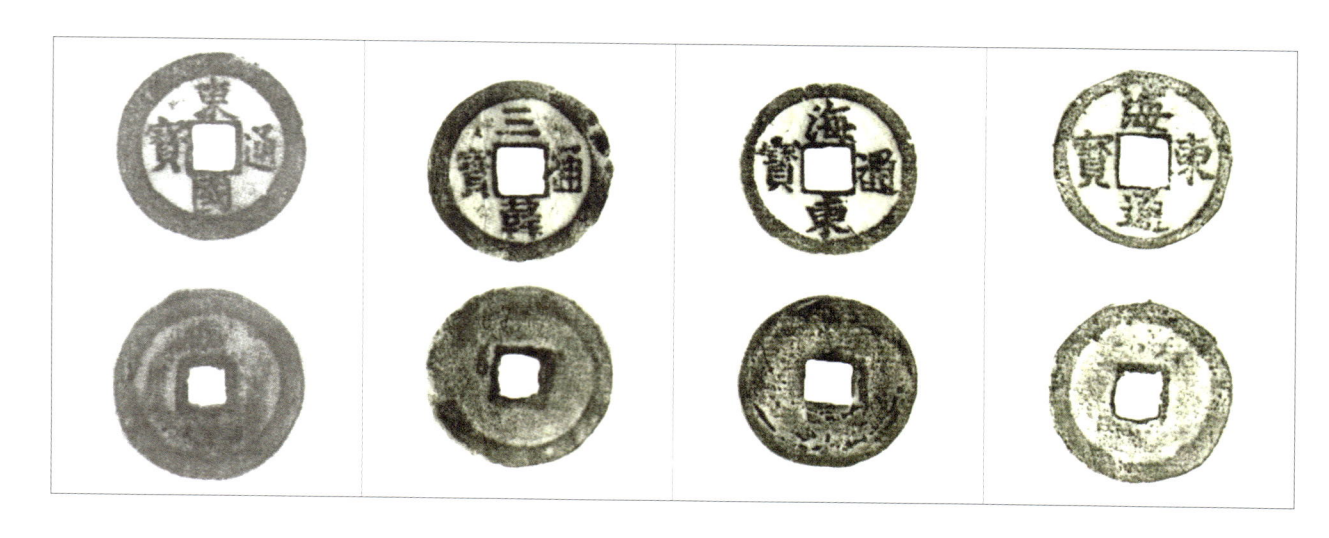

14. 行书

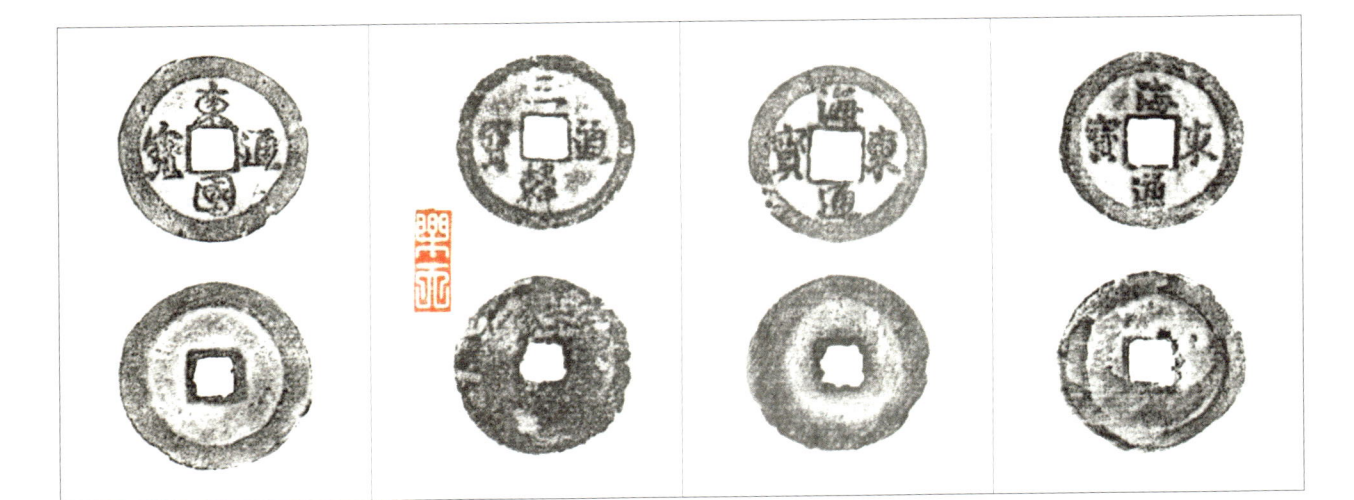

参考文献

〔日〕金井贞吉：《古泉大全》，1888 年
〔日〕奥平昌洪：《东亚钱志》，岩波书店 1938 年
〔日〕奥平昌洪：《东亚钱志补遗》，1969 年
〔日〕平尾聚泉：《昭和泉谱》，历史图书社 1974 年
〔日〕宇野浩一：《玩多梦知命高丽钱谱》，2002 年
〔日〕朝鲜古泉会：《海东》
〔韩〕金仁植：《韩国货币价格图录》，2006 年
〔韩〕韩荣达：《韩国的古钱》，2002 年
〔韩〕柳子厚：《朝鲜货币考》，理文社 1974 年
《韩国货币全史》，韩国造币公社 1971 年
刘文林、吴振强、王贵箴：《朝鲜半岛钱谱》，辽宁人民出版社，1994 年

后记

2013年在北京的一次钱币研讨会期间，时任中国钱币学会副秘书长的王永生老师向我们提出做一部有关朝鲜半岛钱币的著作的意见，回到丹东后，我开始着手准备这件事情。刚开始以为凭借我们多年的收藏经验以及对朝鲜钱币的了解，再加上丰富的藏品，这件事会很容易完成。几个月过后，我发现这绝对不是一件简单的事情，2014年春节过后我开始了钱币拓片资料的制作收集工作，当时认为这个工作是基础工作，也是完成这本书的重中之重，此后便投入全身心的精力每天收集制作整理，每天对大量的高丽钱币进行拣选、拓片、整理、编号、扫描、修图，每天工作至深夜，大约一年时间，每天如此。

在此期间，得到了泉友的鼎立相助，丹东的曲明、金万寿、马忠友、于宝华、赵德龙等都把自己收藏的大量高丽钱币拿出来，供我进行拓片及研究使用。沈阳的高健先生也拿出自己收藏的大量高丽钱币供我拣选。由于高丽钱币历史悠久，许多珍贵的钱币历时千年，状态不是太好，在拓片时不可避免地会对钱币造成意外的损伤，但为了这本书的研究工作，大家都对我没有任何怨言，这使我很感动，也感觉到每枚拓片的珍贵，它们的价值远远超出了钱币本身。在拓片资料的收集过程中，日本的古钱收藏家吉田昭二先生、陕西的宋捷先生、广东的潘迪先生，都给我寄来了大量珍贵的高丽钱币拓片，对我的分版研究工作给予了极大的帮助。

2015年，为了使这本书能更加地专业与学术准确，我找到了当时正在复旦大学研修高丽史专业的研究生李廷青先生，希望他参加到这本书的编著工作当中，尽管面临着学业和研究生毕业等很多重要的事情，但他还是答应了下来，之后在这本书的编著工作上，我们做了具体的分工，以他为主撰写这本书的上卷论述部分，以我为主著录这本书的下卷图谱部分。接下来的资料收集工作又成了一个难点，不过经过我们的努力还是完成了这项任务。我们通过各种渠道，购买了大量的书籍资料，其间李廷青通过在韩国、日本与国内的老师和同学朋友，收集了大量的书籍资料。丹东的曲明先生、金万寿先生，广东的潘迪先生也把自己珍藏的大量珍贵的书籍资料无偿地提供给我们，远在日本的中村仁美女士和中村遥女士也帮助我们翻译了很多日本资料，对我们的工作给予了很大的帮助。在资料搜集以及文章撰写过程中，我们还受到了古泉界以及史学界各位师友的帮助。在此，我们要特别感谢古泉界的周卫荣、戴志强、王永生、杨君、袁林、（日）吉田昭二、赵程、于宝华、周鲲、罗熙普、熊彦、高健、张鹏举、田小龙、佟昱、刘飞燕、（韩）朴胜植等各位老师，同时也要对史学界的（日）海老根量介、（韩）河舟亨、徐丹、刘牧琳、楼正豪、任芳、秦菲、李思奇、刘绍杭、龙川、冉杰、熊伟、潘文书、王弢等诸位师友致以由衷的谢意！

自完稿以来，历经数年各种磨难，被压在"箱底"的书稿终于要付梓了。我们既喜又惊，喜的是终于可以出版，完成一开始的愿望；惊的是不成熟的东西终于要拿出来接受各方评判。2016年完稿以后，因为各种外在的原因，本书稿一直未能正式出版，而李廷青先生又由于课业以及其他项目的压力，始终未能对书稿进行系统的调整与修改。因此，本书稿除了增加少数最新相关研究成果的内容之外，基本上保留了2016年初稿的状态；在最后交付出版社之前也曾请部分师友进行审校，可惜由于时间关系，那些富有建设性的意见（尤其是涉及高丽铸币的金属成分、铸造方法等关于高丽铸币文化本身的内容）大部分没能反馈到本书稿里，只能留待日后再完善。在此也对李春圆、王申、章程、林同威、贺岿岿、"首阳大君"等师友致以谢忱！

李廷青　崔劲波

2021 年 8 月